華志文化

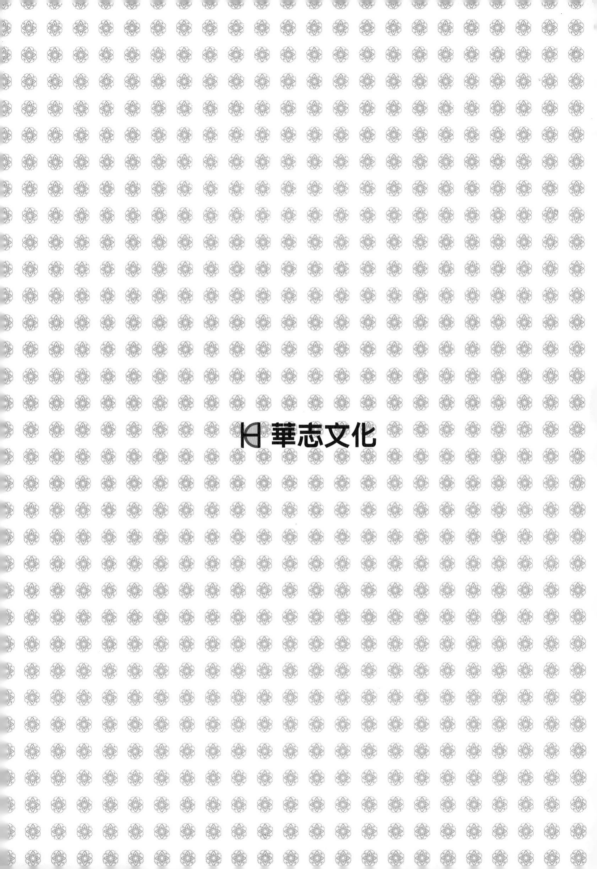

華志文化

再鼓舞

一部用腳走出來的保險陌生開發專書

作者親身的經驗加上實務上的體認，
絕對是業務夥伴不可或缺的工具書！

葛京寧 ◎著

22萬字，字字是足跡

380頁，頁頁有故事

6大篇，篇篇見真情

這是一本保險工具書，更是一本勵志的書，希望夥伴們在閱讀時，除能針對技巧面的闡述，輕易且快速吸收外，在內心深處亦能醞釀一股新生的力量，如大河般遠遠流長源源不絕，如大海般浪潮洶湧波瀾壯闊。

前　言
站在高崗上

　　台北捷運四通八達，已是我上課的主要交通工具。前陣子要去石牌實作的捷運上，聽見兩位應是今年要畢業的大學生在聊天，其中一位說：「畢業後找工作，我什麼都可以做，就是不要做業務員，業務工作一點價值都沒有，每次看到業務員被人嫌的樣子，我覺得那不是我未來要過的日子。」

　　聽完這段話，這兩個年輕人在士林站下車了。車箱上的我，神情黯然，回想起二十五年前在淡水求學的那段歲月，一樣的路線，窗外一樣亮麗的風景，只是在老舊的火車箱中，我也曾經跟身旁的同學說過類似的一段話。而那段話今天在不同的年輕人口中說出，真箇是五味雜陳，百感交集，心中更是喜憂參半。憂的是，還是有許多人對業務工作一知半解，盜聽塗說，常是人云亦云，只因不入廟堂，不知廟堂之美，可惜可嘆！喜的是，我很幸運，在學校畢業一年多就有貴人引我進門了，享廟堂之美，助己渡人，樂在其中！

　　這期間我不厭其煩的告訴許多人，此際當下能身為業務員是可喜的，尤其是保險從業人員，因為我們的工作有理論的基礎，學校相關科系得修許多學分才能畢業；我們的商品是法律的文件，買賣各有條款中權利義務的規範，最正當不過；何況上有政府主管機關的監督與管理，一切都有章法可循；身為保險夥伴，我們還要不斷地進修考照，提昇自己的專業；況且保險能分散風險消化損失，保障個人生命安全及家庭生活無後顧之憂。如此這般，工作太有價值了，而且只要我們能盡其所能，一展長才，天地之寬，任君遨遊！

　　「籠雞有食湯鍋近，野鶴無糧天地寬！」這是我以前服務單位進門兩旁的對聯，頗有深意，也一直是我在業務領域的行動食

糧！每天進辦公室都會刻意的瞄這兩句話，尤其是傍晚拜訪回來，雖然身體疲憊，高度挫折的當下，這兩句話總是給我精神上的鼓勵，也鞭策自己不斷衝刺前進的座右銘！

回想剛出社會，很幸運地能在老師的顧問公司服務，蒙老師的抬愛與支持，加上自己保把公司當家的拼勁；很快地，一年內薪水加倍，老師還特別透過公司的名義買一部新車給我，記得畢業第二年的大學同學會，我可是開公司車來與會的，好不風光！

但好景不長，手上的幾個案子突然在短時間內結束了，有家美商的軟片公司要回美國，一家台中的建設公司突然倒了，台北醫美診所的連鎖計劃也因家族因素要收手，原因不在於我，我卻成為代罪的羔羊，心想我只是寫寫企劃案，提報執行的內容，一切的決策與方針都不在我手中，怎麼錯都在我身上，在沒有關愛的眼神下，日子難熬，心有千千結，此事發生不到一個月，我就離職了！

真應了對聯前面的一句：「籠雞有食湯鍋近。」只因我們為人所雇，就無法主宰自己的命運，對方只要一點小技巧就能讓你日子難過；但也體會出，如果不想再為五斗米折腰，要能計劃自己的未來，成為自己事業的主人，投身業務工作是一途。因為業務不看上面臉色，好壞自己負責，真正做自己事業的主人，就如野鶴般自由自在，雖然永遠不知道下一餐在哪裡？但溪邊、海邊絕不會有牠們的屍體，牠們永遠遨翔於天地之間，享受青山綠水、藍天碧海的美景！

去年年後的一個下午，心血來潮，將自己高中及大學期間泛黃的照片細細的品味了一番，照片中的同學們活力十足，一副天不怕地不怕的模樣，果是青春少年樣樣紅！如今面對鏡子，只能長吁短嘆，時不我予！隔天傍晚突然有位高中老同學來電，頗感驚訝！因為這位同學平時甚少互動，他的現況只是透過其他同學見面時偶有聊及，略知一、二。但我這位老同學可是班上三位上國立大學的其中一位，而且讀的是法律系，頗能言善道，很有自己對事物的看法，讀法律系可說是相得益彰。電話起頭道：「同

學！我是王○○，高中同學，在學校週五輔導課常跟你打羽球的那位，你還在保險業嗎？」「王○○，哇！難得難得！聽到你的聲音好高興。是啊！我還在保險業，最近幾年也幫保險業的夥伴上陌生開發的課，那你呢？」「你是演則優則導，我是演不優則倒！倒閉的倒！同學，不瞞你講，出社會到現在最起碼換了十個工作，如今想想真是悔不當初，大學畢業就跟人家跑去當公司的發言人，結果有一天公司突然就不見了，我也不用發言了；後又跟別人湊熱鬧賣未上市公司的股票，結果也是騙局一場；後來也就在股票市場進進出出，有賺也有賠，但一待十餘年，其間為了增加收入還在直銷公司賣過南太平洋果汁及巴西菇菇，真是起起浮浮，不堪回首。前幾年才結婚，兩個孩子到現在都還沒上幼稚園，別人是穩定中年，我是勞苦中年，還有好長的一段路要走！老實講，出社會「好的選擇」比「好的學歷」重要多了！像你保險一待二十多年，比我強多了！同學，講了不要見外，當初你是班上倒數3名，我可是班上前3名，但又怎樣！真是人怕選錯行，再回頭已是百年身！」

　　所以，很慶幸自己能在早些時間就投入保險事業，而保險業務也是我認為最為神聖的工作，我們樂在其中，也修行在其中；出門作戰大夥勇於面對一切挑戰，建立的革命情感最真切又讓人懷念不已；有著最佳的事業內涵及生命體認，原本遠在天邊的夢想，卻因自己的打拼，已是近在眼前的美景，光彩奪目，耀眼催燦！

　　「再鼓舞」是我寫的第二本陌生開發的專書，第一本「世界最成功的陌生開發DS」承蒙業務夥伴們的支持與肯定，五年多來已銷售萬餘本，尤其是保險業夥伴對此書的大力推薦，真是點滴心頭，銘感五內！期間也有許多夥伴提出對陌生市場的看法及親身體驗的見解，這些資訊都很寶貴，不僅讓我受益匪淺，也因此提昇了教學上的品質。然而，掃街跑店的問題成千上萬，狀況千奇百怪也無奇不有，在課堂上有時真會講不完說不清，但拜訪的過程中有太多細微處要我們謹慎應對，且要能立馬對症下藥，化

危機為轉機，把轉機變商機，要不然一個不小心，煮熟的鴨子都可能會飛掉。而「再鼓舞」就是將第一本書中所未論及的主題及應再細述的問題，加以整理彙編，其中有組織發展很重要的「陌生增員篇」，此外「掃街跑店120個問題處理」、「有效的複訪作業」、「銷售技巧再進化」…等都有非常務實的看法與作法，面面俱到，希望夥伴在拜訪上更能得心應手，快速打通窒礙難行的關節，長接小巷、大店小舖無往不利！

這是雖一本工具書，卻也是一本勵志的書，無非是希望夥伴在閱讀時，除能針對技巧面的闡述輕易吸收外，亦能在內心深處醞釀一股新生的力量，能遠遠流長源源不絕。所以，在結構上希望能補第一本「世界最成功的陌生開發DS」不足的地方，且又能以看小說般的心情，享閱讀之樂，讓書的內容除有骨有肉外，更有一股熱血流暢其中，自體發熱，渾身是勁！如果一般的工具書是用手寫出來的，葛老師的「再鼓舞」可以很自豪的說，我的書是用腳走出來的，22萬字，字字是足跡，380頁，頁頁有故事，6大篇篇見真情，親身的經驗加上實務的體認，期待夥伴們都能在陌生市場的經營開花結果，豐收再豐收！

有位著名的登山家接受記者訪問：「你已經是登山者中最成功的一位了，為何還要去登那座無人敢登的山？」他淡淡地回答說：「因為，山就在那兒！」

其實，我們的要攀登的那座「大山」一直近在眼前！但願此書的內容能讓你離此大山的「巔峰」更近一些，向心中理想的目標挺進、再挺進！張雨生唱：「我的未來不是夢，我的心跟著希望在動！」我要說：「業務員的未來不是夢，你、我的心跟著夢想舞動！」

夥伴們：我們站在高崗上！

目　錄

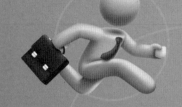

第一篇

重要的 120 個
保險業務問題處理

第一章
掃街跑店常見的95個問題

夥伴提出的DS問題(1)

問：許多商圈好像都被業務員掃爛了，我們拜訪還有空間嗎？

答：(1)商圈是活的。有的商圈會隨著時間不斷擴大，也有的商圈會逐漸萎縮。變大的商圈就會增加許多新的點，萎縮的商圈也可進行陌生增員。何況隨著新社區的發展，?不斷會有新的商圈形成。

(2)商店也是活的。例如二年前拜訪的商家，如今再去，碰到的人可能就不一樣，有些舊門市離開了，新的門市來了，機會自然就會增加；甚至，有些點的商家連招牌都換了，當然裡面的人也會不一樣。

(3)業務員也是有變化的。有的業務員可以透過DS跑很長、很久，成交量也不錯，但有些業務員卻是曇花一現，就像蜻蜓點水般意思一下就收工不跑了。我們如果能在賣場中發揮我們的銷售技巧，展現我們應有的實力與魅力，多厚工，也多堅持一下，我的成交經驗告訴我，商家永遠支持的是勤快的業務員。

以北市東區為例，計有1～2萬家店，屬大型的商圈，也是店訪很競爭的地區，市場實作常碰到許多保險夥伴也穿梭其中，但每次去東區拜訪，有些店都已經來過兩、三次了，但門市小姐卻是新面孔，面對我們的拜訪，反倒覺得新鮮。所以，門市人員的流動率又比起一般公司的職員都要大些，任何時間的拜訪都有新的商機等著我們。

夥伴提出的DS問題(2)

問：我有親人在保險業了，別再浪費你的口水！

答：在賣場中對方講的話我們要尊重，但千萬不要當真。因為對方知道我們是業務員，是要推銷保單的，所以會有反制的說法，我們只要順水推舟就能化解問題，再進行我們應有的拜訪步驟。

（1）有親人在做保險那是最「好」了，保險一定要跟親人支持一下，以後的服務品質一定沒問題；但今天來只是單純提供儲蓄方案，就像我們到任何銀行開一個定存帳戶一般，幫自己存點錢，當然帳戶是愈多愈好。所以你覺得不錯，可以跟親人詢問，但如果你覺得我的方案不錯，跟我投資也行，這叫「好」上加「好」，我是第二「好」，飛機有雙引擎也比較安全，就是希望資產能更安全。尤其儲蓄帳戶當私房錢，跟不熟的人買比較單純，困擾也少！

（2）一張保單的服務牽連到兩個關係「人」，一是保險經紀人，這當然沒有問題，因為是自己的親人，服務一定到位。此外，還有一位是法人，就是出保單的保險公司，雖然目前你所屬保單的保險公司口碑形象都很好，但保單是長期的契約，非一朝一夕的買賣，如果往後公司有什麼風吹草動，就像最近又有一家公司已經被政府接管，保戶自身的權益或後續的服務都有可能會受到影響，所以適當的分散處理是有必要的。我們肯定跟親人買保單的價值，但也強調保單（有價資產）的均衡規劃！

夥伴提出的DS問題（3）

問：初訪時對我們的信任度不夠，怎麼將武器(商品DM)拿出來比較好？是否會造成更快的拒絕呢？

答：面對陌生的環境，如能創造更多的籌碼在我們這邊，我們的勝算就高；而其中「商品」會是我們很重要的籌碼，因為商品我們熟悉，而對方並非全然清楚，如能將自己的商品話術及利基透過故事化的安排，引導對方的思維在我們出神入化的說明中，商品已是溝通的媒介，也會是信任的開始。所以

說，商品已是我們「秀」的一部份，也有賣場情境的加溫效果！所以在賣場中，商品是利多非利空，在溝通對話的過程中，透過白紙黑字的輔助，我們的說明更加引人入勝！我認為第一次拜訪適時說明商品有四大好處：

(1)商品是好用的「試劑」

　　透過商品的說明，我們能很快知道對方對我們拜訪的接受度，彼此的對話，不在是表象的寒暄客套，對方心中的想法終能浮出檯面，對我們準客戶的判斷會有很大的幫助。有時候夥伴在賣場中只因對方的態度還不錯，氣氛一團和氣，因而誤判為可再拜訪的準客戶。而拿出DM說明，卻能真正反映虛實。

(2)商品像是一朵花

　　是花就有香味，所以好的商品說明能像花一般散發芬芳的香氣，吸引對方的注意力。如能將商品描繪出一個畫面，勾勒出一個場景，讓對方彷彿置身其中，「商品力」就蘊運而生。

(3)商品是好用的工具

　　白紙黑字的DM，卻可能是扭轉賣場情境的工具。許多陌生人因為信任度不夠，也不喜歡我們滔滔不絕，因此讓許多夥伴在賣場中一籌莫展，但DM上的商品可是代表公司，往往DM一出手，許多商家的眼睛就會一瞄，當下脫口而出的說明，卻可能絕處逢生，反敗為勝。

(4)商品是有用的武器

　　賣場中是一場面對面的對戰，如我們擁有的籌碼愈多，我們的勝算愈大。而商品卻是我有對方沒有，我知對方不知的武器，只要DM一亮相，我們卻能透過商品的說明，引導對方的思維，百分之百掌控賣場中的主導權。

夥伴提出的DS問題(4)

問：陌生拜訪常鞭策自己的力量是什麼？

答：(1)如果你因為害怕走不進去，常常考慮這考慮那，但是否考慮過還有其它的業務通路能幫助自己嗎？如果沒有，你就只能硬著頭皮走下去！

(2)如果你因為害怕走不進去，只能在店前徘徊渡步，裹足不前，看著別家的業務員一馬當先，衝鋒陷陣，殺進又殺出，拜訪的不亦樂乎，也賺的不亦樂乎嗎？如果不願意，你就只能一馬當先，身先士卒，捨我其誰！

(3)如果你因為害怕走不進去，想想你背後的家人，他們需要你的滋養、供養及培養，你希望這個狀況因自己的怯步而悔恨不已嗎？如果不希望，你就必須昂首闊步，一夫當關，成為那根支柱！

(4)如果你因為害怕走不進去，回頭想想，你的理想及抱負，它們是否離你愈來愈遠？如果你不樂見，就只能披荊斬棘，殺出一條血路！

其實，挫折多了就不是挫折了！面對挫折是業務員必經的過程，就像浪有高低，卻也一波接一波的前進，踏著浪頭時，要加速；碰到低潮，蘊釀能量再起大浪！

夥伴提出的DS問題(5)

問：進去店家之後有門市從頭到尾沒正眼看過我，面對這種狀況，我講完我要講的之後就離開了，這樣做正確嗎？

答：如你所描述，這位門市應該是今生今世不用再見第二次面的人了！判斷是否為我們的A級或B級準客戶的標準，有三個方法：

(1)溝通的過程中觀察對方的神情(眼神)，因為人的眼睛會講真話，如果對方已經左顧右盼，沒將心思擺在我們的身上，此人應是C咖(無效的拜訪)。

(2)其次，是對方的「動作」，如有移步向後或驅前離開原地，或是在我們說明商品時將DM對摺收起的動作，應也是無效的拜訪。

(3)如前兩項還判斷不出來，最後是「測試」對方。你可以

說：「如果可以，我會幫妳準備一份專屬的建議書，買不買沒關係，明天下午妳有在店內吧？」如果對方「點頭」就OK了！如果對方說：「你DM留下，如果我有需要，我有你的名片會再連絡妳！」這表示對方永遠不會跟我們連絡，也應是無效的拜訪！

夥伴提出的DS問題（6）

問：你的話術我修正過後感覺比較順口，更適合自己拜訪的方式，這樣可以嗎？

答：DS的訓練本就在找到自己可行且好用的方式，中間當然包含話術上的調整。課程中提供的不過是我們在陌生拜訪時有效的方向，掌握賣場內進行的流程，再配合技巧面的運用，就能創造高的拜訪效率。所以，我的話術雖可複製100%，但只要貼上其中60%即可，其餘的40%要創造出自己的東西，這中間會有一段磨合的時間，只要適應了，就永遠是自己的資產了！

夥伴提出的DS問題（7）

問：我拜訪一家店老闆，他的錢都投資股票市場，他覺得我們的儲蓄險報酬太低了！我該如何回答？

答：股市投資有賺有賠，一天漲跌最高落差20%，是屬高風險的投資，但愛好此投資管道的股友們，如果我們苦口婆心的說明其利弊得失，規勸其投資要穩扎穩打，相信這類的話對方絕對聽不下去，我們可以換個角度說：「張老闆，股市與我們儲蓄險正是最好的搭配組合，它們算是哥倆好一對寶，彼此能產生互補，相互支援，創造更大的投資效益。我們的商品可以當作股市的『資金庫』，只要行情一來，馬上可從我們的資金庫中抽調資金，增加我們的籌碼；行情一結束隨即補回，算是我們自備的『融資專用帳戶』，況且這個帳戶永遠維持2.25%的複利效率，何樂不為？」

夥伴提出的DS問題（8）

問：最近店訪常遇到客戶說我有買你們家的商品啊！(很難確定真假)像這類的問題，我們該如何處理呢？

答：與夥伴「市場實作」時，我常講一句話：「準客戶講的話要尊重，但不要當真，有時真的要左耳進右耳出，該說的要說，該拿的要拿，該給的要給。」我們還是按應有的拜訪步驟進行，準客戶的回答我們採順水推舟、見招拆招的方式回應，以「已經買自家的商品」為例，我會說：「那太好了！我們出來拜訪最高興碰到保戶，公司交待碰到保戶一定要特別照顧，而且多一張名片，就多一個服務的機會，如果你的業務員臨時聯絡不上，只要一通電話，24小時隨傳隨到！而我今天所帶來的方案也因為市場時機不同，會產生不同的價值，況且我們產品很多元，可配合客戶不同階段的需求。就算都在同一家公司或同類型商品又有什麼關係，就像許多家庭擁有同一品牌的兩台車，也都跟不同的Sales買，而且買的還是同款但不同年份的車，但保養一樣都是原廠服務，滴水(油)不漏！況且我們都知道，雞蛋不要放在同一個籃子中，保單的服務也應有不同管道因應，自然無後顧之憂！」

夥伴提出的DS問題(9)

問：是不是只要是連鎖商店都不適合拜訪？

答：店訪本屬情境的行銷，店的型態最好是封閉或半封閉的狀態，如果是太開放的環境會不利我們業務的展現。連鎖店也有不同的種類，像　「超商」就不適合，因為環境上熙來攘往人進人出，我們很難自我展現及情境的掌控；但手機的連鎖店(加盟店比直營店要理想)就不錯，客人不會進進出出，只要門市不要太多(不超過三位)，都是好的點。所以商店儘量不要選擇太開放的環境為準。此外，大街上的一些服飾、運動品牌的連鎖店，我們要視賣場的空間而定，只要不超過50坪或非雙店面的賣場，門市不多也沒客人，都可進行拜訪。

夥伴提出的DS問題(10)

問：如果我跟DS客戶都簽好約了，但是後來他又跟親人購買，而拒絕了我，那我下次該怎麼做？

答：如果救不回來，「買賣不成仁義在！我們還是與對方保持良好的互動，就當對方已經我們緣故的準客戶，公司有新商品時很好的訴求對象。或著，我們退而求其次，降低原商品保費或是產險（商業火險、公共意外責任險或汽、機車強制險）的訴求，先讓對方成為我們的客戶，改變關係，只要線不斷，就永遠有業務的空間。

夥伴提出的DS問題(11)

問：店家反推銷，希望我們能購買店內商品，我們該怎麼回應呢？

答：你可以說：「來妳店裏，跟妳聊天真的很高興！妳工作很積極，相信一定是店內業績的第一把交椅。不過真不巧，我上個星期才在客戶店裏選了兩套衣服，不過與妳店裏的衣服相比，的確遜色了許多，下回有需要一定到妳這裡捧場。」店家反推銷時，我們一定強調最近才買且是跟DS客戶買的，相信對方反推銷的力道會小許多。

夥伴提出的DS問題(12)

問：整條街都是便當店或小餐館，適合我們掃街嗎？

答：便當店及小餐館用餐時間是較開放的空間，客人進出頻繁，已屬開放的空間，不利於我們的訴求。如果我們不易在賣場中自我展現，且對方無法融入其中，感情的交流與信任度都會打很大的折扣。但如果是下午午休時間(PM2：00～PM5：00)，店內沒有客人，老闆沒在忙就OK。

夥伴提出的DS問題(13)

問：門市小姐與我們相談甚歡，但對方常聊到其他門市的生活隱私及個人的好惡，我應該如何處理？

答：凡事單純一些較不會節外生枝，對方店務的狀況，有時公說

公有理，婆說婆有理，有理還是無理是我們局外人無法探知的，甚至我們所說的話有可能成為呈堂證供，好意都可能被曲解，反成頂缸之人。對應之道有三：

（1）轉變話題。

（2）點頭示意，但口頭不表達過多個人意見。

（3）針對個人(門市小姐)肯定、欣賞、讚美一番，改變對方的心情。

夥伴提出的DS問題（14）

問：如果賣場中講的商品特點與DM上的內容不同，怎麼辦？

答：商品的特色是需要包裝的，它會成為你話術的一部份，透過故事化的說明，會讓妳在賣場的說明如虎添翼，也會讓DM白紙黑字的訴求更有生命力，但數字的說明一定要正確無誤，商品的引喻要符合保單條款的規定。萬一說錯，要在最短的時間內說明更正，避免產生不必要的困擾。

夥伴提出的DS問題（15）

問：只要一進商家開頭說是保險業務員，都沒人肯繼續跟你談，所以我改用先聊天後交換名片的方式，但是有時一聊起來，不知如何把話題扯回保險，這讓我很懊惱，有甚麼方法可改善？

答：（1）人的本質是不喜被銷售的，所以在推銷的「推」字含有主動銷售的精神，如果我們能適應及習慣對方的拒絕，DS就不會苦中有苦且苦不堪言，應是苦中作樂樂不可支的成就感！

（2）對方不願意跟我們溝通，最大的原因，應是常有業務員來拜訪，對方不勝其擾，我們可將問題直接點出：「林小姐聽說這裡常有業務員來拜訪！」「對呀！」「不好意思！今天多我一位不速之客，我有一個外號叫『討厭鬼』，如有影響工作，再次跟妳說聲抱歉！」賣場中面對對方的拒絕，能自娛娛人，相信尷尬的氣氛一定會緩和不少。

（3）我們必須準備一些口袋問題。左口袋裝四個屬於業務的

詢問題：買哪一家的保單？一年保費多少？買多久？現在賺錢了，有在銀行放定存嗎？而我們的右口袋準備一些共同的話題(對方的興趣、嗜好、成長的背景、求學的過程、當媽媽的辛苦、當爸爸的辛酸、做子女的無奈、當兵的回憶、生意的狀況、社會事件看法、開店的心路歷程、目前保單服務的狀況…等)，讓對方容易上口，如能緩和賣場中的氣氛，就能延續我們在賣場的時間，此外適時的肯定、欣賞、讚美，效果會更理想。

(4)拜訪的效率是重要的，在賣場通常10～15分鐘內我們會知道對方對我們業務訴求接受的程度，如果只是純聊天，我們一定要懂得拉回話題或結束拜訪。我們可以說：「對了！剛剛的商品還有一個重點，也是它的主要特色，我最近拜訪的許多商家就是因為這個特色而買的，……」或是看看手錶拿出手機說：「不好意思！我還有其他拜訪行程，今天跟妳聊天真的很愉快，下回經過這裡再過來跟妳好好聊聊！」

夥伴提出的DS問題(16)

問：如果門市對我說店裡面有裝監視器不能拿DM出來，那怎麼辦？

答：「真的很抱歉！因為工作性質比較主動，必須走出來才會有機會，外頭很冷，但感覺妳很親切，我的心頭著實溫暖不少。這張DM是『工作之餘』去參考的，如果公司有規定不能介紹，你可以帶回家後去了解。」(一樣拿出DM直接說明即可，但千萬不要說妳有沒有三分鐘，我可以跟妳說明一下嗎？)如果對方再一次的拒絕，我們就只能離開，換一家店拜訪了！

夥伴提出的DS問題(17)

問：第一次初訪店家時，我們怎麼做呢？又如何自我介紹表明身份呢？

答：(1)初訪進門有兩個三合一的動作。推門進入商家後進行

第一個三合一的動作，也「形象的定位」：就是腳要走(快走)，手要拿(名片)、嘴要說(清晰)。

(2)第二個三合一的動作就是：介紹自己，說明來意，請教貴姓？是我們拜訪的開門話術。

(3)開門話術：「小姐你好！我是來做拜訪的，我姓葛，在○○人壽服務，這是我的名片，耽誤時間很抱歉，因為工作性質比較主動，我就破門而入了，看得出來有影響妳的工作，真不好意思！還沒請教小姐您貴姓？」

夥伴提出的DS問題(18)

問：如果我要做DS，是該選擇一項商品之後上街推銷嗎？

答：商品就是業務員的武器，所以在賣場中商品的訴求是很重要的。透過商品的說明，一方面妳會知道對方的接受意願；另一方面我們透過商品流暢的說明，可強化對方對我們的信任。在陌生市場有些人就不喜歡業務員滔滔不絕，白紙黑字他們的興趣反而會多一些，但選擇的商品只要1～2種主軸商品即可，建議以儲蓄、投資、理財、養老、還本、年金的商品擇一為主，另選一種保障的商品為輔。DS作業初次見面是無法做需求分析的，透過「主軸商品」的訴求，我們自然能知道當下商家對保險的看法。主軸商品就是我們自己喜歡的商品，也是目前流行的商品，但我們應將商品的利基及話術背下，「順暢度」是我們在賣場中溝通時重要的基本功，要能口條順暢，單一商品不斷重複的說明就能輕易辦到。

夥伴提出的DS問題(19)

問：是否能在晚上DS嗎？

答：通常DS「複訪作業」有時會延長到晚上，但一般初訪都是在下午時段。大部份商家下午生意較清淡，容易有空檔，我們的拜訪時碰到的阻礙較少(消費者進門)；晚上客人進出較多，影響較大。此外，早上也儘量不要拜訪，店家若開門還沒開市，我們拜訪對方的接受度不會高，大台北地區有些地

段晚上人潮不多，或是商圈內一些巷、弄內的商店（女性要注意安全）就OK！但時間不宜超過PM8：30。

夥伴提出的DS問題（20）

問：之前單位有位同仁，花了一年的時間經營台北地下街的店家，可能是商圈屬性，平日店員都很空，可是都沒啥錢。雖然也成交了大約十個Case，但是都蠻小的，既然都要花時間，像您書上(世界最成功的陌生開發DS)中有提到的藥局，我覺得「質」就不錯或是動物醫院？

答：商圈內文武百業，且行行出狀元，有些小店雖不起眼，但歷史悠久，獲利能力不容小覷。此外，門市人員薪水沒有老闆多，但只要有收入都是我們值得經營的準客戶群，我有一些年輕的客戶，雖身有卡債，但後來還是做了小額的投資，我們必須承認在陌生市場，先成為客戶是重要的。經驗也告訴我們，保費的高低也影響成交的快慢(低快，高慢)，所以我自己做法是，只要可進行拜訪的商店，我都會推門而入。因為能維持「量」與「質」，就能產生DS良性的循環----〈初訪→複訪→成交〉。如果刻意的選擇固定的店種與店態，第一、量能可能會不夠；第二、時間成本較高。

夥伴提出的DS問題（21）

問：二十幾歲的年輕門市，會不會有購買保單經濟能力的問題？

答：DS較容易成交的保費，經統計保障型每月1,000元～3,000元，儲蓄型每月3,000元～5,000元是市場上比較容易接受的金額，以成交的保單統計結果約為年繳40,000元左右；近兩年流行短期險，保費應可再拉高一些。DS開發來的客戶，彼此的信任度在短時間內還不強，而保單會成交，有對方潛在的需要，也有我們在賣場中展現的力道，當然商品對方也覺得不錯，再加上我們的堅持、努力....等因素，雖然賣場中的年輕門市的確有部份會有經濟能力的問題，但大部份的

門市確可透過工作中賺到薪水的一部份購買保單或儲蓄。

夥伴提出的DS問題（22）

問：「謝絕推銷」的店要拜訪嗎？

答：「謝絕推銷」是大多數業務員不進去拜訪的店，但如果我們
　　能「逆向思考」進去拜訪，反倒會有市場，因為裡面的老闆
　　許久沒遇見業務員來過，門前的牌子早就忘了。其次，有些
　　店是接手過來的，接手的老闆也不一定知道門前有此牌子。
　　此外，「謝絕推銷」的牌子通常都是老闆決定貼的，但店內的
　　門市人員不時汰舊換新，門前的牌子早沒有知覺，如果我們
　　能進門拜訪，就像到了一家新開幕的店，是其他業務員所沒
　　踏過的！

夥伴提出的DS問題（23）

問：複訪的促成該如何進行？時間上又該如何安排？

答：（1）促成時我常講一句話：「心動不如行動，行動不如手
　　動；只要我們手動一動，三分鐘後就開始累積財富了！」此
　　時我們不說話，靜觀對方的回應，如有反對問題，我們以
　　退為進，不步步進逼，但說出再次見面的要求：「沒關係！
　　決定不在一時，如果有些問題要考慮清楚，當然是最好。我
　　下週一還會服務這條街，再過來看看有什麼問題！」夥伴要
　　了解，店訪的促成與緣故的促成不同，我們如果在賣場中有
　　點趕鴨子硬上架，很容易就打草驚蛇。因為彼此還不是很熟
　　悉，如果我們咄咄逼人，對方一句：「葛先生，我不買可以
　　了吧！」前面的運作將功虧一簣，心血泡湯了！所以我強調
　　「一初三複」，就是希望夥伴能透過三次的複訪，觸碰對方
　　不同時間的「心情」，因為對方在做生意，心情是有起伏
　　的，如能選擇對方不錯的心情時候複訪，是我們能否成交的
　　關鍵！

　　（2）複訪的時間最好能在PM4：00～PM8：30，因為這段時間是
　　她們業績的黃金時間，有開市有賺錢，心情就會不錯，對我

們的訴求接受度就會高！但一天的複訪次數不要太多。如當天有「初訪」，複訪不超過5家，有效的家數應有3家，以維持複訪的品質；如當天都是複訪的安排，上限最多8家，而有效的家數應有5家。

夥伴提出的DS問題（24）

問：DS可不可能見第一次面就成交？

答：快速成交也並非不可能，其實許多的保單能在極短的時間成交，醞釀的點也非現在，中間已經有一段歲月了，而過程中物換星移時空環境在改變，故事發生，事故也看過，許多人對保險的需求不同以往，而我們適時的出現成了收費員，尤其DS拜訪的量很大，我們的機會點就會增多，這是必然會發生的狀況。其次，要在乎「停售效應」的掌握，這是運用銷售心理學上的時間效應，有其一定的效果，我自己有十幾筆Case就是拜停售而在當天成交。

夥伴提出的DS問題（25）

問：如果在賣場碰到門市兼職在做保險，我要如何回應？

答：（1）你可以如此說：「相逢自是有緣，真的很高興能碰到同業；真的很巧，我最近就有幾位店家的客戶原本也在保險公司服務，後來覺得我的儲蓄方案不錯，除了買自己公司的商品外，也在我這裡開了一個帳戶。你最近有常去通訊處嗎？如果沒有，最近公司推出一些新商品，市場的接受度很高，我這裡有剛好一張DM，相信妳們公司也有，妳工作之餘可以研究比較一下。」（拿出DM直接說明商品，進行業務訴求。）

（2）「那你是全職還是兼職在做？」「保險算兼職！」「其實也不錯！多元的發展，多一份備胎就比別人多些機會。我們公司目前正在廣徵人才，有一套完整的菁英培訓計劃，你的形象很好，應會事我們菁英計劃理想的人選，我明天會帶

一份簡介給妳參考。」

（3）「產險」也是不錯的訴求，兼職人員對產險所知有限。

夥伴提出的DS問題(26)

問：是否我要背些資料，因為在賣場中常感覺口條不順暢，要不忘了詞，要不講起來七零八落？

答：初期掃街的前三個月都會是緊張的，大腦空空，且容易忘詞的階段。但拜訪過程中技巧的提升在於經驗的累積，透過拜訪經驗值會告訴你須要加強的地方為何？容易出錯的地方是哪裡？經過調整後你就能迅速上軌道了！只要我們在賣場中訴求的方向不偏差，且能掌控起、承、轉、合的運用流程，再配合平日的訓練及演練資料的熟記，功夫一定精進。其中，能快速將市場的經驗值轉化為有利的技巧，「背誦」是不二法門，因為背誦能旁敲側擊提高自己的現場反應力，而不假思索的口條，更為自己爭取許多回應及判斷的時間。

夥伴提出的DS問題(27)

問：我照著您的方法全力做DS三個月了，還是沒收到半張DS的單子，我覺得遙遙無期！雖然有拜訪到感覺不錯的店家，但最後都沒收到，DS真的是痛苦指數最高的通路，老師能不能給我一些想法或是建議？因為我是高雄人在台中只能做DS！

答：(1)每朵烏雲都有一道銀色的光圈，初期的拜訪的確是一種挑戰，且是高度的挑戰，但我們都必須排除萬難，勇往直前，加油！

(2)先檢視我們初訪的拜訪量，DS前三個月的成交率應是1/00，如果拜訪量不到，還沒成交是正常的。如果超過200家店，還沒成交，就有我們探討原因的必要。

(3)再一次的檢示準客戶的標準(A級及B級)。

(4)「一初三複」的三次複訪是否落實？而且複訪都有要求Close！

（5）建議透過「小單」去切，譬如意外險或每月1,000元～2,000元的還本的商品。

（6）儘量選擇與年齡輕(20～30歲之間)的門市或商圈進行拜訪。

（7）賣場中與門市人員對話時，我們要善用詢問的方式，獲得對方的回應，且針對對方的回應投其所好，以降低對方的心防。如此一來，彼此的互動就會和緩不少，對方的心情能輕鬆，接下來商品說明就更有說服力。

（8）是否有強化自我訓練，譬如資料的背誦，商品的熟練，轉切的話術，反對問題的處理等。

（9）是否落實市場經驗的吸收與深化。如老闆的店，門市多的店或不同種類店的拜訪。

（10）透過拜訪時錄音，了解自己的狀況，也希望其他夥伴提供一些意見！

夥伴提出的DS問題(28)

問：外縣市拜訪客戶時，若有閒暇時是否建議附近店訪掃街？但因為初訪完，複訪可能隔數週或數月，不知成效如何，是否可行？

答：（1）儘量不要跨縣市。主要原因，正如妳所提的狀況，「距離」會是複訪作業時的大問題。

（2）如果已經有在外縣市拜訪，我們可集合該地區準客戶做一次性的複訪，「三複」變成兩次的複訪即可！

夥伴提出的DS問題(29)

問：我們到店家第一次複訪沒有送建議書，二複到店家找店員就會發生一種情況，話題很乾不知道要聊什麼話題？

答：（1）如果最近在同一商圈有成交相同商品，見面時一定要描繪一下，連同對方要保書的影本(保戶要允諾，「私人資料」一定要刪除)，分享對方購買此保單的原因及對未來的幫助，相信會是不錯的溝通題材！

(2)善用「共同話題」。對方的穿著、打扮、興趣、嗜好、求學的過程....等，都是複訪可拉近距離的話題運用！

夥伴提出的DS問題(30)

問：如果是複訪，是否會先打電話確認準客戶在不在呢？如果客戶不在，是否要將資料交給準客戶的同事？

答：(1)打電話約訪，對方通常會拒絕我們，所以複訪作業是不用打電話，對方已經習慣我們突如其來神出鬼沒了。除非是對方主動打電話來約定時間地點見面。

(2)建議書如沒見到人就先不拿出來，我們是擔心其他的業務員看到，會增加複訪作業上的困擾；而且建議書能當面說明，就容易將商品的特色及利基闡述清楚，而說明過程中我們的態度、專業、誠意…等也會跟著賣出去，「商品力」加上「個人魅力」，DS將會無往不利！

夥伴提出的DS問題(31)

問：店內有客人，在要先繞到別處還是進去坐著等她接待結束？已經聊兩三次了，有一些交情了！

答：雖然對方與我們已像朋友般的親切，但畢竟對方在工作，我們應讓對方有安心做生意的環境，所以我們應先離開，但可在騎樓下等五分鐘，如果客人還沒離開我們就先在附近商家拜訪，繞一圈再回來，或是去另一位要複訪的店拜訪！

夥伴提出的DS問題(32)

問：店訪時，是不是年紀大的人比較不容易開發呢？可以的話～很想當個老少通吃的業務員。

答：(1) 面對年紀大的店老闆，產險會是不錯的訴求點。

(2)可開發，但會花許久許多的時間。對業務而言，時間成本太大了！他們在短時間跟我們買保險會考慮許多因素。譬如說，自己的身體的狀況及對我們服務的未來性都是對方拒絕的潛在原因。

夥伴提出的DS問題(33)

問：拜訪的商店要如何挑選？正常拜訪的頻率是多少？

答：(1)店要經過兩種機制的篩選：(A)是「種類」的篩選　(B)是「當下狀況」的篩選。此部分在「世界最成功的陌生開發DS」一書中有說明。

(2)正常的拜訪頻率應是15%，也就是說平均經過100家店，應可有效(推門進去就算)拜訪的應在15家店左右，但商圈大小型態各異，屬鬧區或夜市的頻率會高於25%，但非大都會區旁的舊商圈或小社區，拜訪頻率有時會低於10%。

夥伴提出的DS問題(34)

問：最近我DS出現了個狀況，對方要保書簽好了，等要約定匯款人就不出現，接下來我該如何處理？

答：如果客戶不匯錢又避不見面，我們心頭要有共識，這張單子會有問題，下面兩個方法試試看：

(1)傳簡訊或LIFE告知狀況，不買保單沒關係，因公司規定簽名的要保書要親自退還給原投保者，希望能約個時間見。

(2)我們可以再去店走一趟，但不要預先告知，如能見到面溝通是最好，了解實際的狀況。

夥伴提出的DS問題(35)

問：有一家店去了兩次複訪都沒遇到初訪的店員，這要怎麼處理？

答：你可詢問其他店員「對方」會當班的時間，也可利用此機會認識其他店員進行初訪。

夥伴提出的DS問題(36)

問：我今天試著去DS了，真的好可怕，常常好幾扇可以進去的門都不敢進去。後來發現，什麼都不要想，硬著頭皮進去就對了！一進門，保持笑容，慢慢就可以談天了，但我內心還是很緊張，但這緊張指數會慢慢下降嗎？

答：一定會下降！只要拜訪量不斷增加，緊張指數自然會下降，

因為經驗增加及技巧提昇，心理素質就會增強！如果已經開始成交Case，信心更會大增，推門拜訪不過是舉手之勞，應對進退只能以瀟灑來形容！如你題中所言，能「談天」就已在創造情境了，如再能「說笑」一番就會水到渠成！

夥伴提出的DS問題（37）

問：我還是不會挑商圈拜訪，有什麼方便的方法？

答：捷運四通八達，不只是交通的工具，也是人潮匯集的聚點，每個捷運站也都是大小不同的商圈，甚至有些捷運站愈來愈熱鬧，商圈規模正快速成長中，也代表新的店面增加不少，所以我們以捷運站的「點」開始，一站接一站拜訪最是方便。但站與站是相連的，千萬不要亂跳，要不然在進行複訪作業時會浪費不少時間。此外，有些商圈雖然沒捷運，但我們還是可選擇來拜訪，只要選最近的捷運站連線拜訪即可。而無捷運的城市，可先選擇年輕人較多的商圈開始，如台中的「一中商圈」及「逢甲夜市」。

夥伴提出的DS問題（38）

問：DS有什麼是一定要問店家的問題嗎？

答：這是我們在賣場要準備的左口袋問題：

　　(1)是不是我們公司的保戶？（肯定、欣賞、讚美）

　　(2)買多久？（肯定、欣賞、讚美）

　　(3)買多少？（肯定、欣賞、讚美）

　　(4)現在工作賺錢了，有在銀行存點錢當「定存」嗎？或是政府去年立法通過「長服法」，有注意這條新聞嗎？（肯定、欣賞、讚美）

　　配合回應再美言以對，對方無形中會降低戒心，也達成互動加溫的效果！

夥伴提出的DS問題（39）

問：初訪還不錯的店家，進行第一次複訪時，說我上前次拜訪

時間太久，導致被老闆指責，因而要我將建議書留下，另電話聯繫，這樣的狀況，算是哪一級客戶？

答：如果準客戶如此回答，代表對方買的意願不高，應是C級以後的準客戶了！但你可先寫一封感謝信函給對方，希望對方能體諒我們先前的造訪所帶來的不便與困擾。接下來，試著透過電話約訪出來看看！

夥伴提出的DS問題（40）

問：老師的演練資料（短期儲蓄險篇）中有一段對話是說：「門市：『我的保單都是父母幫我準備好了，我只要每個月固定拿錢回去就可以了！』葛：『聽你這樣講，你真是夠年輕！妳知道父母親幫妳準備的保險內容嗎？』」後一句話中的：「聽你這樣講，你真是夠年輕！」用意是甚麼？因為感覺不出來是褒還是貶？

答：在賣場中的「年輕」訴求，有三個功能：

（1）是對應我們的商品，對方還本或增值的時間就會久，當然報酬就會更高！

（2）是一種對話中的潤滑劑，方便彼此溝通的進行，也藉此知道對方大概的年紀！

（3）賣場中門市人員80%是女性，「年輕」的訴求是很好的話題運用，除題中的對話外，我常會再加上一段話：「林小姐應是75～80之間的？」「76的！」「按照我的算法，四捨五入後妳還是8年級生！」此時對方往往會哈哈一笑，再對話就容易了！

夥伴提出的DS問題（41）

問：初訪時有成功地邀約複訪，但是並沒有知道對方能夠負擔的價格，這樣下一次規劃該用多少金額，是照老師說的期繳每月三千嗎？還是應該在解說商品的時候詢問對方能負擔的價格？

答：(1)通常你可先打每月3,000～5,000元的方案，後續複訪作
　　　業時再向上或向下調整之！

　　(2)初訪時是以自我展現為主，重點在於我們能透過我們的
　　　Show，讓對方在短時間內信任我們，而DM的說明是重要的步
　　　驟，但預算多寡可先不問，我們自行調整每月3,000～5,000
　　　元，複訪作業時透過建議書的說明，自然會更清楚對方的預
　　　算狀況！

夥伴提出的DS問題(42)

問：今天初訪時有遇到對方說「你要賣什麼？」我回答我只是提
　　供資訊給您做參考，然後他就回我說不用了，謝謝！下次如
　　果遇到對方問說「你要賣什麼？」我怎麼回答會比較妥當？

答：你可如此回答：「我現在都不賣保險了，因為投保率很高
　　了，平均一個人身上都有兩張保單，我相信你也都有了！目
　　前有「三不政策」：不投資、不理財、不保障！許多人賺了
　　錢都會在銀行存點錢當定存，妳在銀行有定存嗎？」透過
　　反問，再度抓到在賣場的主導權，我們很容易就會回到起、
　　承、轉、合的拜訪主軸了！

夥伴提出的DS問題(43)

問：店訪過程中，若店家有兩位以上的門市人員，那該怎麼辦
　　呢？

答：(1)每一位都遞名片，透過遞名片看對方的反應，對焦其中
　　　的一位即可。但如果一時找不到主談的對象，現場我們要能
　　　同時進行接觸，當下搖頭晃腦，左右開弓一番，但我們心境
　　　上只當與一人對話即可！

　　(2)許多賣場的門市人員不只是人數多，且是分散各責任區
　　　站立的。我們逐一遞名片後，應找位置最後或是櫃台內的門
　　　市主談，因為他們可能是店長或資深的店員。

　　(3)保險畢竟有許多屬於個人隱私的部份，門市太多的賣場
　　　已屬開放的空間，主談對象對保險的想法較不易脫口而

出，環境上不利我們業務的訴求，所以應儘量選擇不超過3位的商家拜訪是比較恰當的。

夥伴提出的DS問題(44)

問：進行複訪時，店內還有另一位同事該怎麼做會比較好？因為只有帶一份比較詳細的資料，這樣另一位只能拿DM是不是會產生差別待遇？

答：針對另一位門市我們先遞名片，說明來意即可！但我們主要是對送建議書的門市進行複訪的流程，在複訪作業結束時，可遞送一張DM給另一位門市，進行商品的說明，觀察對方的神情與動作，判斷準客戶的等級。

夥伴提出的DS問題(45)

問：我保險年資只有6年，可是年紀已經52歲，這個階段DS會不會太老了？

答：店訪最大的好處，就是我們可以隨時隨地進行拜訪，馬上輕易的上手。年齡絕不是我們考量的因素，因為年長代表我們經驗及閱歷豐富，而這些是我們溝通對話的優勢。何況商圈新舊不一，門市老少皆有，我們不難找到合適的人及適合的店拜訪。

夥伴提出的DS問題(46)

問：可以推薦初學者去的商圈嗎？

答：(1)先選年輕的商圈較好，柿子要挑軟的先吃！因為我們還在學習及摸索的階段。面對年輕的門市，一方面較能應付自如；此外，年輕的門市對陌生人的接受度相對高些。

(2)以北市而言，東區、台師大、西門町、士林夜市都是初學者可先嘗試的商圈。

夥伴提出的DS問題(47)

問：我家是住在傳統市場旁邊，但我不知道要如何去開發？因為

攤販的金流很大，我覺得商機很大！

答：(1)如果你有在傳統市場內較熟悉或經常消費的的攤商會是理想的經營對象，利用中午過後的時間會比較理想。但如果你都沒認識任何攤商，就先從市場內或附近的店家(雜糧行、生活用品店、首飾店、兒童婦女服飾店)開始拜訪，先成為客戶，再漸進連結到與攤商的互動。

　　(2)我不太贊成在傳統市場針對買菜的人進行問卷或發DM，主要原因還是因為要能有效地見第二次面並不容易。

夥伴提出的DS問題(48)

問：百貨公司裡可以拜訪嗎？

答：百貨公司的專櫃是屬於開放空間，透過專櫃通報，且有「樓管」干涉，拜訪不會太順利。但「屈臣式」內的化妝品專櫃就不錯，一人一櫃，傍晚5：00以前進去都是不錯的時機！

夥伴提出的DS問題(49)

問：複訪時如果上次拜訪的門市人員排休(每次要複訪都不是同一個人)，這種狀況很難做到3/7/10的複訪頻率，但也很怕對方忘了我們，這時該採取怎樣的策略呢？

答：(1)如果對方排休，可詢問同事會來上班的時間，也可利用此時機與在當班的同事進行拜訪(初訪)。

　　(2)3/7/10的間隔時間是有彈性的，放寬一、兩日都行。

　　(3)複訪家數我們採「抽5取3」的方式，也就是準備5家要複訪的名片，但只要完成3家複訪即可，其中緩衝的2家，就是深怕對方有些原因，我們無法進行拜訪。

夥伴提出的DS問題(50)

問：有一位78年次新婚門市小姐，當場很滿意我提供的儲蓄方案，主動說要每月5,000元，回家後先生覺得她太單純了，憑一面之緣的陌生人就要購買，便阻止她，且要她多加考慮，若要也跟認識的買，接下來該如何進行呢？

答：(1)可以透過同為女性或是同為上班族的觀點，只訴求私房

錢的安排對未來的重要性！（夫妻間什麼事都要坦誠，只有錢的事，女孩子要保護自己多一些。）再將金額由我5,000變3,000元，退而求其次，不主動提及老公的看法，但對方再推說老公的意見，我們按「一初三複」作業為準即可！

（2）辦銀行定存時，櫃台的服務人員我們也不認識，但上百萬的錢就交過去了，但我們只有幾萬元而已！電視購物台保單賣的嚇嚇叫，但彼此也都不認識！

（3）風行許久的「民間互助會」，透過左鄰右舍親朋好友的資金協助，解決個人或家庭一時財務上的困難，立意良善，但倒會的風波不斷，且倒會的人往往都是自己的親人好友，情何以堪！因此「互助會」現在都不流行了，缺錢都另謀他途。就我所知，許多人都是跟不認識的民間借貸公司或金融機構疏通。

夥伴提出的DS問題(51)

問：常聽一些保險前輩說，DS成交率低！不知道您認為如何？

答：其實，只要是陌生的業務通路成交率都不高，但彼此之間還是有程度上的差別。隨機問卷的成交率大概只有1/1000，店訪前三個月的成交率也只有1/100，但彼此相差了十倍，雖然店訪我們要面對99次的挫折才能成交一張保單，但那成交的一張換算後的報酬約10,000元，也就是說，只要我們推門走進一家店，不論我們在店內時間的長短，我們就會有100元的收入，一天20家店的拜訪，就會有2,000元的收入，而且隨著我們經驗技巧的增加，成交率也會扶搖直上！

夥伴提出的DS問題(52)

問：有些商家一進門，空空如也，沒人在店內，我要離開嗎？此外，有些安親班是要脫鞋的，我又要如何處理？

答：（1）店內沒人時，我們可以大聲喊一下：「有人在嗎？」然後我們在賣場中稍等30秒，通常會有人出來，因為商家有時會在賣場後面小倉庫點貨或是吃飯、如廁。

（2）如果脫鞋方便，我們應直接進行拜訪。

夥伴提出的 DS 問題（53）

問：拜訪店家，假日也適合嗎？

答：適合。但不要到人潮多的商圈或夜市去，像西門町或士林夜市；我們可以到一般的大街上，如南京東路、仁愛路、復興南北路…等假日會開店或人潮少的街巷或新北市（板橋、三重、新莊、永和…等）的店也都不錯！

夥伴提出的 DS 問題（54）

問：DS 模式如何導入保險業之外的其他領域？

答：俗話說：一法通、萬法通，萬源不離其宗！DS 技巧的運用也是如此，我們只要能「複製」就一定能「貼上」，所以只要我們能熟能生巧，就能套運用在其他的通路或是其他的業務行業。陌生拜訪要能有效的進行，善用垂直步驟－「起、承、轉、合。」及水平的觀察－「望、聞、問、切。」「起」為開門話術，「承」為建立對話的機制，「轉」為帶出商品，「合」為訴求「複訪」。我們只要運用此一技巧，舉一反三觸類旁通。而水平的觀察（望、聞、問、切）是屬於客觀環境的了解（硬體）及互動對話中的感覺（軟體），採取不同的因應方法及口語速度上不同的要求，能掌握收放自如、進退得宜、快慢適中的節奏感。

夥伴提出的 DS 問題（55）

問：因為我一直想做 DS，但是一直沒人帶我，曾想一個人試試，但是總是走了一整條街，就是鼓不起勇起進去，不知該如何是好？

答：DS 的確有它辛苦的一面，比起其他業務通路挫折感也比較高，我常說 DS 是痛苦指數最高的業務通路，所以許多夥伴想起要跑 DS 頭皮都發麻！但眼前現實的問題是，我們手上的準客戶名單夠不夠？像我早期之所以會掃街跑店，就是因為名單不夠，量不大人就灑灑不起來，每天聯絡要談保險的總是

那幾位，他們不勝其煩，我也有心無力！離開辦公室，公司樓下的十字路口，我常常不知道該往東南西北哪個方向走！然而開始跑DS後，剛開始痛苦難耐，狀況百出，笑話也不少，但我發覺「量」的問題慢慢被解決。一段時間後，透過開始成交(前三個月的成交率為1/100)，「質」也在提昇，讓自己在賣場找出一套能夠讓對方接受我們的方法與技巧。

夥伴提出的DS問題(56)

問：初訪時，會建議賣場停留的時間越久越好嗎？

答：拜訪的時間效率是重要的！通常一家店在十五分鐘內應會知道是否為我們有效的準客戶(A級或B級)。所以下午三個小時的拜訪，應有20家店的拜訪量才是常態，如果一家店待太久(半小時以上)，只代表我們走進溫暖區不想走出來，但其中大部份時間是浪費了！

夥伴提出的DS問題(57)

問：因為我之前也有在做DS，是先建立朋友關係，才開始攻擊，但至從上老師的課後，發現是一開始就先寒暄→問話→DM→再要求複訪。我的流程是：關係建立→熟識→培養→DM→需求探詢→成交！我想問的是，從開始(建立→熟識→培養)三個步驟，而老師只用(寒暄)一個步驟是否太快了！煩請老師解解我的疑惑。

答：(1)與陌生人建立朋友的關係總會要一段時間，如過最後不買，我們花時間培養的關係將功虧一潰，這是我比較在意的，因為業務的時間效能是拜訪的重點！

(2)商家的拜訪本是一場秀，也是自我形象上的定位，如果我們透過熟練的技巧，展現我們的基本功，就能快速拉近我們與對方的距離感，情感就能加溫，畢竟準客戶也在觀察我們的能耐，也希望知道我們的續航力。

(3)陌生市場彼此的頻率很重要，找到志趣相投的對象，無形間交情就會加溫！

(4)與陌生人初步的關係建立，只要「讓對方喜歡我們」就成功了，並不需要像我們交朋友般的互相了解與長時間的交談，因為只要對方喜歡我們，對方就一定能給我們一些時間，而我們就能在賣場中有所發揮，業務的進展無形間就會快很多，而「讓對方喜歡我們」的方法不難，只要我們針對對方的回應，肯定、欣賞加讚美即可。Case成交後，才是我們與對方建立深厚感情的開始。

夥伴提出的DS問題(58)

問：要如何做好拜訪後的記錄？這一塊我時常丟三落四，希望找到一個有系統的方法。

答：(1)透過「名片」管理即可，因為在名片或店卡上已經有對方的店名及地址，我們只要加記其它的資料，譬如拜訪時間、準客戶姓名、年齡、等級、拜訪時間(用紅筆寫)、背景、對商品的看法、反對問題...等，如果正面不夠寫，反面也可充分利用，或是增加一張空白名片釘在下面，如此我們的記錄將省事、省時也省空間。

(2)我個人只要準備四本名片簿(容量大一些)。A級準客戶一本(A本)，B級準客戶一本(B本)，第三本(C本)是當日要進行複訪作業的商家名片簿(從A本及B本中挑出)，最後一本(D本)是「一初三複」後需要長期經營的準客戶名片。

(3)A、B本名片的排列依「拜訪時間」排序是最理想，當我們翻閱名片簿會很清楚複訪時間的安排。此外，對「一初三複」後不買的商家名片要淘汰掉，增加新建立的準客戶名片。D本的名片依「商圈地區、行政區或城市名」排序，對新商品DM的寄發及後續追蹤能按部就班的進行。

(4)名片簿最好二星期左右要整理一次！

夥伴提出的DS問題(59)

問：我是新進的業務，目前很想要學習陌生開發這一段，可是賣場中對方說的話總是會讓我怯場，我深怕無法應付對方的問

題。雖然在單位跟主管練習是還OK，但是一碰到陌生人講話就開始卡卡的，不知道有什麼方法可以解決？

答：(1)演練的資料要背下來，而且要背到滾瓜爛熟，隨時隨地不假思所的脫口而出，也就是說當我們與對方講第一句話的時候，我們自己的腦海中已經準備第五十句話要講什麼！因為第二句到第四十九句話我都背下來了！

(2)不要擔心對方的提問，如果當下不知道答案，我們順水推舟的說：「很抱歉！我不確定問題的答案，但我會去詢問求證，明天一定會帶正確的資訊來給你。」正好幫自己找到再次見面的機會。

夥伴提出的DS問題(60)

問：你會跟準客戶要基本資料打建議書嗎？

答：(1)我會技巧地詢問對方的年齡及姓名。譬如說，我會問：「妳看起來很年輕，應該是8年級生喔？」「沒有，我7年級後段班的！」「那按照我的算法，四捨五入後妳還是8年級生！」如此問法，我們會很自然知道對方大概的年齡層，也會在讚美聲中，讓賣場的氣氛輕鬆一點。此外，有關姓名的部份，我們有姓氏就可以打建議書了。但我們也可透過如此的問法：「陳小姐，不知道妳英文名字是什麼？」「我沒有英文名字！」「那朋友怎麼稱呼妳或是妳有個小名？」「她們都叫我小亭，亭亭玉立的亭，沒有女字邊的亭！」「果是亭亭玉立，那小亭我們後天見了！」

(2)我「市場實作」時見過許多夥伴會拿出一張資料卡或是空白名片給對方填，但我覺得這動作太唐突了，賣場中有些人對「個資」是在意的！尤其是年齡稍長一點的女性，千萬不要一個無心的動作壞了前面所下的功夫。

夥伴提出的DS問題(61)

問：老師，許多店家我都拿不到名片或是店卡，有什麼方法嗎？

答：(1)拜訪接近尾聲時，我都會問對方：「林小姐，公司要知

道我們有出來做拜訪。如果可以，方便跟妳討教一張名片或店卡我回去好交差！」通常如此一問，就能輕鬆拿到對方的名片或店卡。有時候我會開玩笑的講：「林小姐，我們出來拜訪有走路工，一張名片就給10元。如果可以，加上妳的名片，今天的晚飯就有著落了！」

（2）如果商家真的沒名片或店卡，拿對方的商品DM或優惠卡都行。但也可以如此說：「林小姐，如果可以，我這名片（再拿一張自己的名片）的後面幫我蓋一橢圓藍章（沒法律的效用），我回去一樣能交差，謝謝了！」

夥伴提出的DS問題（62）

問：像我陌生開發都會挑特定的店及人，但好像一條街沒兩、三家店能進去？

答：商店因「種類不同」及「當時的現況」會有篩選的機制，但千萬不要只選擇自己喜歡或是特定的店種拜訪。如此的話，我們的拜訪頻率會很低，時間及體力都浪費在走路了。此外，「人」的部分，要考慮人數多寡及年齡，剛開始我們先選擇與自己年紀相若的會比較好拜訪，一段時間後再拉大年齡層，但不要超過55歲以上。門市人員1～3位是OK的，3位以上要先跳過！

夥伴提出的DS問題（63）

問：老師，為什麼你一再強調選擇拜訪的門市人員年紀不要太大？

答：年齡是我們拜訪時的重要參考指標。除了彼此會有核心價值的不同外，當然對方也經過長時間的社會洗禮，跟陌生人買保單，對方的決策就不會太單純，因為深怕成為保單孤兒。還有一個重要的原因，人過55歲身上沒病沒痛的真的不多，核保就是一個難關。就算對方想幫自己的第二代及第三代買，但因為我們見不到第三者，他們就像空氣一樣，我們抓不住，當然要買保單的變化就很大！

夥伴提出的DS問題(64)

問：商家會因為我們先消費，日後比較容易跟我們買保險嗎？

答：商家的拜訪，表明自己的身份是重要的。我們是業務員，如果在賣場中不遞出明片，對商家是不禮貌的。接不接受我們的訴求沒有關係，見個面結個緣都很好，但我們自己身份要定位清楚，如果先消費，因為拜訪的量很大，我擔心家中的房間可能會塞不下買回來的東西，拜訪的成本就太高了，也非我們的原意。

夥伴提出的DS問題(65)

問：新人會怕開口，甚至不知如何開口！只要常講就可以克服的嗎？還是有什麼心法？

答：(1)DS是基本功的訓練，土法煉鋼是必要的。演練的資料一定要熟紀，不只是背給自己聽，還要背給家人或同事聽，甚至錄音起來修正自己腔調的起伏快慢，也建議旁人給我們一些意見，如此要開口就不難了。

(2)如果有機會，可透過單位晨、週會或區運作時段，利用3～5分鐘的時間，將所熟記的資料內容背一遍給所有夥伴聽，講的好不好都不重要，最主要是要能訓練我們在開放的空間面對眾人的目光，強化我們的心理素質！

夥伴提出的DS問題(66)

問：複訪一直被拒絕，真的不知道該說啥？

答：(1)夥伴在進行店訪的第三～四週會是一個撞牆期。一方面初訪的衝動與好奇會下降，而複訪可能會陷入膠著狀態，雙重夾擊之下，許多夥伴就斷羽而歸了！所以無論如何，這個階段我們硬著頭皮都要撐下來，尤其是三次複訪的過程，要能堅持到底！

(2)根據統計，前三個月A級或B級準客戶的成交率為5%，要加總20位的A級或B級準客戶才會成交一張保單，所以透過數字的呈現，對自我情緒的調整會有幫助！

夥伴提出的DS問題(67)

問：我是剛踏入保險業的新人。想請問，陌生拜訪有什麼要注意的呢？

答：先注意三個領域

　　(一)拜訪步驟：

　　(1)起－接觸(禮貌性的介紹)，兩個三合一的動作。

　　(2)承－蒐集資料，尋找購買點(詢問法)

　　(3)轉－切入商品方向，DM介紹，歸納重點。

　　(4)合－複訪要求，遞送建議書。

　　(二)熟練的商品(妳準備在賣場中行銷的主力商品)話術，話術最好都能背下來。

　　(三)口袋問題(運用在「承」階段的詢問)：

　　(1)不知道買那一家公司的商品？(是不是我們公司的保戶？)

　　(2)一年繳多少？

　　(3)買多久？

　　(4)上班賺了錢有沒有在銀行放定存？

夥伴提出的DS問題(68)

問：我有一個問題想請教你，我最近要陌生拜訪。我要先郵局開發，還是店頭，哪個方式會比較好？

答：我會建議「店訪」，因為店家開門做生意，門永遠是開的，只要你願意，你永遠可以取得再一次見面的機會。要知道，成交保單No Talking No Case，No Meeting也No Case，如果是透過郵局的方式，無論是問卷或發DM，我們都無法取得與對方二次見面的機會。

夥伴提出的DS問題(69)

問：除了上課講義中所提的15項工具外，還需要準備什麼物品或裝備嗎？

答：(1)工欲善其事，必先利其器。15項工具中的名片很重要，如果能夠先準備500張(5盒)是必要的，因為在陌生市場的用量很大，準備多一些好隨時取用，因為名片無法取代。此外，買一兩盒空白名片(文具店有在賣)，好方便我們記錄A級或B級準客的資訊(有些商家沒有名片或店卡)。

（2）「教戰手冊」一定要放公事包，隨時強化拜訪前的準備，及拜訪中的問題處理。

（3）初期(前三個月)的拜訪，能透過手機現場錄音，是修正店訪作業的好方法！

夥伴提出的DS問題(70)

問：我目前在北市萬華地區做店家拜訪，這禮拜已經是第三次，但從這三次中我做的是(1)發名片先介紹自己。(2)做了一份關於目前自己有在受理的業務，並問他們對保險有何興趣或需求。但萬華的店家總是冷冷的回答我，沒需要、沒興趣或是說家中有許多親朋好友也在做保險之類的話，常常有點無功而返的感覺，不知道我行前作業做的不夠，還是不夠了解店家的需求？

答：(1) 萬華地區是屬於台北的舊社區，店態比較老，年紀大的商家很多，會不太適合年輕人拜訪，如果能到旁邊的西門商圈就會不錯！

（2）商家講的話我們尊重，不要當真，尤其是說自己的親朋好友在做保險，我們聽聽就好！但是在賣場中當說的要說，當拿的要拿，一切照表操課就行，許多商家的說法都只是在抗拒你的拜訪，所以能夠降低對方的心防是重點。

（3）在賣場訴求中有一定的流程，但氣氛是我們在主導，通常我不會問對方對保險的需求，而是透過對話的機制，產生加溫的效果，提高對我們信任度，再適時將商品拿出來說明，說明的過程中透過眼神的觀察、對方的動作與問題的測試，我們會知道對方接受複訪的程度。

夥伴提出的DS問題(71)

問：4個左口袋問題及右口袋的共同話題，該怎麼搭配運用呢？

答：先以左口袋的問題為主(業務訴求)，右口袋的問題為輔(屬商家的個別問題)。在實際的運用上，只要對方對我們的業務訴求並沒抗拒，我們就透過左口袋的問題，一步一步推進，直到拿出商品說明。但如果對方有抗拒或是你發覺對方的神情不自在，此時拋出一個屬於她的個別問題，或許就能改善賣場的氣氛，繼續朝目標挺進。譬如說：「小姐妳看起來很年輕，應該是7～8年級生？」或是說：「妳的形象最好，相信你們的生意一定不錯喔？」如果對方肯說肯聊，我們在聽的同時，準備把我們的業務訴求再抓回來！以上所提就是左右口袋問題的「切換」。目的是靠議題的改變，壓縮反應的時間及抗拒的程度，讓對方得腦海疲於奔命窮於應付，在不知不覺中，完成業務的進展。

夥伴提出的DS問題(72)

問：如果我們直接進去就談保險，會不會太直接了？

答：在訴求商品前，會有一個彼此加溫的過程，能很自然地讓對方接受我們，降低對我們的戒心，接下來的商品說明就能順利的提出。但商品本是一刀的兩面刃，說不好會減分，但如果我們能將商品包裝成一個故事或譬喻，透過有利的數字，差異化分析，加上簡單易懂的圖型或表格說明，就很容易加分。

夥伴提出的DS問題(73)

問：房仲業適合DS意外險嗎？

答：如果是「助理」是可以的(星期二、三不錯)，房仲員就不太適合，因為他本身也是主動性的業務工作，我們的訴求對方的抗拒會很強，而且房仲的環境是半開放的，裡面的人有時不少，眾多耳目之下，要將業務訴求講清楚說明白是不容易的。我曾嘗試過一小段時間，接受的意願不高。房仲業我都

以陌生增員為主，效果不錯，可嘗試看看！

夥伴提出的DS問題（74）

問：遇到拒人千里之外的店家，還是會持續拜訪嗎？還是很客氣的跟對方說謝謝再聯絡呢？

答：對方直接的拒絕，只要我們懂得透過「潤滑」的口吻去轉換，往往會有意想不到的進展，譬如，門市：「葛先生，我們不接受拜訪（手同時退還名片）！」我們可以說：「多一張名片多一個服務的機會，這裡是不是常有業務員來拜訪？」門市：「對啊！」我們接著說：「不好意思！今天多我一位不速之客，來耽誤妳工作時間！因為我們工作性質很主動，很難待在辦公室，所以常要出來走跳走跳，很高興今天拜訪到這，大家見面結個緣了！」（門市中80%是女性，「結緣」之說很容易軟化對方的心防！）

夥伴提出的DS問題（75）

問：老師說屈臣氏的化妝品專櫃是不錯的點，但專櫃小姐不是都愛理不理的？

答：雖然屈臣氏已屬開放空間，所以結帳的櫃台是不適合拜訪的，但專櫃卻單獨分開運作，也不用擔心店方會有意見，下午3：00～6：00客人不多，只要櫃台只有一、兩位小姐在，拜訪遇到的阻礙較少。

夥伴提出的DS問題（76）

問：老師我感覺你比較強調與準客戶的互動，但怎樣能將我們的專業知識在賣場中發揮，你著墨的並不多，原因何在？

答：其實，我們所學的專業有兩種：

（1）學理上的知識。

像保險就具有很強的理論基礎，所以政府不斷希望透過證照制度，提昇我們的專業程度，保障保戶的權益。但面對陌生市場，尤其是初訪，我們真的一下子很難將我們身上的絕學呈現出來，就算我們刻意的賣弄，對方也不見得聽得

懂。

(2) 銷售技巧的運用。

也就是在我們推門後採取的策略與方法。包括：接觸的應答、賣場流程的掌控、收放自如的節奏、愉悅情境的塑造、左右口袋問題的交錯運用、講話口條的順暢、身體語言的輔助、商品說明的話術運用、對方神情及動作的隱含意義、見招拆招的問題處理、準客戶的判定…等，以上這些雖非學理，但卻是我們在競爭的環境中勝出的關鍵。畢竟，門市人員不是保險業務員，他們能聽得懂我們的訴求是重要的。

在賣場中說話一定要淺出但不深入，句句只到舌味但不到腸胃，我們的學理及專業是備而不用，但需要用時，只要小小一段話，絕對讓對方驚豔不已，下手簽要保書。

夥伴提出的 DS 問題 (77)

問：老師你說賣場中是一場「對決」，聽起來總是讓人要打仗般的不寒而慄？

答：賣場的互動是一場無形的心理戰，我們不只要能在溝通中找到空隙且能創造空隙，找到攻擊的點。但「對決」指的不是硬碰硬的接觸，也不是強壓式的訴求，我們表面上要塑造的情境絕對是輕鬆的，但彼此心理的對抗是難免的。要知道，在賣場中你強他就弱，你弱他會強！這裡的「強弱」就是指心理素質的對抗。而心理素質的強弱，是我們心理建設中很重要的一環，這是「心法」的培養。但我們能在經驗中體會，在挫折中強壯，在學習中給力。

夥伴提出的 DS 問題 (78)

問：如果店家滔滔不絕的談關於她家人的保險狀況、經濟狀況，但卻又不願意多了解我提供的商品內容，我該怎麼做呢？

答：再次觸及商品議題，再看對方的反應！如果對方一閃再閃，三複之後就是我們該放棄的準客戶。此外，我們只針對見

到面的商家訴求我們的業務，其他的人（包括他的親人朋友都不在我們能掌控的範圍）都不是我們的對象，而「轉移對象」也常是商家會拒絕我們的方式之一。

夥伴提出的DS問題（79）

問：今天跑DS時候，明明外頭看到只有一個人，進去後卻忽然蹦出兩、三個人，而且有些年紀都超過35歲以上，真不知如何處理？

答：賣場內有突如其來的狀況，首先自己的心情要能持穩，千萬不要亂了方寸，兵來將擋，水來土掩，如果不能因應，我們可以先離開（要打聲招呼）。門市太多時或年紀較大，我們採取對焦的方式面對，透過遞名片時，我們會找到一位相對友善的對象溝通。如果後來的門市主動與我們對話，那代表他是店長或是資深的主管，我們與之溝通即可！

夥伴提出的DS問題（80）

問：我跑DS很難管理時間，有時做1～2個小時就沒持續跑，拜訪不到10家店，離目標有落差，我該如何持續增加量能？

答：（1）在拜訪前先在商圈附近休息一下，讓自己的腦海能放空，體能心境保持最佳的狀態！

（2）跑50分鐘休息10分鐘。（滑滑手機或喝杯水）

（3）拜訪過程中就當做是拍電影，自己都是電影中的主角，只不過歷經20個不同的場景，不同搭配的人物，但都很鮮活。

（4）內心吶喊：「好高興，今天又要出來賺錢了！」

（5）面對商家大門，深呼吸一下，腦中有氧，肺中有氣，腿上會有力！

（6）走在人行道上，哼首自己喜歡的歌，你會輕鬆不少！

（7）可選20家店或3小時的拜訪為標準，只要有其中一項達成即可！

夥伴提出的DS問題（81）

問：初訪的時候，如果起、承、轉已經做了，但差了「合」，客人或老闆此時進來了，但是店員給我們的感覺很不錯，再來複訪時可送建議書嗎？

答：先不做準客戶的判定，可以等稍晚一點或隔日再過來拜訪，還是初訪性質，建議書先不送。拜訪步驟最後的「合」，有其話術的安排，透過對方的回應，我們才能最終正確判定準客戶的等級。

夥伴提出的DS問題（82）

問：我DS的商品是不是有錯誤？20年期的外幣保單，對客戶好像都沒什麼吸引力，我該調整嗎？

答：商品年期長短會是準客戶決定購買的因素之一，但不是絕對的。我們如何將商品適當的包裝，加上動人的故事性說明，讓對方感受此商品對他有多大的幫助，相信長年期的商品依然有它的魅力，譬如說：

（1）保費下降，會提高對方的購買慾。

（2）就因為年輕才有資格長期投資。

（3）理財要有短、中、長期的規劃，長期的財產分配要優先考慮，因為現在每個人都重視退休規劃。

（4）你覺得6年後的50萬，還是20年後的100萬對你中年後的生活幫助大。

　　所以，就算是長年期的商品，都會有許多話術可說可用，最主要商品自己運用起來要得心應手。

夥伴提出的DS問題（83）

問：拜訪時遇到兩位店員在顧店，一位在櫃台，另一位在外場，我是直接找離自己最近的那位，還是兩位都得顧到？

答：(1)兩位都要遞名片，你可以擇一(感覺較友善的)做訴求，如果你知道那一位是店長或較資深的門市，就必須先訴求。賣場最怕大小眼，能夠在禮貌上取得平衡很重要。

(2)此外，像佐丹奴或HANG TEN或是連鎖的體育用品專賣

店....等較大的賣場，有負責分區，我們只要面對單一區域的門市即可。

夥伴提出的DS問題(84)

問：拜訪老闆級的店要怎麼起、承、轉、合？老闆跟年輕門市在氣勢上給人感覺都不一樣！

答：(1)初期(前三個月)不以業務為主，就只是習慣跟老闆對話，只要運用起、承即可，「起」的部份，介紹時不強調業務的性質。「承」的部份多「請教」一般性的問題，如興趣、嗜好、生意的狀況、社會的現象、家庭的情形、以聊天為主，如果對方有提及商品，我們再提供DM。一般年長之人，透過「請教」是很好的溝通模式，許多老闆也會願意多聊上兩句，順道聽聽他的豐功偉業，感覺就會不一樣了！

(2)老闆的店每次的拜訪只要選一、兩家即可，目的是讓我們習慣與老闆對話，強化自己的心理素質，如果日後習慣了，就是我們正常要拜訪的店了。

(3)產險是不錯的訴求點。

(4)帶一份小贈品的效果會不錯，健康雜誌(過期也可用)體積小成本不高，許多年長的老闆或老闆娘，會喜歡看健康或養生的資訊。

夥伴提出的DS問題(85)

問：我常在拿DM出來準備說明的時候，說話就會卡住，要怎麼克服並且讓對方聽完我的說明？

答：(1)DM的說明時間要短(90秒內)，沒有人願意在賣場內聽我們長篇大論。

(2)商品的說明一定要懂得歸納重點，而且重點不要超過三點，只有一點都可以。此外商品的話術要能夠背起來，如此我們才能在現場多觀察對方的神情與注意力。

(3)如能在拿出DM後，馬上接一、兩句廣告詞，譬如說：「六年投資，終身致富！」或「這張是今年的第一名！」如此再

接商品的話術，就能創造短暫緩衝的時間。

夥伴提出的DS問題(86)

問：首次DS總有莫名的恐懼，老師是如何跨越那障礙的？

答：DS本有辛苦的一面，尤其在面對陌生的人、事、物時因為不確定的因素增加，身體及心理都會產生一些變化，就如同你所說的恐懼或者不安、緊張、額頭會流汗、心臟砰砰跳，我想這都是自然的反應，你有我也會有，畢竟人的心都不是鐵做的，要克服這些阻礙我們拜訪的因素，我們必須從兩個器官下手，以強化我們的信心。首先是「腦子」，多背一些我們準備好的演練資料及商品話術，充分了解我們進入賣場內的步驟，強化我們能掌控的部份，如果腦袋不空空，溝通互動就能行雲流水。第二個器官是心臟，也就我們要有好的心理建設，讓自己的情緒能夠沉澱下來，氣定神閒地面對眼前的挑戰，其中DS核心價值的建立很重要。

夥伴提出的DS問題(87)

問：如果單靠DS，不走緣故的話，能有一番成績嗎？

答：條條大路通羅馬，DS是業務通路之一，但是它是屬很基本功的通路，如果掃接跑店能夠勝任自如，其他通路就應該不是難事。然而我們必須了解，初期DS有其辛苦面，成交率並沒有像緣故這麼高，我的建議是：初期我們儘量在DS與緣故之間取得一個平衡，一段時間後(通常是6～12個月)，如果我們感覺DS已經能輕鬆上手，每個月的Case很穩定，此時我們再增加DS作業時間，如此才是上策。

夥伴提出的DS問題(88)

問：掃街的黃金時間點一定都在下午點嗎？早上行嗎？

答：　(1)一般商家早上10：30～11：00才開門，太早去可能門市還在打掃門面，何況還沒開市(有人消費)，對方會覺得唐突！拒絕的比例會提高，何況有許多商圈的店是下午才開門的，例如一般的夜市、林森北路一帶⋯⋯

（2）如果想要早一點出門，中午12：00過後就可以進行拜訪。

夥伴提出的DS問題（89）

問：之前有去D過，不過都是兩人一起跑，發現兩人跑是比較有勇氣開頭，但如果一個人去D的話，整個人縮回去，有什麼方法可以突破這個障礙？

答：DS本是單打獨鬥的業務通路，為強化獨自拜訪的效能，我們可以採與夥伴同行，但「分開交叉拜訪」的方式進行。也就是同一條街，兩人在同一邊進行交錯拜訪，你進店拜訪，同伴在外等候；下一家同伴進店，你則在外等候。如此交叉進行，有彼此支援的效果，挫折感強時，彼此亦能加油打氣，更重要的是能隨時監視對方，讓拜訪時的惰性降到最低。

夥伴提出的DS問題（90）

問：課程中提到DS店訪二人可同行但不要一起店訪，但「夫妻」除外，請問葛老師，夫妻如何一起店訪？二人一起行動會不會給店員壓力？謝謝！

答：夫妻可分開拜訪，也可合作拜訪。如是合作拜訪，雖多一位在店內，的確會對對方造成壓力，但卻有四個好處：

（1）對方知道妳們彼此夫妻，會提高對妳們購買的信心及安全感！

（2）夫妻一體，彼此的默契會不錯，應答接續強，能有左右交攻的機會，而對方也會視夫妻為一體的感覺！

（3）「複訪作業」如是夫妻兩人的交錯運用，成交率絕對會提昇不少！

（4）保單服務及緣故化的作業，會比個人作業更有彈性！

夥伴提出的DS問題（91）

問：人來人往的商圈，要怎麼做陌開？

答：有人潮就會有錢潮，但商店並非隨時生意都不錯，據計一家店12小時的工作時間，約只有3～4小時會忙，尤其下午是商家生意較清淡的時間，遇到消費進門的狀況比較少，會

是比較好效率高的拜訪時段。

夥伴提出的DS問題(92)

問：為什麼初訪拜訪的商品會以「儲蓄險」較理想？

答：商品的選擇應以店家的觀點考量。一般店家只要看到保險業務員來拜訪，會先入為主地認為是來賣一般保障商品，而目前投保率已經二百多了，該買的都買了，所以心中會有刻板的印象，認為不再需要了。也就是說，我們訴求的空間有限。但儲蓄養老不同，它能累積財富，增加帳戶，沒有人會嫌未來錢少，只要資金許可，它是可以一張加一張疊上去的，所謂「韓信點兵，多多益善」。所以初訪時要以一般商家能接受的訴求為要，漸次再調整方向或因應對方需求的改變。

夥伴提出的DS問題(93)

問：看老師在賣場中總是滔滔不絕，話不停歇，雖然你會透過詢問的方式，希望對方有回應，但始終覺得都是老師在說話，這樣理想嗎？

答：我也不想講這麼多話，但第一次在賣場中與陌生人接觸，對方知道我們的身份，大多數會有防備之心，要能敲開對談之門，只有在我們諸多的訴求中，有其一有效引起對方的興趣，然後針對此一話題，進行常態性的互動。畢竟

（1）賣場中不能有冷場的狀況，對方有不講話的權利，我們有說話的義務。

（2）賣場中能展現的專業形象，不見得是外形打扮，也不會是說文論理般的闡述保險的功能，其中流暢的口條，自然的神情，輕鬆的氣氛，更是我們博得對方信任的因素，也是我們的一場秀，只要對方願意聽，我們就要掌握展現的機會。

夥伴提出的DS問題(94)

問：在賣場中只要對方的態度一變，我就會招架不住，有甚麼方法可改善？

答：商家態度的變化，我們要能習慣，充耳不聞，視而不見即可！賣場中對方拒絕拜訪的話，我們尊重，但不當真，左耳進，右耳出；商家不悅的神情，我們視若無睹，報以微笑，睜一隻眼，閉一隻眼。就當今天到此一遊，而且不花門票錢。

夥伴提出的DS問題(95)

問：店訪時被問到是不是剛加入壽險業，我是否應該告訴對方我是新人呢？

答：當我是新人時，也常碰到這個問題，我總是回說：「你放心，我是全職的業務員，已將全部的心力投入保險事業，年底就準備晉升了。期間有我的努力，也需要您的支持，如果你是我的客戶，服務效率絕對是最好的，因為年輕體力好，別人朝九晚五，我24小時隨傳隨到。」

第二章
一般業務常見的25個問題

夥伴提出的業務問題(1)

問：老師，準客戶要求「退佣」，我應該如何處理？

答：保單誠可貴，服務價更高！「退佣」也就退掉了服務的價值，更間接否定保險經紀人存在的意義。我們的服務永遠是VIP級的，原因如下：

(1) 我們純「人工作業」，親力親為，不假他人之手。

(2) 隨傳隨到，不需排隊，就算領號碼牌，等待人數也是「0」，更不用多客戶花一塊錢車馬費。

(3) 一通電話，沒有語音，沒有轉接，沒有等待，沒有僵化的回應，更不會打太極拳！我們針對客戶的個別狀況，提供即時全方位的服務。

(4) 只有我們保險業務員對客戶三不五時會噓寒問暖，年底外加月曆、桌曆、黃曆、筆記本，任君(卿)挑選。

(5) 舉凡理財、投資、財務配置的專業諮詢服務，我們不收顧問費，但品質絕對到位。

(6) 保險商品的設計規劃，我們透過「需求分析」的作業，就像西裝是訂做的而非買現成的，當然價值會不同。

(7) 出險時能追蹤時效，據理力爭。理賠能在情、理、法的規範之下，產生最大的彈性。

　　我們因提供服務而能在保險業生根立命，而佣金是水源，我們活得好，客戶的服務才會好！

夥伴提出的業務問題(2)

問：客戶覺得退佣是理所當然的事，因為有其他業務員「退佣」，就會要求我們比照辦理，唉…

答：在競爭的市場，有些業務員就是不照正常的狀況走，但我們可將服務的重要性、差異性更細膩更條列式告知客戶！我們可以在推銷夾中放一張服務的清單，如能加上理賠(非死亡件)的資料，相信定能幫助自己打消客戶退佣的要求。

　　此外，有的客戶的確不會替業務員設想，但數字化的服務費說明可能會有一些幫助。如果一張保單要服務20年，假設佣金全部是2萬元，平均一年1,000元，每月約90元的服務費，一趟計程車的費用可能還不夠，再扣掉其它的成本，其實我們的服務算高品質低收費的。

夥伴提出的業務問題(3)

問：增員對象說目前對於保險業沒有興趣，請問老師您將會如何回答呢？

答：(1)興趣有兩種：一種是自己的喜好，但不一定能放進職涯中，所以社會上「半路出家」的狀況比比皆是！另一種是在工作中發覺興趣，因為所處客觀環境及激發的事業能量也會形成我們內在興趣的一部份。而我們的保險事業更有渡人互助的不凡意義，值得一生投入，享廟堂之美！

　　(2)靠「興趣」能終其一生是美好的，但靠「志趣」能終其一生卻是偉大的！就好比60對100燭光的燈泡，生命亮度不同！

夥伴提出的業務問題(4)

問：增員對象有提到說：「你找我來是想要我當妳的『下線』嗎？一定有很多好處，否則何必這麼急著找人！」如此問題，我將如何回應？

答：(1)我們一生因角色不同都會是別人的下線，親情上我們是父母的下線，學習上我們是老師的下線。但在父母及老師的照顧下，我們才能成長茁壯，所以上線就是貴人，能有貴人的引導我們才不會亂闖亂撞，事業才能在最短的時間內成功！

（2）　要先成為別人的下線，我們在未來才有能力成為別人的上線，上下本是一條線，保險是不斷「線」的事業，中間有共好共榮的傳承精神，有相知相惜的戰鬥情感，有互挺互信的夥伴關係。要知道，斷了線的風箏是飛不高的！

夥伴提出的業務問題（5）

問：我是保險新人，我發覺業務工作真是瞬息萬變，不斷要面對挑戰與變化，而其中恆定不變的價值會是什麼？

答：保險市場如同橋下的水流，滿枯急緩千變萬化，也顯示市場的不穩定性。綜觀這些多變的客觀因子，推陳出新又前仆後繼，不斷衝擊保險業的生態與面貌，有時真會讓我們不知所措無以為繼，但客觀的環境我們要適應，但主觀恆定的核心價值要堅守，才不致於迷失了方向。

　　我認為保險的核心價值應是業務員能長治久安的守則，有如河流上面的「老橋」，不因時間會有改變，依舊能讓千萬人通行無阻邁向康莊大道。舉個例子，保險業常講的 K.A.S.H，就是我們的普世價值，它永遠不會退流行，而且行之多年日久彌新，引領更多夥伴完成夢想！

夥伴提出的業務問題（6）

問：業務工作永遠是主流嗎？

答：業務活動大到主導貿易的交流，金融的多元化，經濟環境的改善及帶動商場的活絡；小到家庭及個人人際的互動，學習與教育，風險的規避，金錢的配置及生涯的規劃…等，都可以看到業務的功能。再放寬一點來看，我認為今日世界的樣貌，其實是業務打造出來。我們想像一下，萬一現在少了所有的業務活動，我們的生活可能馬上寸步難行！（搭公車也要15元）

而保險的業務工作，利己渡人雪中送炭，是社會的穩定力量；更具有扶強濟弱互助合作的內涵與本質；每筆 Case 的成交，都代表對親人的愛與關懷；而銷售過程中的酸甜苦辣

更是生命中不可多得的養份，業務工作真是值得慢慢品味與細細玩味！

夥伴提出的業務問題(7)

問：請問有關電話開發的話術，老師有什麼比較好的話術嗎？

答：很抱歉！電話開發非我專精，但我知道電話開發主要以「能夠面談」為訴求，採取二擇一的時間選擇。以下一篇話術當作參考：

「王先生您好！我姓葛，在○○人壽服務，很冒昧打這通電話耽誤您的時間，不過有一項存錢的資訊想向你做個介紹，是針對上班族『類定存』的儲蓄專案，而且不具任何風險，市場的反應很熱烈，公司一年收了幾萬件，目前是我們第一名的商品，而且我自己的銷售成績也很理想。只要投資短短的6年，也就是東京奧運結束一年後，透過複利開始累積財富，卻可在未來創造翻倍的報酬，我想明天早上10點或後天下午4點，在您的辦公室為您作進一步的說明，相信短短幾分鐘的時間，王先生您絕對會有異想不到的驚奇！」

①電話中應只提商品的好處及誘因，而商品的內容應是見面時才進一步說明。

②一通要約面談的電訪，正常應是一分鐘左右就會結束，如果對話太久，效率不見得會提高！

夥伴提出的業務問題(8)

問：我認識一個年輕的妹妹要她存6年期美元保單，後來她把我給她的建議書給她媽看，她媽卻叫她跟會，一年存24萬，每個月有2千塊利息，每年有24,000元利息，感覺比美元保單高，這要如何處理？

答：跟會利得高，但倒會風險更高，而且倒會通常都是自己的熟人，最後都不歡而散；況且目前跟會的人不多了，也不流行了，而且要有10%利得，還必須是後段得標才有可能，如果不幸前面先標到，是要付別人高利息的。

　　可行的方法只能退而求其次，訴求來會每月一萬即可！將剩下一萬中存入沒風險保本保息的儲蓄險！

夥伴提出的業務問題(9)

問：常有準客戶覺得6年才回本，那之前都虧本，或是要「出了事」錢才拿得回來！當然我在解說上有強調，它強迫儲蓄功能及6年後終身的效益，但總覺得客戶心中還是有疑惑，總覺得還少了什麼，可以說服客戶的優勢？

答：(1) 準客戶心中的疑問，並不一定是商品本身的狀況，可能是成交的成熟度還不夠，因為6年並不長，變化也不大，你可多強調高齡化社會的未來，及解釋目前需要準備存錢的必要性及危機感！

　　(2) 綁約6年，卻能享受不錯的利得一輩子！所以前6年是累積本金，何況6年後我們解約金也已經比本金高，無虧損之慮！

夥伴提出的業務問題(10)

問：我有一位緣故的朋友，我推儲蓄險，他說會買，但是要拖到年底，我問他怎麼不現在就買，他說不急！有甚麼話術或方式可以讓對方當下就立即購買？

答：客戶延後購買通常有3個原因：

(1) 購買的成熟度不夠。

(2) 客戶個人的購買計劃及預算的安排。

(3) 對方也透過時間在觀察你，但無論如何，「化整為零」或「分期付款」的方式是可進行的訴求。此外，強化商品的時機也會是不錯的訴求！

　話術：

　　其實我覺得購買儲蓄型商品要比保障型商品還需要即時下決定，因為一般對自己生命中要承擔的風險已有共識，但開始購買時大都是屬保障、醫療、防癌的規劃，但這部份只完成『病、死』的防範，面對『老』的問題，只認為那不急於一時，慢慢來

即可，但時間過的很快，一蹉跎往往幾十年就過去了，等猛然回頭，老之將至，但已無能為力！且未來老的時間會很長很久，所以趁現在年輕還有能力時，就該『存』要即時！」

夥伴提出的業務問題(11)

問：我父親他公司聚餐有帶我一起參加，也認識一些主管、同事，都被拒絕，這次主管生日我爸想找我，日後又說擔心大家看到我壓力太大，我是否要去呢？

答：業務員本身就是要賣商品，如能有機會(隨緣)參加聚餐、喜慶宴會都是不錯的機會。對方因我們的業務訴求會有壓力，都是很正常的狀況，不過那是一時，船過水無痕，多年後妳再看待這一段奮鬥的過程，關係交情是不會改變的，畢竟「時間」是站在我們這一邊的，人隨著歲月，身體狀況是往下走的，對方對你服務的需求會愈來愈強，對我們事業的認同度也會不同往日！

所以，我們只要有以上的認知，目前接觸時的負面感覺就會降到最低！

夥伴提出的業務問題(12)

問：跟我們保與跟銀行理專保有什麼不同？又有什麼好處？

答：我們跟「理專」絕對不同：

(1)服務效率不同。保單有後續的服務事項要辦(滿期金、還本金的領回、理賠、契變、保貸....等)，我們隨傳隨到！

(2)商品資源不同。公司有不同的平台，我們提供各項不同的商品，譬如：產險、完整的醫療險、旅遊平安險、長期照顧險...等，這些目前銀行系統尚不完整。

(3)諮詢內涵不同。我們會隨時主動提供顧問式的訊息，保單的健診，不時提供最新的保險訊息。

(4)關懷程度不同。我們絕對跟客戶及家人保持良好的互動，絕對一張保單一世情。

(5) 保險專業程度不同。我們受正規的風險管理課程及初、

中、高級保險實務與理論培訓，加上財務分析及資產配置，廣度深度都夠！

夥伴提出的業務問題(13)

問：我單位不大，想辦室內的增員活動，不知什麼活動比較洽當？

答：(1)目前流行的「桌遊活動」就不錯，大家共同參與，歡樂聲中增感情，但每桌都要有資深主管的參與，身教加上言教，應會強化增員的能量！

　　(2)晉陞及表揚的場合也是不錯的時機！

　　(3)慶生及每月辦公室內固定的聚餐(水餃宴、火鍋宴、比薩宴…等)

　　(4)長期來看，如能運用「讀書會」，是引導觀念的好辦法，如果手邊有一些對保險事業有刻板印象的增員夥伴，這是長效不退時的活動！

　　　此外，這些室內的活動，可善用「會後會」的運作，請目前表現不錯或剛晉陞的的夥伴與增員對象(初次見面)交流，內容如能談談最近出遊(國內外都行)的點滴或是團隊中好玩有趣的新鮮事，會有錦上添花的效果！

夥伴提出的業務問題(14)

問：因拜訪朋友時，有許多的朋友也同時叫我加入直銷卡位，像您會如何回應又不會去傷感情呢？

答：直銷也是屬業務的工作，妳的直銷朋友有可能也會是我們未來保險事業的夥伴，所以技巧性的回應會是需要的。有些原則可掌握：

　　(1)可在外面單獨溝通，地點由我們決定，但不要允諾參加對方公司OPP或小組聚會。

　　(2)可邀請到通訊處見面，如有直轄主管在最好。

　　(3)見面溝通時可多準備一些無關緊要的話題，多看手錶或手機，時間差不多時，可表明還有公司會議要參加。

(4)如果對方一直針對直銷事業說明，我們可說明自己親人也在經營，目前也在接觸了解中。

夥伴提出的業務問題(15)

問：我有幾位深交的朋友，他們也很支持我做保險，但我擔心要賣保險給他們時，會不會影響到彼此的關係？

答：我的經驗跟我說，保險的業務訴求並不會影響彼此的關係與交情。買與不買都是對方的權利，如果對方因為我們做保險或是賣保單，而跟我們漸行漸遠，我想問題不在我們，而是對方對業務工作了解不夠，或是存有一些刻板印象。只要經過一段時間後，自然關係又能跟以前一樣，甚至更好！所以我們在當下的互動中，要能體諒對方一時態度的變化。

但如果我們在互動的過程中太強人所難，對方已經出現有吃不消的神情，或是喘不氣來的感覺，此時再不收手，一齣戲就會變成歹戲拖棚不忍目睹了。通常會出現如此狀況，根本的原因是我們的客源太少，能找到的對象有限，當對方成為自己少數可用的子彈時，這場仗就不好打了！

夥伴提出的業務問題(16)

問：保單的後續服務是我在乎的！但我真的不知道能不能在保險業奮鬥一輩子，因為我們業務員也是人，職涯也會有許多變數，真的變化來，對客戶又如何交待！

答：(1)「保單」（非保險業務員）可真是我們重要的另一位老伴，年紀愈大，身體愈差，保單愈會讓我們無後顧之憂。更何況它還是一份有法律效率的契約，保戶能保有條款上載明的全部權利，保險公司應善盡「保險人」的義務，所以一張保單的履約是不用擔心的！

(2)「保險業務員」是生命體，職涯中當然會有各種不可抗拒的變數存在。無論是順境或逆境，如果能樂在工作，享受工作是最好的狀況！如果中途有變化，我相信保險公司會有服務系統的支援，加上我們對客戶的說明及標準流程上服務

安排，客戶應能體諒！

夥伴提出的業務問題(17)

問：保險業務是高挫折的行業，心情不好時，我的家人都不能體諒我，而且還潑我冷水，但我真的需要家人的支持與肯定！

答：其實家人永遠都愛我們，也都無時無刻保護我們，希望我們在外頭奮鬥能夠一切順順利利，看見我們吃苦，總有不捨！當然會有一些其他的說法，我們也要能體會他們的心情！

　　而通訊單位類似作戰時的碉堡，我們在外業務上的挫折，唯一取暖的地方就是通訊單位了，無論是直轄主管、區經理或處經理都是我們排難解惑的好對象，因為我們走過的路，他們都走過；我們心中的辛酸苦楚，他們都嘗過。然而家人，因為他們不了解我們的工作內涵，無法百分之百體會我們心中的感受；唯有單位中的夥伴們，大夥是同一條船上的，同舟共濟是唯一的路，知道要團結面對逆風的來襲，順風時更能享受乘風破浪的快感！

夥伴提出的業務問題(18)

問：老師說傾聽不只是聽，而且要聽出商機，但我覺得好難，老是覺得有聽卻聽不到什麼？

答：「傾聽」雖是要學習，但我認為在我們日常與人的相處中，「傾聽」就會自然開始，學習也就在進行中，而我們到底要聽到什麼呢？第一是聽到對方的情緒，其次是聽到對方可連接保險訴求的話題。

　　我們先將自我架空，互動中先以對方所說的話題為主軸，先感受對方話語中的「情緒」，如生命的悲歡離合，生活中的酸甜苦辣，言談中的喜怒哀樂...等，自己在適時調整這樣的心情去配合對方，這就是同理心。譬如增員面談，如果妳知道對方對自己目前的事業很滿意或是有高度的期待，相信要對方改換跑道的機會幾乎是零，所以了解對方在「想」什麼是重點，其中要領會對方的心情，而並非一定是

對方「口中的話」。

　　「傾聽」是要心腦並用，我們的腦袋也要針對對方的說的內容，一方面給予正面的回饋；一方面在有空檔時要想出適當的問題提問，進一步了解對方的深層的看法，如此我們就能對症下藥，適時連結我們能提供的保險資訊。譬如大家見面談「食安」，如果言談中對方對食品安全很在意，也對不肖的廠商破口大罵。當下的話題我們就可透過交談中將「食品安全」導入「人身安全」，像余天的女兒32歲就得大腸癌，可能都跟外食的食品或用油有關，我們上班族又不得不外食，怎麼辦？我們只能有備無患，提高防癌險額度有其必要！

夥伴提出的業務問題(19)

問：保險業務有時好不穩定哦！面對現實的壓力，真的會有想放棄的衝動？

答：你的問題，讓我突然想起20年前我初入保險業所經歷的一段歲月，少了事業目標，收入驟降，腦海雜亂一片，心中茫然若失，保險好像已經走到盡頭。但當我靜靜的沉下心，思考過往種種，如果就此罷手，真是心有不甘，我是一個不服輸的人，別人能，我也一定可以！我可以慢慢走，但我一定要跑到終點，那怕比別人慢一些，所以我讓自己將思緒回歸到單純的原點，再檢討自己的業務方式，在不變的初衷與改變的作業模式中，設定目標，從新出發，很幸運摸索出一條路。

　　我也希望妳能找到自己的路，危機就是轉機，現階段的狀況，就是最佳考驗自己的時機！

　　此外，業務的工作，短期收入的不穩定是正常的，因為我們是在「創業」，但辛苦耕耘必歡喜收割，只要我們能堅持走下去，終會否極泰來，漸入佳境！看看辦公室內的中、高階主管，如果現在叫他們不要做保險而另謀他職，他們一

定會認為我們頭殼壞了，而且他們會跟你講，我現在每個月的續期佣金都比公務人員多，叫我離職，真比殺我還痛苦！而目前許多社會上有頭有臉的人物，創業初期也都是在有一頓沒一頓當中渡過。

　　過去的他們就是今天的你；現在他們的榮耀，也會在未來你的身上發光！

夥伴提出的業務問題(20)

問：有關職域的經營，是要訴求團險嗎？

答：(1)一般公司行號的拜訪會是以團險較容易切入，拜訪公司中的總務部門或負責團險的單位，彼此建立團險客戶關係後，面對其他陌生的員工，就容易訴求。

　　(2)DS原本就是在陌生市場打天下，如果團體機關都沒有認識人，只要我們能碰到裡面的任何人，都可以直接拜訪，但要注意在場的人員不要太多，且一定要介紹商品，白紙黑字，會是有效的武器。

　　(3)台北市有許多小的貿易公司及個人工作室，員工不多，我認為是不錯的市場，可以試試看！仁愛路及忠孝東路上的辦公大樓中就不少這類型的公司。

夥伴提出的業務問題(21)

問：準增員對象提出的反對問題…現在是E世代，很多都在網路裡可以買賣並且國際化(網路行銷)，而保險業卻要親自拜訪及面對面才可成立契約，好像有點跟不上時代耶？

答：(1)我們的商品有很高的後續服務性，一般的商品銀貨兩訖，我們卻是買賣後才開始提供商品價值(服務)，而且是屬於專人(VIP)的服務，就像網購商品要退貨，也需要找到「人」才能辦手續！

　　(2)網路行銷的商品真是琳瑯滿目也目不暇給，常見過許多賣球鞋及服飾的許多專網，熱鬧滾滾，相信成績應是不錯。而保險商品除保險夥伴個人的網頁有廣告外，保險公司或銀

行的網頁中有會提供商品簡介，但專賣保險的網頁卻不多見，也就是說保險商品與其他商品在網路行銷的比例上非對稱的，而且數據差很大。

（3）電視購物台也賣保險，聽說賣得不錯！但我的客戶會跟我反應，購物台的保險商品常會發生重覆購買的情形（已有的保單），尤其是醫療的商品。會有如此的狀況，就是因為沒有保險經紀人量身規劃的關係。

夥伴提出的業務問題（22）

問：老師你很強調養老的規劃，但如你FB文中所提的35年後每月3,000元真的這麼好用，都不會通膨？

答：會有通膨！但也可能會通縮，日本就通縮20年，直到這兩年才轉正。此外，經濟學人雜誌目前預測全球有長期通縮的狀況，也就是說現在存的錢以後會有一樣的價格或是更好的價值。回頭看看過去，其實有許多商品透過時間，價格一直很穩定，像轎車、電視、音響、手機、電腦、書籍、CD片....等，我們現在常覺得錢會變小不好用，一部份的原因是我們生活中消費的種類比以前多了，手機、網路、平板、KTV、國內外旅遊的次數、讓我們的錢感覺少了，如果這些消費在一年中都用不著（像20年前），我們賺的錢應該還不錯用，所以生活中的消費取捨是一選擇題，現在的我們可先犧牲一小部份的享受，未來退休的生活就會多一些選擇。但無論通膨還是通縮，未來的日子還是得靠年輕時就開始存下來而且是很穩定的留到以後，上班族對「勞保」可能會有許多不同的意見，但老年給付月退金，反對的人就不多，最多只是在乎領多領少或是政府有沒有能力履約的問題，但月退金可是我們出社會就開始存的錢，許多人都常常樂道再過10或20年勞保每月自己能拿多少錢，能拿的錢雖是未來的錢，但心中會多一層生活的篤定感，而我們的儲蓄險就是強化此一功能！

夥伴提出的業務問題(23)

問：還本式儲蓄有好處但缺點確在「通貨膨脹」後金錢的變化？

答：當下每天的生活就是在處理及面對「通膨」的問題，2014年以來物價的上漲就是生活的現實。但奇怪的是，我們銀行有5兆「定存族」的資金，5兆可是每天平均股市交易量的50倍以上；且根據最近媒體的報導，國人最樂熱衷的三種理財方式：定存、基金及保險，都代表國人對金錢運用的主要觀念。高齡化社會是未來的趨勢，其中的一個現象就是我們退休的時間比工作打拼的時間要常長，長期的規劃勢在必行！高齡也代表更多的生活變化：獨居、疾病、老弱、照養等這些也是「市場問題」，所以小錢在未來一樣重要，我知道的生活是，萬一身上連一塊錢都沒有，我連7-11都不能進去消費！但只要有10塊錢，我就能悠哉買報紙看八卦新聞，吹一早上的冷氣。保險的錢(儲蓄險)變小，但能變活，且在銀行水準以上；保險的錢也會變大(保障)，卻擁有規避風險消化損失的互助功能！

夥伴提出的業務問題(24)

問：警消單位如何拜訪？

答：警消單位是屬於「職域」的開拓，我經驗不多！但我想，如能將店訪的話術轉換過去，應該可行。我們開門話術可以如此說：「

葛：先生你好，我姓葛，在○○人壽服務，這是我的名片，很高興能來單位拜訪，這區的警消單位是公司分配的服務責任區，所以我就破門而入了，還沒請教您貴姓？

警：我姓張，但我正在值勤，不方便接受拜訪！

葛：真巧！一路拜訪下來，你是第三位張先生，而且你是三位中最親切的，果是人民的褓母，不過張警員你放心，公司也規定我們在單位拜訪只有3分鐘，不知道張警員是不是我們公司的保戶？」

如此再進行對話與互動，但警消單位有三點要注意：

（1） 是屬開放的空間，人數比一般店家要多。

（2） 拜訪的點非連續性，量能要考慮。

（3） 訴求的商品以「意外險」可能會更理想。

夥伴提出的業務問題(25)

問：除店訪外，其他包括學校、工廠、辦公室該如何進行？」

答：以上所提陌生通路我並不熟，也沒經驗！但我自己店家的客
　　戶卻會轉介紹這些通路中的朋友，後來有許多也成為客　。
　　店訪是陌生市場快有效的通路，透過緣故化的作業，觸角很
　　快就會展開，建立不同陌生領域的客戶來源，無遠弗屆。

第二篇

陌生增員

第一章
陌生增員行前準備

　　「增員」是夥伴們在事業中另一項很重要的工作，尤其在擔任主管之後，如何能強化人力，厚實組織，打造優質團隊。招募更多的事業夥伴，可是件馬不停蹄刻不容緩的大事。

　　我們知道，保險事業要能細水長流，透過組織發展最容易達事一半功十倍之效。人隨著年齡，我們的體力會往下走，能替代體力的另一領域，非「增員」莫屬，透過組織規模的日益壯大，我們能將團隊運作中的訓練、輔導、激勵、領導、經營等管理技能加諸其中，讓保險不再只是單純的銷售，而是更具多元面向的事業領域。話雖如此，但增員工作並非立竿見影，很難在一朝一夕間立見宏效；賣一張保單，下個月就會有獎金入帳，但找一位新人進門，需要時間訓練，還必須隨時觀察新人的業務進度及面對業務的適應狀況，定著率又非百分之百。試想，好不容易找到一位新人報聘，自己也付出很多的心血及時間，但最終不幸陣亡了，先不論原因為何？心中的挫折感真的很難排解。

　　我在業務單位時，看見許多主管多年來都是單槍匹馬，像是藍波一般馳騁在戰場上，雖然攻無不克戰無不勝，儼然是戰績彪炳的大將軍，但身影卻是孤單了一點，因為少了子弟兵的參與，「勝利」二字也只能孤芳自賞，我們常笑稱是「棒棒糖」主管，問其原因，對方的回答也似乎頗有道理：「增員太累了！光是新人的回饋，還不知要等到何年何月？我背後可是一家人要養，眼前要能賺到錢才重要，不若賣賣保單單純多了，更勿須操心煩惱，何況賣保單還有續期佣金，這一塊也不錯，加起來不比經理級差。」

　　以上的回應相信是許多人共同的看法，但我們仔細分析來

看：首先，續期佣金可是在當年度有新業績時才會累積出來，何況現在許多短年期的商品續期佣金並不多。早些年，辦公室樓下單位有位經理，因車禍大腿及髖骨數處骨折，住院一個半月，出院復健還要一年，這一年中大半時間無法來通訊處，當然對業務影響很大，公司考核沒過，後經行文報告，才鬆了一口氣，但一年來除保險的理賠金外，收入可是下降不少，也連帶影響年底的年終獎金及明年的續期佣金，保險事業險象環生。

的確，新人的留存率並非百分之百，但這已是常態的狀況，且各家公司都有適當的比例及數字可參考。就算新人無疾而終，在帶領的過程中，卻不斷累積自己增員實務上經驗，未來的成功率絕對愈來愈高。此外，每年保險公司都有高峰競賽，但每年的會長都不會是同一人，但處經級以上的主管，只要單位夥伴能眾志成城，較容易透過團隊的業績達標，年年前進全世界，每年出國兩次已經是既定的行程。但不論如何，我個人認為保險應要有事業觀，而事業觀應是一個團隊的運作，大夥同心協力，為釐定目標及許下的願景打拼，奮戰中彼此扶持相挺，同甘共苦，培養革命情感，有志一同，推自己一把也幫助更多夥伴成功。

但多年的觀察，擺在眼前的困擾是，許多夥伴最大問題還是增員的名單不足，我曾問一些夥伴，你身邊有50個準增員對象嗎？得到的答案，搖頭的居多數。但根據國際保險行銷研究協會(LIMRA)的統計，我們要能一年當中擁有48個準增員對象，而且要能跟這48個增員對象通過電話，而且每一位都能取得面談的機會，其中會有一位全職夥伴跟我們從事保險事業，所以增員得成功率是1/48，如果手中不及50位，要有新人落戶實非易事。

所以增員名單的多寡已經主宰未來組織發展的速度，我們如果無法在緣故市場或是既有客戶的市場中找到更多的增員名單，那在陌生市場中找人才就變得重要多了，因為還是那句話：「量大人瀟灑！」試想我們每周只利用3個小時當「增員日」，認識10位左右的陌生人，按比例(5取1)應有2位會成為準增員對象，一週2位，一個月就是8位，一年就有96位的準增員對象，

按1/48的成功率，一年後應有2位新人會報到，而根據統計，其中一位會升級主管；如此發展下去，開始出現人力倍增的良性循環，只要運作5～10年，要成為處經理級以上的主管應不是難事。所以陌增的作業，並非要花我們許多時間，只要每周3小時就會有不錯得效果。不影響業務工作，又能有雙軌進行，非常值得夥伴嘗試運作。

但陌生增員的通路不少，以下條列10項是夥伴較熟知的：

(1)影響力中心

(2)校園徵才

(3)分類廣告

(4)一般店家

(5)辦公室

(6)人力銀行(職業介紹所)

(7)直接郵遞

(8)個人網頁

(9)大街上的業務行業

(10)社區就業說明會

但以上通路並非都是藍海，以第6項「人力銀行」來看，透過104或1111的求職名單進行增員，夥伴只要花少許的錢，就能擁有不錯的名單數，但此一通路在保險業已經行之多年，早先的藍海如今已是紅海一片，而且還殺得血流成河。曾有一位處經理跟我說：「葛老師，我今天早上面談一位1111求職的新人，我話沒講一分鐘，他就對我說：『這位經理，你要跟我談甚麼我都知道了，在來你這面談之前。我已經談過4家保險公司7個通訊處，你只要告訴我，你這裡一個月能給我多少薪水？』葛老師你知道嗎？光聽這段話，我就草草結束面談了。」由此得知，這市場的競爭多激烈！

在剛才我所提的10種陌生增員市場，我直接接觸過的有大街上的業務行業及校園徵才，且有多年實務的經驗，再加上一般店面的增員也不錯，因為在商家可銷售亦可增員，本是一體兩面

一兼二顧，而這三通路量能都不錯，針對這三個通路先做一簡單的介紹：

在大街上，有三種行業都有業務員，一是房屋仲介員，二是銀行理專，三是汽車銷售員。這三類業務員的工作性質都很主動，與保險相容度高，其中的房屋仲介業，因我帶過多次「陌生增員班」的關係，接觸的時間很早，曾拜訪過1,200多家房仲，累積許多實務上的經驗，也摸索出一套在房仲業的增員技法與作業流程。所以我將重點放站房仲業的增員作業上，但一法通萬法通，萬源不離其宗。只要經過一段時間的經驗累積，跨足到銀行理專及汽車銷售員的增員都將一體到位。

一、陌生增員行前作業

但能在陌生市場中找到千里馬，出發前我們還必須有一些前置的配套措施：

(一)選擇一位合作的搭檔

如果是店訪，我會強調都應是獨自一人拜訪，但增員房仲時，我希望能多有一位夥伴，主要是希望賣場中，有一位自己的人在旁邊，信心會強不少。一般店訪，面對的商家大都在三位以下，但房仲的店中，陣仗卻非如此，只要不是休假日(通常在星期二、三)，裡面可能有一票人馬，我在台北國父紀念館附近曾拜訪「住商不動產」，一進門，哇塞！嚇我一跳，大概有30個人60隻眼盯著自己，著實是一個場面，心臟頓時噗通噗通七上八下，此時如身邊有夥伴，將會安心不少。此外，多一位夥伴，在與房仲的對話過程中，幫幫襯敲敲邊鼓，有畫龍點睛的效果。但選擇一位適合的搭檔，必須有兩個要件：

(1)彼此的年紀不能相差太大：因為我們的拜訪是交錯進行，彼此都需要尋找合適的增員對象，如年紀太懸殊，在互換拜訪時，畫面的協調性不夠。彼此的年紀差距在10歲之內最為恰

當。

（2）彼此的職階及年資不要差距太大：彼此年資差在三年內，職階上下一級是OK的，因為如此，彼此對保險的認知容易有共識，在賣場中的展現，默契就會不錯，凡事都能心領神會。也就是說，講出來的話，對方一聽就懂；一個小動作，往往一個眼神就能會意。但如一時無法找到合適的搭檔也無妨，單操一人一樣能過關斬將。

(二)製作一份「增員教戰手冊」

手冊中應有增員的反對問題處理及不同通路的演練資料，一方面可幫助夥伴在市場上拿出來運用；另一方面也是自我訓練的教材。但我還是強調，資料要能多記多背，在房仲賣場中，雖不見得要「舌戰群儒」，但要能口條順暢，而脫口而出的言語，無形中可幫自己創造更多的思考空間。

以下是一份增員反對問題的處理，其中菜鳥是指社會新鮮人或是較年輕的準增員對象；而老鳥是指已有一段時間的社會經驗，或有多年的業務歷練的對象。希望夥伴在增員作業前能熟記這些問題的因應。

◎十個最常見的反對問題（陌生增員篇）

（1）我沒興趣

菜鳥方案：保險事業是結合愛心及責任的事業，這是人們與生俱來的特質，說不上需要特別的興趣，但卻比自己有興趣的工作更值得投入，而且渡人利己，同時享受物質及精神雙重回饋。

老鳥方案：做保險，當初我也沒興趣，但我相信興趣是在工作中培養出來的，我們也曾聽過興趣常常不能當飯吃，在社會上有太多人都是半路出家，我自己也是如此，其中更包含各行各業非常成功的人士，李遠哲不就是這樣嗎！

（2）擔心找不到客戶

菜鳥方案：客源的開發是整體訓練中的一環，你不用擔心，

相信透過課程的安排及主管同事的指導，會給你一個很好的選擇方向。

老鳥方案：客戶永遠在你心中，事業發展的重點在於是否有心在工作中，加上運用頭腦及智慧就一切妥當。其實反過來看，努力去找客源就有機會賺到錢，反而驅使我們開發及構思更多準保戶。

(3) 保險工作太辛苦了

菜鳥方案：唯有辛苦的工作才有代價，才能獲得高報酬，而保險事業原本就是否極泰來的經營過程，為什麼不安排我們的人生在年輕時奮鬥一下，當退休或養老時能夠有錢有閒，怡然自得，何況有機會在年輕時品嘗創業辛勞是上天給我們職涯上最適當的安排，你總不希望將來辛苦吧！

老鳥方案：其實工作辛苦分幾種，有一種叫做心中說不出來的苦，工作平平淡淡，薪水吃不飽餓不死，對明天不抱希望，你知道嗎！吃這種苦的人其實不少；另外一種苦是勞力一生，終日心力交疲，也很苦。保險當然也有辛苦的一面，但它面對希望，啟發智慧及學習效能，大步邁向成功之路。

(4) 業績壓力很大，我受不了

菜鳥方案：適當的壓力來自對未來事業的期許，這是我們必須承擔的。然而積極的工作態度才是消除壓力的最好方法，你知道嗎？沒有行動就沒有成績，壓力大得很了！

老鳥方案：

來自業績壓力總比來自生活壓力好，沒錢過活才是真痛苦。車子引擎不就是因為壓力而產生馬力，壓力愈大，馬力愈強。

(5) 收入不穩定

菜鳥方案：如果努力一年能夠賺一百萬年薪，你會在乎其中一個月收入低？上半年競賽其間有其他夥伴月收一件保費300萬，換算佣金已在百萬左右，我也覺得不穩定，但他覺得很爽。

老鳥方案：往往看得到的吃不到；可是看不到的卻可以拿得到，其實這一現象存在各行各業中，譬如網路行銷大家都認為不

錯，但真正賺到錢又有多少，我們不也看到許多公務人員私下兼差賺外快嗎？保險收入是有高有低的曲線，但這條曲線永遠向上揚昇。

(6)保險公司太多，競爭性太強，不好做

菜鳥方案：因為它熱門，所以才有這麼多家競爭，但透過競爭才能開創更大的業務市場，我們才能賺到更多的錢，你總不願意屈就在冷門的行業中吧！

老鳥方案：相信各行各業都不是那麼好做，競爭是外在環境因素，這是工商社會的普遍現象，而內在依個人的表現不同，的確在影響事業的成功與否，在保險業我們看得到許許多多成功的例子。

(7)投保率算很高了，市場空間有限

菜鳥方案：日本的投保率有600%，台灣也不過230%，空間甚大，另因高齡化化及長期銀行利率走低的因素，長期照顧及儲蓄還本型的商品已成為大家樂於接受的投資管道，而市場空間正一波一波創造高潮。

老鳥方案：投保率代表市場的一般銷售狀況，你知道嗎？我個人保戶的投保率平均在三張，也就是300%，可是其中蘊藏的業務機會還不少，所以一句話，業務看人做，好壞各不同。

(8)有其他幾家保險公司都找我做保險，而我都沒打算要去

菜鳥方案：

那你就考慮到我們的保險公司來，因為外商也好本土也好，要保的人都是我們台灣的老百姓，這是不分中外的，但我們的制度有更多福利的保障。

老鳥方案：我所服務的○○人壽，制度上已運行多年，一直為同仁所肯定。而且我們公司在經營上多次獲得政府的表揚，市場的口碑及形象都有目共睹，相信您的加入，定會在行銷上如虎添翼。

(9)我個性不適合

菜鳥方案：其實業務的工作並非你腦海中的刻板印象，成績

的好壞在於是否願意努力學習，找到適合自己的方法而已！

　　老鳥方案：相信做業務有成就的人很多，保險業成功的人更多，然而仔細探究，每個人的型都不同。原因無他，保險賣的是一份透過彼此信任而成就的一份愛心。我觀察以你的社會歷練必能體會要事業成功就必須突破現狀，做適當的改變，「誰搬走了我的乳酪？」一書中不就說明了一切！

　　(10)目前工作情況很好，公司也倚重我，暫時不考慮其他工作

　　菜鳥方案：你目前有一份受賞識的工作我很替你高興，也希望你有更好的發展。但我想事業能夠未雨綢繆，尋找備胎，不僅是時下的趨勢，更能學習一份專業知識。

　　老鳥方案：工作總有高低潮；目前好，我們希望能更好。然而當不順遂的時候來臨時，難道我們才要另謀它途。相信聰明的你，一定能就職涯的安排考量長期的效應，而我們的制度就是一份「短多長也多」的終身志業。

(三)培養每週「增員日」的習慣

　　前面有提到，進行陌生增員，我們每週只要花3小時進行即可，而這3小時就是我們要養成的增員習慣，增員最怕有任何的風吹草動一來就不了了之。所以，習慣的養成很重要，只要我們時間放長一點，增員將日起有功。

(四)紀錄「增員25分週卡」

　　以下是一張「25分週卡表」，六個評分要素各有權重，每週至少25分。透過拜訪進度的量化，方便追蹤也利於檢視，此表中無論是選擇一星期中的那一天當增員日都可以，評分的六要素中，有兩項要說明一下：

◎辦公室與主管面談

　　這一點很重要，夥伴都知道，增員借力使力不費力，如能借十力，就有機會得百力。所以要善用單位資源，而主管就是我們

增員活動	點數	星期一	星期二	星期三	星期四	星期五	星期六	星期日	總點數
(1)接觸/約訪	1								
(2)面談	2								
(3)辦公室與主管面談	3								
(4)新人班課程	4								
(5)簽約報聘	5								
(6)舉績F.Y.P 1萬以上	6								
總點數									

《增員25分週卡》時間～_____

一、本週目標點數：_____

二、增員進展說明：

_____

_____

二、檢討與改進：

_____

背後最大的資源。因為個人的能力是有限的，如果期許靠自己的腦袋能打通關，不只人單勢薄，而且不切實際，因為陌生增員的對象，對方的想法與人格特質並不見得與自己不謀而合，如有更多的大腦袋借用，力道就會出來。我早先轄下有一位主任，很努力增員；但很有自己的想法，我許多的意見對方總是聽不下去。他的增員作業始終是在神不知鬼不覺中進行，自己搞自己的，結果半年過去，一位增員對象都沒進過辦公室，最後這位主任也因花太多時間在增員上而忽略業務上的進展，降為業代後，不久就不進辦公室了。

有一部國產電影「志氣」，描述景美女中拔河隊的故事，情節頗能振奮人心；其實，我們在陌生市場增員就是一場接一場的

拔河賽，但拔河的兩邊絕非一對一的使力，而是六人對六人的力拔山河；也就是說，是Team對Team的對戰。夥伴試想，我們到房仲找人才，對方在考慮我們訴求的同時，背後可有許多要顧慮的人、事、物，比如說，親人朋友的看法，同事的情誼，目前的發展狀況，主管的關懷，公司的願景，每一項都牽動對方能否異動的心。如果我們的背後空無一人，要能力拔千里馬，可說是緣木求魚難上加難。

此外，陌生的增員對象，短時間內對對方的了解有限，透過主管的面談，也可幫助我們在選才時能萬無一失。再舉一例，在FB上有許多朋友會問我：「葛老師，當初你是如何進入保險業的？」我說：「因緣際會，我在顧問公司認識一位史大哥，他那時已是保險公司的區經理，後來吃過幾次飯，覺得人很風趣豪爽，有一天打個電話給我，說當天晚上請我吃頓飯，我允諾赴約，居然當天來吃飯得人剛好一桌十個人，我嚇了一跳，而史大哥輕鬆的說，這些都他的區夥伴，想認識我就一起來了。」後來我在顧問公司工作走下坡，而史大哥的團隊夥伴又很吸引我，評估保險業務未來有發展，沒多久我就加入保險的大家庭！透過團隊增員的確效果不凡。

◎舉績

增員對象最終能定著成功，並非只止於「報聘」，如能在最短的時間內產生業績最理想，Case不大沒關係，但只要有收入，新人內心會安定，對團隊的向心力就會提高，出勤也會正常，加諸的訓練就能按部就班的進行。而初期「陪同拜訪」是有效的方法之一。

第二章
房屋仲介業的增員作業

　　針對房仲業的增員有許多的利基，我從主、客觀的角度說明之：

（一）主觀因素

（1）同為主動銷售的行業

　　早些年單位曾做過一次增員問卷，問卷中我們列舉20種有業務員的行業，希望夥伴能列出排名順序，結果房仲業在35張問卷中，有30位夥伴圈選為值得增員行業的第一名。事實上，保險業與房仲業最能互通，我認識的房仲員中有幾位就是保險業轉戰過來的；而有更多的房仲員，這幾年卻紛紛大軍投入保險業。原因何在？實因兩個行業除商品不同外，工作的性質都很相似，都屬主動出擊，只要商品上手後，很快就能上戰場了。

（2）目前人力素質較整齊

　　的確，今天的房仲員就如同今天的保險夥伴一般，專業度愈來愈高，學歷也是嚇嚇叫，信義及永慶房屋招募房仲員的學歷都要大學畢業，而且在台北某些地區還要國立大學畢業才能錄取。我十幾年前就開始增員房仲，我記得在民國89年春節後不久，我到永和福和路拜訪一家房仲，一進門，滿室都是刺鼻煙味，數數9個人在內，除旁邊一位祕書外，其他8位都是中年人，分兩桌，其中四人一桌玩十三支，另一桌四人玩紙麻將，ㄠ喝聲此起彼落，樂不思業務了！當下望了一望沒說一句話調頭就走。早期的房仲員真的良莠不齊，但今天已有許多年輕人投入，熱情、專業，只要我們曉以大義，就有機會尋獲優質人才。

（3）具有陌生開發的能力

　　保險我們還有緣故可經營，但房仲就只有陌生市場能做。試想，你在台北做房仲，能打電話給新竹的親人說：「阿叔！我在台北松山區有一間房子要脫手，出價不錯，45坪只要3,000萬，你有時間可以過來看看？」相信就算阿叔有心支持，可能也力不從心，所以房仲業務有一定的地域性。

　　我們常看見他們常穿梭在大街小巷塞DM，要不就在店門口放個大立牌，抑或人行道上丟隻小立牌，不然就利用假日在路口散傳單。我曾在台北民生圓環，看見一位年輕的女房仲員站在人行道上，記得那是初冬季節，當天寒風細雨，遠遠看見她時，卻很快的鎖住了我的目光，因為她身上掛了一個吊牌，兩尺寬四尺長，上面密密麻麻的照片，但重點不在於此，這位女房仲上半身應是穿細肩帶的上衣，下半身應是穿短窄裙，但吊牌一遮，遠遠看去，就像裡面甚麼都沒穿，加上小雨不斷，她的臉上都是雨水又都像是淚水，當下感觸頗深，好像回到古裝連續劇中「賣身葬父」的畫面，經過她身後，我好奇地回頭一望，背後亦有一吊牌，但只四個字「價格可議」，當下我感動了，不知是房價可議還是身價可議？所以說，房仲員的主動精神要比其他業務行業強許多。我自己增員經驗中，他們的主觀性很強，不太喜歡聽主管叮嚀加囑咐，但中午一過，拿著公事包就會出門拜訪，像是一把全自動的步槍，火力很強。

（4）房仲員已有一定數量的準客戶名單

　　房仲員經過一段時間的業務歷練，手邊多多少少都有一些有資產客戶的名單，而且對方的財力都算不錯，如能訴求資產配置或節稅方案，就會出現較大的保單。

（二）客觀因素

（1）利空不斷

　　民國69年台灣就有了的第一家房仲，而且一路向上發展，

一直到民國100年是重大的轉折點。因爲政府開始打房，從「奢侈稅」開始，到「實價登錄」，到105年上路的「房地合一、實價課稅」，這四年來打房絕不手軟，房市的冬天還不知道會到幾時！去年底我帶夥伴拜訪其中一家房仲，偌大的辦公室只有3個人，一位是店東，一位是秘書加上一位正在玩線上遊戲的房仲員，許多的辦公桌都是空著的，本以爲其他的房仲員出門拜訪，後經店東無奈表示，目前就只有三人上班；其實這家店我兩年前拜訪過一次，人氣還不錯，但今非昔比，短短兩年不到天差地別。政府打房四年了，居住正義也喊得震天價響，但房價並沒有下降多少，但成交量卻直線下滑，房仲業受嚴重波及，烏雲罩頂也五雷轟頂，像是住在加護病房般，呼吸都有一點困難。

而我們保險業與房仲業是最能互通的行業，在人力拔河的過程中，目前客觀的優勢是站在我們這一邊的，時機難得，地利可用，只要我們加把勁，人才亦聞風而至，而這就是增員市場的藍海。

(2)能配合店訪作業「一兼二顧」

一般的大馬路上，各種商店都有，當然房仲的店也穿插其中，所以出門拜訪，一般的商家賣保單，遇見房仲就增員，一點都不浪費，而且房仲的商店大都有群聚的現象，只要看到一家店，周遭應至少還有二家以上的房仲，如此一來省時省力卻又多一項功能。

(3)量能充足，多剩餘人力

有一張圖表，我們應可一目了然。整個房仲從過去到100年的發展，就如同圖中粗黑色的曲線，是一條向上攀升的生命週期，這三十年的蓬勃發展，也帶動房仲家數的屢創新高，101年底全台約有7,000家的店面，8萬房仲大軍，其中尚不包括非法經營的個體戶，而民國100年是重要的多空分水嶺，一面政府打房，另一基本原因乃供需失衡所致，也就說蓋的房子太多，卻沒這麼多人去住，建商當初期待的移入人口，政治考量而落空。

《房仲業的生命周期表》

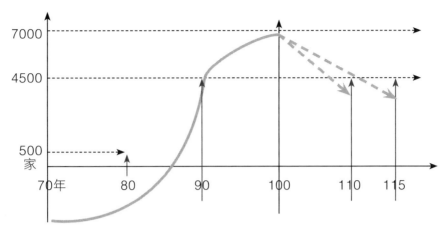

　　夥伴如果注意一下幾個建案較多的地區，如淡水的新市鎮、新莊的副都心、三峽的台北大學園區及林口台地，一眼望去，大樓新穎但空屋頗多，在台中的「七期」新大樓櫛比鱗次，入夜後的台灣大道就像巴黎的香榭大道，霓虹催燦燈光閃爍，但如往裡頭走走，舉目所望，滿眼黑風暗影，卻有截然不同的風貌，對比是如此的強烈。

　　所以，房仲業這三、四年來是處在高原或已開始衰退的階段，報載光104年全台房仲就少了約500家，而且105年還在向下探底中。而這四年來中古屋買賣屋數，從42萬戶→36萬戶→32萬戶→28萬戶，已經減少了三成五的業績。依分析，如果一個產業走了30年的多頭，而後的空頭走勢，應會是多頭時間的1/3到1/2，也就是說，10～15年才會到供需平衡，如民國100年是空頭起點，應會到110到115年間向下的曲線才會平滑，且市場平衡狀態的房仲應在4,500家上下，房仲員應為5萬人的市場規模。所以，依線型的走勢，我們增員房仲應還有5～10年的好光景。

　　以下我列出台北市及新北市前10名的房仲品牌，其中「永慶房屋」是目前全台家數最多的房仲品牌，已超過1,000家店；

高，全部直營的品牌；而第三名的「住商不動產」，最近幾年後來居上，全台已有500店，是加盟品牌的第一名；「台灣房屋」是桃園發跡的房仲，以前叫「北區房屋」；有小巢的「有巢氏房屋」是永慶房屋加盟系統的副品牌；而「太平洋房屋」是台灣第一家成立的房仲品牌。而表中其他品牌都是加盟的系統，但有些品牌的家數開始出現變化，夥伴拜訪時可稍加留意。

房仲市場以台北市而言有三大戰區，第一在大安區，也就是所謂的蛋黃區，上億元一棟的房子並不稀奇，在國父紀念館旁的光復南路及仁愛路四段，約有15～20家的房仲區；第二戰區在民生社區，從敦化北路口到民生圓環，社區內小公園就有十幾座，環境佳生活機能又好，有一位在民生社區的老房仲對我說：「民生社區很特殊，只要搬出去的都很後悔，但般進來的都能在安家落戶。我在民生社區20年了，可是一年不成交，成交吃三年，但我已經快一年沒成交了！」聽他說完後，我迷糊了！做業務一年中沒成交也沒簽字，也是蠻奇怪的一件事。

編號	公司	家數(台北市)		家數(新北市)		合計	
		99年	104年	99年	104年	99年	104年
1	永慶房屋	201	224	142	153	343	251
2	信義房屋	181	191	131	151	312	210
3	住商不動產	107	77	117	104	224	181
4	東森房屋	58	55	100	91	158	146
5	中信房屋	50	55	72	61	120	116
6	台灣房屋	64	34	90	74	154	108
7	21世紀房屋	50	46	65	58	115	104
8	有巢氏房屋	20	18	42	49	62	67
9	全國房屋	44	24	64	22	108	46
10	太平洋房屋	13	15	18	12	31	27
	加　　總	788	739	839	775	1,627	1,514

　　台北市的第三戰區在大直北安路經內湖路到成功路原「德安百貨」止，是一帶狀的戰區，內有科學園區及捷運通車的帶動，人潮不斷湧入，房價也維持在一定的水平，帶狀線上房仲也應有30～40家之眾。新北市29個區，目前最競爭的不在板橋，而是新莊的副都心，包括中原路、幸福路、中平路上，原有50家左右的房仲，光信義房就有8家直營店駐紮在此，但這兩年的家數下降得很快，目前只有剩約30店；而板橋文化路近新板特區附近，也有約20家左右的店；中、永和的房價平穩，房仲增減不大，房仲店面較平均分布在街道上。此外，三峽、林口、土城、淡水雖過度開發，目前房仲依舊不少，也是我們增員不可錯過的區域。

（三）選擇切入的方式

　　我們採「間接」的方式進行增員的作業，也就是說會透過一張問卷的方式當媒介進行「溝通」，最終取得再次見面的機會。在還沒說明整個作業的方式前，我們先來看一段對話：「

葛：先生你好！我姓葛，在○○人壽服務，不好意思在上班時間來拜訪你，還沒請教先生貴姓？

房：我姓張！你有甚麼事嗎？

葛：張先生你外型不錯，我發覺你比你們公司的形象都還好！張先生你知道嗎？我在○○人壽快三年了，這三年來變化真的很大。首先，下個月我將成為我們辦公室最年輕的業務經理；而且不止於此，這三年來的收入節節上升，第一年我只有50萬，去年我已經破百萬，今年我換算了一下，我的收入都比台北市長的收入高了；而且三年前我單槍匹馬勇闖保險業，算是自然人；如今，已經有一群志同道合的夥伴跟我一起打拼，已算是法人機構，大夥同甘共苦，打造自己的夢想；但做保險一定要先吃苦，但苦盡甘來，只要我們每年達成公司的競賽，就能免費每年出國旅遊兩趟，所以這三年來，三大洋七大洲五湖四海我都去過了。我覺得你的形象很好，跟我團隊夥伴一定相處愉快，有機會可到我辦公室坐

坐，相信一定有不同的想法。」

上課時，只要我這段話講完，夥伴一定馬上說：「老師，我一聽就知道問題在哪裡？都是你在說，你自說自唱對方一句話都沒有，你犯了溝通上最大的問題。」我說：「你講得沒錯！但除此之外，是否還有其他不當之處？」夥伴們鴉雀無聲，我說：「我們在房仲的賣場說自己的事業，你講話的聲音愈大聲，後面站起來的人，就會愈多，你終於知道人是怎麼直的進來橫著抬出去。要知道，在別人的場子說自己的事業，這叫挖人牆角，所以我們無法單刀直入，必須有一套迂迴的策略。」

以下我們先了解房仲增員時會用上的一張問卷。問卷只有八題，這張問卷是屬於雙向的問卷，前五題我們希望了解對方在房仲的現況；後三題我們也希望透過這個機會，知道對方對保險的看法。但八題的問卷，並非題題是重點，其中(1)、(4)、(7)三題，我們要稍加注意。第一題提及對方做房仲的年資，如勾選第一格及第二格，應會是我們要注意的對象，因為對方的年資尚淺，選擇的彈性就會放大；試想，對方如果已經在房仲有十年以上的年資，算是房仲業務的老鳥，而你的業務年資不及對方，要能拔得過來，除非你有花和尚魯智深倒拔垂楊柳的力氣才行。第四題提及對方對目前收入的滿意度，我實務上的經驗，會勾第一格的不多，但勾第二格的居然超過一半，房仲員之所以會勾第二格，其實也代表對方對目前的收入不太滿意，只是不便表白而已。第七題提及對方對保險工作的觀點，如果是勾第三、四格，代表其在觀念上對保險業務不排斥，雖說第一格及第二格都是保險業務的現況，但如對方起頭就對保險事業有一更正確的觀點，相信增員的過程中，我們的成功率會高許多。此時，又有夥伴會問我；「老師，既然問卷只有三題是重點，我們為什麼不設計只有三題的的問卷？」我說：「我也想如此，但你看過只有三題的問卷嗎？」所以，問卷適當的安排是重要的，實際拜訪中夥伴只要能快速瀏覽這三題，就能達到此張問卷的功能了。

「房屋仲介業」人力資源問卷

1.　您在「房屋仲介業」的年資？

☐一年內　☐1～5年　☐5～10年　☐十年以上

2.　在台灣您覺得「房屋仲介業」未來發展如何？

☐愈來愈難做　☐普通　☐看房地產景氣　☐很好

3.　公司是否有一套完整的訓練計劃？

☐自己摸索　☐店內主管教　☐不定時有課程

☐公司有定期培訓計劃

4.　經過您的努力奮鬥後，對現在薪水及獎金滿意嗎？

☐不滿意　☐尚可　☐還不錯　☐很滿意

5.　在「房屋仲介業」，您希望未來的願景是什麼？

☐管理一家店　☐開許多分店　☐成交許多CASE

☐有機會去大陸發展　☐其它＿＿＿＿＿＿

6.　您對保險業資訊的了解是來自什麼管道？

☐媒體　☐親友　☐保險業務員　☐自己問保險公司

7.　您認為目前保險業務員的工作性質是：

☐用人情，拉保險　☐很辛苦，要不斷開發市場

☐走向專業領域　☐已是金融體系重要的一環

8.　您知道在日本保險的投保率超過600%，平均每人6張保單，

而台灣目前的投保率為：

☐100%以下　☐100%～200%　☐200%～400%

☐400%～600%　☐600%以上

基本資料

姓名：＿＿＿＿＿＿　公司：＿＿＿＿＿＿　分店：＿＿＿＿＿＿

職稱：＿＿＿＿＿＿＿

☐男☐女　出生年月日：＿＿＿＿＿＿　聯絡電話：＿＿＿＿＿＿

行動電話：＿＿＿＿＿　LINE：＿＿＿＿＿＿　FB：＿＿＿＿＿＿

聯絡地址：＿＿＿＿＿＿＿＿＿＿＿＿＿＿＿＿＿＿＿＿＿＿

(四)增員房仲前準備事項

(1)能說對方行業的語言

　　面對陌生人進行增員，最忌猛談自己的行業。而能快速進行交流的方式，莫過先談及對方的行業，讓對方易於上口也樂於上口。當然，如能在溝通的過程中套用他們的語言，對話氣氛會更見融洽。而房仲業也有一些屬於他們的業務用語；譬如說，交易的商品不稱房屋而稱「物件」，在路口發傳單叫「OP」，而一般房仲分成加盟店及直營店，直營的房仲員是普通專員制簡稱「普專制」，加盟的房仲員是高級專員制簡稱「高專制」。只要對話中撂個一兩詞出口，相信彼此談話就更投機了。對房仲業我們不見得要了解的很透澈，些許皮毛的認識就可產生不錯的效果。

(2)準備要詢問的口袋問題

　　房仲的初訪，重點在於形象上的定位，也就是要能留下深刻的印象。要能達到此一目的，口袋中準備一些屬於房仲的問題，透過詢問的方式，把自己當作記者的角色，屈身向前，注視著對方，展開對話，有效進行「溝通」，會是最理想的模式。有夥伴會問我：「老師，你的問題，他們真的願意回答嗎？」「大部份會！而且樂於回答，因為他們跟我們保險業務員一樣都是主動銷售的行業，也是強調服務的行業，這一點跟在一般店面拜訪際遇不同，店頭吃排頭，但房仲溫馨多了，你的問題對方大都願意正面回應。」「真的嗎？」「真的！甚至許多房仲員會侃侃而談欲罷不能，而且在房仲店中的待遇真的不錯，只要能坐下來談，通常秘書就會遞上一杯茶水，要是今天拜訪十家房仲，絕對會喝到六杯水以上！」

　　所以，準備好的口袋問題，是我們在進行溝通時，可隨意取出2～3題詢問對方，傾聽對方的見解，不時肯定對方的看法，如此一來，深刻的形象就能深植於對方的心中。但我還是強調，口袋問題是要能熟背強記，我們就能主控「溝通」的節奏。以下是12個房仲的口袋問題，夥伴可參考之：

與房仲可溝通的12個問題

(1)政府這兩年對房市動作不斷，而且可以預期未來，還會有許多利空的消息出籠，面對如此的市場變化，你們如何因應？

(2)我知道直營店是「普專制」，加盟店是「高專制」。除了獎金分配不同外，兩種系統還有其他不同的地方嗎？

(3)保險業與房仲業除賣的商品不同外，工作的性質都必須主動出擊！我很好奇，你們都是透過什麼方法尋找準客戶？

(4)政府祭出「房地合一、實價課稅」的政策，這對房仲業未來發展影響大嗎？

(5)目前中古屋應是買方市場，也就是說買方議價的空間加大，你們這個地區的狀況如何？抑或出現有價但量縮的半停滯的狀態？

(6)我知道你們直營系統前6～9月是有保障底薪的，但之後是否還有底薪的給付？如果有，業績上的要求高嗎？

(7)不瞞你講，我們公司近一年來有許多的房仲夥伴轉戰保險業，前面拜訪的幾位房仲也認為現在業績很不好，你們這地區的流動率高嗎？

(8)台灣房仲業有30幾年的歷史了，也蓬勃發展了30年，但透過家數及展店的狀況，真是幾家歡樂幾家愁，是否目前正是一個品牌快速整合的階段？

(9)公司品牌、資源整合、店的經營文化或是個人的行銷能力，你認為那一項因素是在競爭中能取勝的關鍵？

(10)我認為業務員的訓練是重要的，而你們加盟店的訓練是採取怎麼樣的模式？總公司有階段性的訓練機制嗎？

(11)房仲全台有七萬大軍，去年中古屋的買賣只有28萬餘戶，平均一年約4筆買賣，3個月有一筆Case，這樣的量能能滿足每月的所得嗎？

(12)假日往往是你們工作的黃金時段，這又與一般工作的狀況不同；長期而言，是否會影響你們與家人的互動？

（3）找出該行業與保險業的相異處

前有提及，陌生增員是一場拔河賽，如何能讓我們在這場賽事中穩操勝券，彼此行業的差異性是不可或缺的訴求。但此番說己之長論彼之短，一定要針對事實與實際的狀況說明，非加油添醋或誇大不實的訴求，也非瞞天過海鋪天蓋地的封殺。以下有一張整理好的兩個行業的差異表，但表中的內容，應是自我訓練的輔助資料，並非是要拿出來給對方看的。夥伴想想，當對方還在房仲業，我們如此白紙黑字的分析，雖然都是事實，但對方一定會產生極大的反彈，這部分夥伴一定要慎行。

差異表中第四點「工作長短時間不同」，是我最常提及的。的確，房仲工作時間過長是不爭的事實，晚上十點後，大街上除超商外，大概就只有房仲的招牌是亮著的，據網路上的統計，房仲的超時工作加上近年來成交件數的下降，平均每位房仲每小時能賺到的錢只有158元，一天12小時下來2,000元都可能賺不到。我在光復南路實作，碰見一位剛退伍的房仲員，相談甚歡，但他突然問我一句話：「葛經理，你們的行業每天都能回家吃晚飯嗎？」我愣了一下，回答說：「一星期中總有一半的晚上可以。」但他說：「葛經理，我是新人，來這工作一個多月，每天都要值班，我已經有一個月沒回家吃晚飯了，聽你一說，那我覺得你們的行業還不錯。」他的話讓人頗為感慨！

此外房仲的休假日與一般行業並不相同，我們保險業雖說是全年無休，但實際上六、日還是我們主要的假日，甚至遇有三日的連續假期，都會是全家出遊的好時機；但房仲不然，周六、日最忙，連假更是重要的時段，我常開玩笑說：「保險有假期，房仲有檔期！」彼此心中的期待果是不同。一般房仲休週二或週三，目前有些店也能休假日，但假日可是黃金時間，願意休的房仲卻不多，也因休假日的不同，認識的房仲朋友中，有不少都是單身抑或離過婚，何也？我想與工作時間有絕對的關係。

去年夏天在光復南路進行「店鋪陌增」實作，碰到一位乾洗店的媽媽，對談中對目前的乾洗店每月3萬的收入雖可接受，但

總覺得每天早上10點到晚上10點12小時的工作時間太長了，無法完全照顧家庭，而且女兒正上國中，更需多一點時間陪伴，感嘆魚與熊掌無法兼得！其實，她的感嘆正是我投身保險事業的意外收穫。當初單身時還感覺不出時間彈性的好處，但爲人夫也爲人父後，卻深刻體會家庭及事業時間調配的重要性。所幸，保險事業依舊給了我打拼事業百分之百的空間，也能爲自己的家庭付出更多的時間及心力。而我自己也看到許許多多在保險業奮鬥的媽媽們，她們臉上多年看不出歲月的滄桑，反而處處展現職業婦女的自信及喜悅，但一說到孩子，卻有滿口不停的媽媽經，言談中孩子的教育、生活起居、交友及親子互動都是「得意的笑」。

　　我想，保險事業不僅能帶給她們金錢上的需求，也給了媽媽們精神及心靈上的滿足！所以時間自由可自行調配，也正是保險工作的特性之一。幾年前我在基隆路上課，中午休息時間，處經理與我閒聊，他說：「葛老師，你有沒有覺得今天上課的夥伴中，有許多人長的跟我有點像？」「是哦！我並沒注意耶！」「葛老師，其實我的通訊處就像傳統的大家族，許多夥伴按古代的說法，應是我九族之內的親人；按現在法律的定義，許多人又都是我三等親內的親戚。別人一年中難得幾次家族聚會，我們通訊處每天中午吃便當都在家族聚會，好不熱鬧！」聽他說完，雖覺不可思議！但事實是，保險業的確有許多父母兄弟姐妹檔的組合，而夫妻檔更是常見，「夫妻合力，其利斷金！」在保險業可是不爭的事實！

　　第五點、市場空間不同。房仲業因物件單價高，極容易受到經濟景期的影響，大環境好時拼命爭食大餅；景氣差時，散夥亂飛的狀況又層出不窮，加上政策偏空，叫苦連天又苦不堪言，變數著實不少，行業的未來極不穩定。反觀保險業，過去20年每年新契約的成長約10%，這中間經過兩次金融風暴及SARS的衝擊，但表現依舊亮麗。所以大環境的影響是我們必須要在意的。

　　這兩年進行「陌增」的市場實作，拜訪不少房仲夥伴，其中有許多很年輕且條件不錯的房仲員，雖然年資淺但活力十足，

但細談之下，都坦承這兩三年來成交量一直在下降當中，平均一家店全部房仲員加起來一個月只有2～3筆Case，吃完公司的底薪就準備要拜拜了，沒有底薪的已經開始東張西望騎驢找馬了！拜訪過程中有一位房仲問我：「葛先生，二十年前你為什麼沒選房仲業，反倒去了保險業？」我說：「與保險業有緣吧！除此，但有個因素是我當時會考慮的，就是大環境的變化。在當時普遍對保險的接受度是低的，但日本當時的投保率已經是200%，而台灣是40%，可預見未來投保的空間應很大，何況美商的保險公司也已經陸陸續續進入台灣，雖然國人的保險觀念還不成熟，但這也是代表有成長的空間！」「但保險投保率目前也已經200%多了！還有空間嗎？」「有啊！日本目前投保率已經600%多了，其中有許多是後來增加的年金或養老的商品，日本人的平均壽命長，所以很在乎退休後的生活品質。而我們也早就邁入高齡化的社會，在保險金融化的浪潮下，一張張的存單也可透過保險公司得到適當的規劃，所以現在流行的不在是你在銀行有幾張定存單，而是你在保險公司有幾張養老戶頭，最重要政府還鼓勵我們要趁年輕多準備，這與你們房仲業政府打房的狀況真是天差地別！」「大環境真的很重要！但自己的努力也很重要，好壞還是看自己吧！」「沒錯！好壞還是看自己努力的程度，但事半功倍與事倍功半，雖然都有功，但上下差四倍，如果是收入差四倍，複利後以後就會差十倍以上，我們常說1＋1大於2，之所以能大於2，其實是大環境在順勢起強風，加上自己把方向控制好，就萬事OK了！」「你說的好像有一點道理！」「有機會我們再出來喝杯咖啡，聊聊彼此的業務心得。」「好啊！」

　　去年房仲中古屋的買賣件數約28萬件，就比前年的32萬件降了13%，也是2001年至今14年來的最低量。而去年保險新契約上漲11%，這一上一下之間，相差24%。如年薪百萬的兩位業務員，經過一年相同的努力，一位收入111萬，一位87萬，就相差24萬。這24萬可是我們6年期儲蓄險，每月3,000元的投資，等於差一張養老的定存單。

房屋仲介業與保險業不同之處

行業 項目	房屋仲介業	保險業
1.商品價格不同	高單價	高、低價皆有
2.商品多寡不同	買屋/賣屋/租屋	保險/產險/投資型商品/基金/房貸/證券/信用卡
3.角色不同	房仲員	風險規劃/財稅規劃/資產配置/投資專家/理財顧問/經營管理/產物諮詢/信託業務
4.工作時間長短不同	長	正常
5.市場空間不同	易受景氣循環的影響	過去20年新契約每年平均成長10%
6.業務空間不同	幾人一屋	一人多張
7.業務循環不同	一生買幾次？	一年買幾次？
8.後續效應不同	無	續期佣金
9.組織發展效應不同	無	管理費
10.退休制度不同	加盟店無規劃	有規劃
11.事業規模不同	數家店的店東	總經理
12.證照張數不同	數張	7～15張
13.經營成本不同	一家加盟店成本100～200萬	無

(4)找出行業間的關聯性

　　如果兩個行業有可以合作的機制，相信願意再跟我們見面的機會就會大增，而其中「住宅火險」及「房屋貸款」卻是可提及的合作方案。這兩點是我們當作取得再次見面的誘餌，希望能順利進行接下來的複訪作業。但夥伴要注意，此兩項我們就當「話題」去運用，不用真的去異業結盟，我們是要增員對方的，如果合作得很成功，我們還要增員對方嗎？所以拜訪的過程中，

只要對方是理想的準增員對象，最後我通常會帶上一句：「如果可以，下回見面，我會帶一份產險及公司貸款的資料，你可參考！」

(五)房仲業重要口袋問題的進一步瞭解

(1)加盟與直營

全台只有「信義房屋」及台北市加新北市部分區域的「永慶房屋」是直營系統，所謂「直營系統」，就是所謂「普專制」，也就是指有保障底薪的制度。信義房屋的新人入行有六個月4萬的底薪，半年之後，依業務的表現狀況給付23,000元以上的薪水，後採3,000～5,000元階梯式的遞增，當然如無法完成責任額，底薪也就沒有；而永慶的新人入行可領每月4.5萬的薪水九個月，但之後就不再發底薪了。保障底薪的信義及永慶強調房仲員的專業及服務品質，主打品牌及企業形象，強調公司整體的資源。

而目前大部分的品牌是加盟系統，就是所謂的「高專制」，也就是無底薪的佣金制，而高專制的「高」字，也有高佣金的意涵。而這套制度跟我們保險業的制度很雷同，全憑自己能耐打天下，能力不受限，想賺多少就加倍努力，過去我們常聽到房仲千萬年薪的人物，常是加盟系統的房仲員。台北大安區有一家「大師房仲」，裡頭臥虎藏龍，許多房仲員都有碩士以上的文憑，經手的通常是蛋黃區中上億元的房子，高房價加高佣金，如果再加上景氣不錯，千萬年薪真的不是口中說說而已！

(2)獎金制度

依目前法規，房仲買賣雙方公司的抽佣為6%，但市場的行情為5%，其中委託的買方1%，而委託的賣方是4%，但如能買賣合吃，公司就能有5%的營收，有夥伴疑惑問：「老師，這我不懂，做保險我們就是賣方，而保戶就是買方，何來委託買方？」我說：「這是行業的不同，一棟房子的買、賣是透過房仲員來搓

合，因為房屋買賣的單價高，為能縮短買賣時間，且更安全無慮，透過第三方的委託代理是最恰當，且過程中有許多的移轉的手續要辦，都很專業且複雜，自己處理，費時費力也不見得能省多少錢，授權給信賴的房仲員，一人就能全部搞定。

針對房仲獎金的部分，前面所提的法定百分比很類似保險業的FYP，也就是回歸公司的金額；而真正進入我們口袋的錢，也就是我們所說的FYC，這部分依系統不同要分開來說明：

直營系統

固定8%計算，也就說成交一棟房子1,000萬，其中5% 的50萬交給公司，而50萬的8% 4萬元就是Case的佣金，如再加上底薪，當月就應有6～7萬的收入。但此處我必須說明，以去年買賣成交28萬戶而言，卻要分給7萬的房仲大軍，平均一位房仲員一年只成交4件，這叫四季開花。也就是說，這一件收入的四萬元佣金，要攤2.8個月來用(直營店不到3個月成交一件)，就算加上一個月的底薪，每月的收入約3萬左右。

加盟系統

採高專制，一般的成數在3～8成之間，以3～4成的居多，只要好脫手的房子，自然佣金會低，而能拿七、八成佣金的不是海砂屋就是環境及地點非常不好的屋況。以1,000萬的成交價而言，50萬歸給公司，如以3.5成佣金計算，收入為18萬，買賣方對拆後剩九萬，而加盟系統因平均市佔率不及直營店，目前平均約3.6個月一件Case，換算每月2‧5萬的收入，但中間又有許多促銷及裝修的成本必須自己支應，實際的收入又要再低一些。

(六)店內實戰技巧

(1)與「助理」打完招呼後，眼睛瞄向後方，注視選定之「房仲員」

房仲店中都有一位助理或秘書，處理房仲業務的行政工作。當我們一進門，通常第一個照面的對象就是助理，甚至有些助理

會主動與我們打招呼，但助理是內勤人員，並非我們要選擇的對象。所以當我們與助理打完招呼的同時，我們的眼睛一定要不時的向後瞄，開始鎖定我們要接觸的房仲員。

而我們又如何鎖定房仲員呢？一般房仲店內的空間安排，前有接待區，後是房仲員的辦公區，而辦公區座位的安排不論是橫列一張一張，還是縱列整排，通常坐在前排的應是較資淺年輕的房仲員，所以我們的目光就鎖定較前排較年輕的房仲員，而當四目交會，對方通常會起身接待我們，如果此時並沒人理會我們，我們可直接對助理說：「現在是否有值班的房仲員方便進行市調？」通常值班的房仲員也會是店中較年輕資淺的夥伴。所以我們在房仲要找的就是「年輕資淺」的房仲員；如果你的目光向後，不論是店東或是老鳥出馬，都非我們適當的人選，畢竟對方在房仲業根深蒂固，能在短時間搖動對方的想法，並不是一件容易的事，但如果事與願違所來非人，我們可主動說明這回拜訪的性質，可要求店東推薦年輕資淺的房仲員接受我們的市調。如店東的意願不高，這家店我們就該離場了！

曾拜訪安和路底一家房仲，我腳一踏進門，後面的店東就出面了，心想這可不是理想的對象，簡單說明來意後，本想掉頭就離開了，但店東突然一句話：「葛先生，你不是要做問卷？沒問題，但今天不方便，現在房仲多出門拜訪了，你先留下30張空白的問卷，明天一早你再來一趟，早會的時候發下去叫他們填好給你帶回去交差。」當下我可是嚇一跳，馬上回答說：「公司規定，一家房仲只能做一張問卷，因為不希望資訊太集中同一地區或同一家店，如此統計數據才有價值，謝謝店經理！」匆匆離開，不留下一絲塵埃！

(2)可準備一份小贈品

俗話說：「拿人手短，吃人嘴軟！」在賣場中如能提供一份小贈品，卻有畫龍點睛的效果，當然對方接受市調的意願就會提高不少！但準備的贈品其實可以不花太多成本，我自己進行房仲

增員時常會準備4x6吋的照片當贈品，這照片非個人的寫真集或沙龍照，而是單位團隊出遊的照片。我上課時，只要提出此點作法，許多夥伴都會竊竊偷笑，看得出對這贈品有高度的質疑，不以爲然的口吻問我：「老師，這很無聊耶！對方會有感覺嗎？」我說：「感覺不是重點，我們也曾收過許多贈品，但大都是多餘無用或非自己喜歡的東西。但一張照片卻有著其他的目的？」「甚麼目的？」「試想，這張照片給了對方，通常有兩個下場，一是看完之後，收到抽屜；要不，看完之後，就順手丟進垃圾桶。反正下場很慘，但重點是對方都會看，因爲照片是畫面，人對畫面是有好奇心的！如果先前的對話氣氛還不錯，當你離開後，對方看著照片時，就會自然去尋找照片中的你，而Team的畫面就順勢植入對方的腦海中，我們要表達就的是一個Team的概念，而這也是我們送照片最主要的目的。成本不高，只要幾塊錢，卻有潛移默化的效果！何況現在照片自己列印方很方便，值得夥伴試試看！

　　有夥伴問我：「老師，如果『溝通』是商品，那填問卷這動作是不是可以省略？」我說：「問卷很重要，他是銜接『溝通』的主要工具，試想，在房仲賣場中，我們如不透過市調的訴求加上問卷的填寫，彼此就無法順利在接待區坐下來對話；此外，進門拜訪馬上就訴求『溝通』，對方也會覺得奇怪一頭霧水，無形間拒絕拜訪的言語及動作就會出現。」

(3)準備問卷夾，先放數張填寫好的問卷單。

　　爲了提高對方填寫問卷的意願，我們可技巧性的在問卷夾前先放三張填寫好的問卷單。在開始進行問卷作業時，就在對方的眼前一張一張翻到空白的問卷單，這一動作只表示先前已經有好幾位的房仲員填過問卷，當自己要填這張問卷時，就會多一些安全感。

　　有一點夥伴要注意，在房仲賣場中拜訪，我們只能停留在接待區，千萬不要走到後方的辦公區，那是房仲員辦公的場所，屬

私人領域。只要對方到前場來，我通常先會要求能在接待區坐下來，因爲彼此坐下來後，後方辦公區其他人的視覺上就不會太突顯，要不然前面兩、三位一直站立著溝通，時間稍長一些，店經理一定會出面介入。此外，能坐下聊，彼此都能心平氣和，溝通的時間就能延長，彼此交流就能漸入佳境。

(4)在房仲員填問卷之時，環顧四周是否有張貼得獎紀錄

　　房仲的獎勵方式最常用的就是「彩帶」，不論是「百萬房仲經紀人」還是「年度千萬風雲人物」，往往進入賣場後，馬上映入眼簾的就是一整排的彩帶，很是壯觀。而在填寫問卷時，我們可環顧四周留意一下，如眼前房仲員的名字就在牆上的彩帶中，我們當下一定要提及此事，畢竟肯定、讚許有人性的需要。有夥伴會問：「對方在房仲業表現的不錯，還會來跟我們做保險嗎？」我說：「此一時彼一時，沒人保證職涯一定一帆風順，生活中總有許多我們無法掌控的變數，計畫永遠比不上變化，對方的變化就是我們造化。」

(5)準備口袋問題與之現場「溝通」，這是初訪的主要目的

　　這部份很重要，其實我們在賣場中所有的安排都在爲能有機會與房仲員坐下來「溝通」，所以「溝通」就是我們增員初訪的商品，如同店訪時，我們公事包中的DM就是我們攻擊的武器一般。而溝通前所準備的問卷，並非最重要的訴求，他只是一張能有效進行溝通的媒介，因爲在賣場中我們必須有個拜訪的藉口，不論市調也好，問卷也罷，是最可行的模式。但重點不在那張問卷上，而關鍵在於填完問卷後能快速切換到口語上的溝通，當「溝通」上場，就是前面12個口袋問題要出籠的時機，對方因好上口，對話於爲開始，此時搖身一變記者上身，以專業的口吻，鎖定對方的注意力，再試圖在溝通的過程中加諸輕鬆的話題或溢美之詞，讓對話的氣氛慢慢趨於軟調，有如老朋友般在聊天，相信如此一來，對方對我們的印象就深了！但過程中我們準備的口袋問題也不宜太多，2～3個問題即可，而適切的溝通時間應在

10～15分鐘之間最為理想，但如果對方滔滔不絕，夥伴要能當機立斷，不時看手機或手錶，暗示對方我們將要離開，也藉此主動邀請下回到Coffee Shop續攤，再暢所欲言。

有一位經理問我說：「葛老師，你如此的作業就太麻煩了！如果是我，我連店都不會進去，我只要假日在路口就會遇到一些房仲，透過詢問房子，拿到名片不是難事，之後再約對方出來談就可以了！」我回應說：「名片雖是拿到了，但外頭的環境太開放了，並非展現理想的場所，因為我們的商品是「溝通」，這需要環境的配合，人行道上人來人往，大街上車水馬龍，分貝可不小，且這是對方做業務的時間，對方當下的思維只是想如何能賣房子給你，而彼此又只是一面之緣，很難有較深度的交流，如再邀約對方，除非是談房子的事情，不然對方的意願應不高。」

(6)要提及再次見面的訴求

我們在店內就要判定對方是否為我和合適的準增員對象！如果一切的條件都OK，我們一定要提出再次見面的要求；也就是說，初訪的目的，就是希望能再約出來見面，開始進行增員複訪作業。

而原成為準客戶的店，短期之內就不用再來了，因為已經與店內房仲進行複訪的作業，如不斷地進行拜訪，店經理很快會知道我們的企圖，我們很容易成為拒絕往來戶；但原準增員對象最終沒能增員成功，我們可半年一循環，重新尋找新的準增員對象。但其他尚未建立準增員對象的店，應可重複拜訪，但時間也應相隔至少一個月。

(七)垂直步驟及節奏掌控

(1)垂直的拜訪步驟

陌生拜訪有一定的步驟，無論是銷售還是增員，我們都應依此流程進行，期能在最短的時間內，完成店內拜訪的目標。以下先提垂直的步驟：起→承→轉→合，各有不同功能如下：

【起】— 接 觸

(適當選擇拜訪對象，說明來意，介紹自己及夥伴，蒐集對方名片)

【承】— 說明來意

(強調「市調」單一目的，回應對方問題)

【轉】— 填寫問卷、進行溝通

(瀏覽勾選內容，提出口袋問題，進行「溝通」)

【合】— 複訪要求

(提出合作方案，另約定時間、地點見面)

其中要補充的有兩點，首先在「起」，進門後除迅速觀察及選擇對象外，還必須要能蒐集到名片，因為一張名片上基本我們需要的資料都有了，雖然問卷單上也有基本資料欄，但因「個資法」的關係，我們無法取得應有的訊息，何況對方還不見得願意填問卷。

而在步驟三「轉」，再填問的同時，我都會透過口語說明一下內容，譬如說：「張先生，這份問卷只有八題，可單選可複選也可不選，就您所知道的勾選即可，問卷本身是雙向的，前五題我們希望能了解您在房仲業目前的現況；後三題，我們也希望透過這機會了解妳對保險業了解的程度，下面基本資料只要填第一行就好，後面關於個資部份，公司規定不用填。」這段話只是讓填問卷的時間不要太冷，為接下的「溝通」鋪點路。在對方填完問卷後，我會從頭到尾看一遍，但只注意1、4、7三題。此時，如有夥伴同行，當要進行溝通前，我會順手將問卷交給在旁的夥伴，此一動作，只是讓對方以為眼前的市調人員彼此職位是不同的，我們刻意製造位階上的差異，就是希望對方在溝通時能樂意回答我們的問題。

(2)水平的節奏掌控

透過望、聞、問、切四字，在賣場中很容易「感覺」彼此距

離的遠近，達到收放自如、進退得宜的功效。也就說這場「秀」是否好看，成功與否的關鍵，在於節奏的掌握。如美食烹飪般，一道好菜之所以色香味俱全，除食材外，烹調的程序、炊具及工法是主要因素，程序及炊具食譜可教，但工法各家不一，這也是各家料理風味不同的關鍵，工法包括刀工的精準、火侯抓捏及時間的計算，處處非固定的模式，內有極高的藝術內涵。而望、聞、問、切四字的運用就是我們在賣場中自由揮灑時的工法，也是好玩的技法，既有藝術層面就帶代表能千變萬化，如金箍棒可大可小能粗能細，斬妖除魔隨心所欲也無所不能。

【望】→觀察

　　首要的觀察是透過目視去「選擇」，選擇前排年輕資淺的房仲員。第二個觀察是環顧四周懸掛的彩帶上是否有眼前房仲員的姓名，透過溢美之詞，在拜訪的前端就能營造好的氣氛。

　　此外，店外的觀察也很重要，如在店外一看只有助理當家，辦公區空無一人，我們可先拜訪其他房仲的店，晚些時間再過來。這種狀況通常會在房仲每週二、三的休假日發生。如是針對助理，此時改成銷售保單卻是不錯的時機，因賣場中的人及環境都很單純，我曾在復興南年路及忠孝東路口的一家房仲，就賣了一張保單給助理，但要注意的是，針對房仲員，我們只做增員，不帶業務訴求。一方面讓我們的增員作業單純化，另一方面對方也是業務員，在賣場中要一下子接受保單銷售的機會並不高。

【聞】→感覺

　　但感覺非只是直覺，而是技術性的研判，是我們在現場中針對房仲員：（一）神情的了解，（二）呈現的動作，（三）測試的回應的綜合感覺，透過這三個部份我們就能體會得知對方接受我們的程度。其中第三點「測試的回應」會在【問】的部分進一步探討。

　　賣場中對方的口中不見得會講真話，但對方的眼神中會吐露心中的想法，面對房仲時，只要對方在談話中，不時左顧右盼或

是回頭看辦公區，其實對方已經透露心神不寧的狀態，應不會是理想的準增員對象。

而對方的「動作」是我們在增員時，最快能知道對方對我們接受的程度，有些房仲員經我們說明來意後，會主動邀請我們坐下來，甚至自己會去倒杯水給我們，當我們拜訪結束時，會起身拉門送至門外，誠意十足；但有些房仲卻意氣闌珊，連坐下來的意願都沒有。有一次拜訪，當我希望能坐下來填問卷，對方馬上回答說：「葛先生我忙，這樣好了！你說一分鐘能夠填好，沒問題我現在就填。」結果他老兄是站著在辦公區隔板上的橫條面完成問卷，而且填完問卷就跑到騎樓下抽菸去了，他的忙可是忙去抽菸。而「動作」的第二個觀察階段，是在於坐下來後對方填問卷的速度，因問卷只有八題，而對方如果一氣呵成10秒鐘就勾完了，交卷起身出門，連換口氣都不用，我們就明瞭對方的意思；如對方在填問卷時會先瀏覽一遍，且作答時很仔細，甚至不知答案的題目，回主動提問，也就是說，你會感覺對方在意這份問卷，通常此時許多房仲員會主動提出保險公司做這份問卷的目的？這雖是賣場中的反對問題，但站在「反話就是有話，有話必是好話」的原則，如回應適當，反倒是自我提升評價的好機會。

【問】→溝通

此階段是「溝通」機制的開始。而【問】就是提出我們準備好的問題，探知對方回應的狀況，而在填完問卷後，方便我們進行溝通。我常會講一句轉折用語當口訣：「張先生，順道冒昧請教一下？……」我們就能很順利開始我們的提問，通常對方就會順著我們的問題回應，而回應的狀況，是最終判定對方是否為我們準增員對象的因素。

如對方的回答頗有自己的見解，甚至感覺出對房仲事業有高度的熱忱，這都是不錯的回應。如我們的問題夾有錯誤的訊息，對方也會適時委婉的修正與說明，這都代表對方並不排拒我們。然而在對話中，為能調和現場的氣氛，如能穿插一、兩個共同的

話題(譬如興趣、所學、時事、業務趣事……等)，都會有不錯的加溫效果。在實作時，我曾碰過幾位房仲在溝通的過程中，會主動詢及保險業的概況，頗有騎驢找馬的味道，當然我們快馬加鞭當仁不讓，馬上進行第二天複訪作業。所以說我們就是伯樂，當我們適時出現，千里馬也就隨之而來。但溝通過程中，我們也會發覺，有些房仲沉默是金也惜口如金，回答的問題慢不經心，總想快快結束談話，當下我們可先切換問題到「共同的話題」，試圖先改變一下氣氛，然後再「順道冒昧請教一下？」如態度依舊，大概也就沒救了！

夥伴要體認，增員是在賣合約書，因為談的是「人」，這跟賣保單不同，因為保單是文字、是條款、是數字，只要能創造出需求，成交的機會就來了。但增員談「人」，人可是最複雜的動物，俗話說：「一樣米養百樣人！」人太難了解，對方是理性掛帥還是感情豐富，一面之緣，怎能摸得透徹，要能有效掌握更多的訊息，「溝通」是唯一可行的方法，而在溝通中我們加諸的訴求，透過對方的回應及表達方式，就能初步了解對方的想法、思維、態度、價值觀…等人格的面向；也就是說，只要我跟你談話十分鐘，就能對你了然於胸，雖沒100%看透，但心中已有底。

但溝通是雙向的回應，我們也在透過談話的機會，讓對方了解我們的談吐、誠意、觀點……等所展現出來的一場秀，而最終能心心相印，心繫下次見面的機緣。

【切】→判定

其實就是確認是否為準增員對象！要成為準增員對象，我們是在店內判定而非出門之後才做，而準增員對象是依前所提的步驟及節奏的運作後，篩選出五個條件：

(1)年資淺、年紀輕(年資5年內，年齡在40歲以下為佳。)

(2)擁有對方名片

(3)能夠允諾坐下來，且仔細填寫問卷

(4)對所提行業問題樂意回答

(5)要求再次見面，欣然接受

　　以上八個字就是而我們在賣場中撒的網，雖不是要一網打盡，卻希望能滿載而歸。以下是一篇房仲初訪的演練資料，夥伴可參考：

陌生增員—演練資料
(房屋仲介業)

葛：小姐妳好！我們是來做拜訪的，不知道現在那一位房仲員有空？（眼睛瞄向已鎖定的房仲員，此時會有房仲員起身來接待。）葛：先生你好！我姓葛，在○○人壽服務，這是我的名片，不好意思在上班時間拜訪你。是這樣子的，公司目前有一項專案活動，想要了解你目前所服務的行業的現況，而最快且最單純的方式就是透過一份問卷去了解，只需花你一分鐘的時間就可完成。還沒請教你貴姓？

張：我姓張，這是我的名片，我們請前面座。

　　以上為【起】【望】

葛：先恭禧你，你可是「百萬房仲員」，而且你還有好幾條在上面，真是難能可貴！張先生，這回的拜訪只是純粹填寫問卷，沒有其他的目的。這是問卷資料，麻煩你過目一下，只有8題，可單選，可複選，也可不選，就您所知道的勾選即可，下面的基本資料欄只要填第一行就好，後面的都不必填寫。

張：填問卷，沒有問題！只是我想知道這份問卷資料對你們又有什麼意義？

葛：公司3～5年都會針對不同的業務行業進行市調，這回不只是房仲業，也包括銀行理專、證券營業員及汽車銷售員的市調。公司希望透過對各業務領域生態的了解，清楚掌握業務市場人力資源的動向及未來可能的變化；而市調是其中有效的方法之一。

　　以上為【承】【聞】

張：（填問卷）

葛：謝謝你！從張先生的問卷資料中看得出你對保險業有一定程度的了解，是否有一些保險業的朋友。（順手將資料交給助理）

張：這些資訊大都是在買保險時所得來的。

葛：真的不簡單！相信這份資料對我們會非常有價值。順道冒昧請教張先生，聽說今年全台房仲業收掉了五百多家，而且有些公司的家數還在快速的減少中，是否代表房仲業目前正處在一個偏空買方的市場？

張：收掉的都不是我們公司的店，反而家數少一點是利多，市場也比較單純；不過業績比往年差是真的，但我們這一地區的情況還好，老實講，業務的好壞還不是看人做，市場有影響但並非是絕對的，我想你們的行業也應該是如此？

葛：張先生的觀念完全正確！相信你未來的事業也因為有正確的觀念會更有發展。但我很好奇，你們都是怎麼找準客戶的？

張：其實不難，平日大街小巷走一走，假日路口站一站，要不大樓社區逛一逛，雖多花一些時間，但總是有機會！

以上為【轉】【問】

葛：聽你說得容易，相信過程中一定很辛苦，能像你表現如此優秀的房仲員，可是我這一個月來做市調碰到的第一位！因為今天還有其他行程，無法與你暢談，改天有空我們可以出來喝杯咖啡，聊聊彼此業務的心得。此外，有關「住宅火險」及「房屋貸款」有些資料可以提供給你參考，到時候請張先生務必賞光！

張：沒問題！

葛：那我們就先告辭了。請留步，拜拜！

張：拜拜！

以上為【合】【切】

透過以上演練資料夥伴可一目了然步驟與節奏的進行與交互運用。

（八）複訪作業及時間安排【拔河作業】

這是房仲增員的後續作業，我們按「星期」安排見面時間及地點的規劃，分成四個現場及五個階段，共8週56天的流程。但增員作業非立竿見影，實際複訪時間可能會比56天再久一些，但根據經驗，通常如此的拔河，在三個月內應有房仲夥伴會到辦公室與主管面談，經半年左右，就會有房仲登錄報聘了。

首先說明複訪中的四個現場，也就我們與準增員對象見面的地點，因為是拔河作業，所以約會地點的安排，是逐步由他的辦公室朝我們的辦公室挺進，最後參與團隊活動吸引對方。，如下圖：

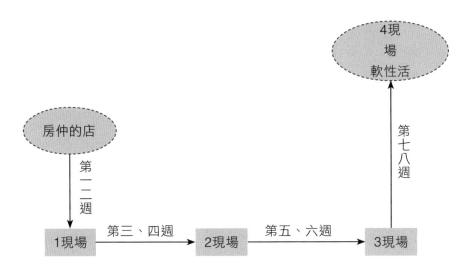

　　首先我們先從對方的店，約出來在房仲店附近的Coffee Shop（第一現場）進行第一次的複訪，這階段又稱「靠自己的力」。如果一切順利，接下來的複訪應朝我們辦公室附近的Coffee Shop(第二現場)邁進，這階段又稱「靠夥伴的力」。然後繼續拔河，第三現場要到我們辦公室與主管面談，這階段又稱「靠主管的力」。最後開始邀約參加軟性活動(第四現場)與更多的夥伴認識，這階段又稱「靠團隊的力」，透過團隊的群體力量吸引對方。

　　實際的運作上，從第一現場一直到第四現場，每一階段所花的時間不一，但正常的狀況應是如圖中「實線」的長度會愈來愈長。接下來我們說明是五階段的運作內容：

【第一階段】→（一星期內）

　　針對新的準增員對象我在第二天會寫一封感謝信寄給對方，約在第四天開始再電話約訪對方出來見面，我們在電話中要能再次提及產險及房貸的訴求，也說明「問卷」要物歸原主，再一次強化出來的意願。我們先了解感謝函及電話約訪的內容如下之感謝函：

感 謝 信 函

＿＿＿＿＿您好：

我是＿＿＿＿＿人壽＿＿＿＿＿，首先非常感謝初次拜訪時的招待，希望沒有影響您的工作進度，如有任何不當之處還請千萬見諒！

另附上公司已發還之問卷資料，相信這份問卷對公司一定非常有價值，也代表公司表達對您十二萬分的謝意。

保險業泰斗原一平說：「推銷是結合雙手，頭腦，心靈加上雙腳的工作，也是集藝術家、演員、演講家及談判家於一身的偉大事業。」

我想這一段話放在房屋仲介業的夥伴身上更是貼切，因為保險業的夥伴尚有「緣故」的關係可經營業務，但你們卻必須完全靠陌生的環境打天下，也就是說必須訓練自己成為集藝術家、演員、演講家及談判家於一身的「變形金剛」，才能在競爭的環境中立於不敗之地。

對於「業務」，我始終抱有一份熱忱，雖然在「保險業」已有一段歲月，也累績了一點實務經驗，但總覺得範疇太窄，而「房仲業」正好也是業務的性質的事業，真的很希望能夠有機會再一次見面交流，聊聊彼此業務的心得。但我知道在如此煩忙的工商社會，「時間」對你我而言永遠都不夠，只希望您最近如有工作空檔的話，一趟下午茶時間是我真心期待的約會。最後謹祝

身心愉快　事業順利

＿＿＿＿＿敬上

陌生增員 — 演練資料

(房仲電話約訪)

葛：你好！張漢強先生在嗎？

張：我就是，請問那裡找？

葛：漢強兄，你好！我是○○人壽葛京寧。

張：哦，你好！

葛：不好意思！打個電話來打擾你，這兩天工作還順利嗎？

張：還好！不過我待會兒有約會，可能無法與你聊太久。

葛：由你忙碌的情形可知你的工作表現一定非常好，我的眼光沒錯，你絕對是位出色的業務主管。打這通電話的目的最主要是因為後天中午有一位客戶的約會剛好在您公司的附近，我想下午2:30如果您有空，我們可以出來見個面聊聊，最主要是上回拜訪時有提到的「房貸」及「產險」的服務，我手上剛好一些資料可以給您當作參考，我知道你們公司對面有一家咖啡廳不錯喝，我們可以約在那裡見面？

張：葛先生，非常抱歉！我後天下午已經安排有約會，可能無法參加，資料部份不知道可否傳真到我公司就可以，感激不盡！

葛：因為這兩份資料很多，傳真會不方便，其中「房貸」部份，公司目前有一些新的方案，對客戶很有利。我看這樣好了，下午我先安排附近其他業務單位的問卷拜訪之後，我們再見個面，你看5:00會不會太趕？

張：應該沒問題，後天下午我們再聯絡一下。

葛：沒問題，就這麼說定，拜拜！

張：拜拜！

　　夥伴會問對方爲真的願意出來嗎？雖非百分之百達陣，在實務上對方會出來的機率約爲50%，10位會有5位能取得見面；原因無他，因爲見面前的前置作業，我們已經安排妥當。

【第二階段】→（第二星期）→　第一現場

　　開始在對方店附近的Coffee Shop進行第一次的複訪，此次見面有幾個重點需注意：

　　(1)電話中所提的合作方案「產險」及「房貸」，我們應連同問卷單放在牛皮紙帶中，並不需要露白的當書面遞給對方，我先前提過，這個方案只是「話題」的運用，非見面要談的事項。

如果可以，在牛皮紙帶前釘書機釘一下，因無法一下取出，溝通時就不易繞著議題打轉。

（2）進行第一次的複訪，只要我們自己一個人到即可(如初訪是兩位夥伴)，目的有二：一是讓對方開始知道，從現在開始，彼此溝通的主要對象就是自己。此外，畢竟是第一次見面在外頭見面，還沒那麼熟悉，所以一對一的溝通，是比較快拉近距離的方式。如是三方對談，許多個人的想法及情感就不容易釋放出來；而一對一的狀況，對方卻能不經意表露生活、工作、家庭種種的現況，對資料蒐集及現況掌握很有幫助。

（3）此回的見面就是「閒聊」，不提保險本業的狀況，所以我們還是站在傾聽者的角度，使其暢所欲言，而能讓對方百無禁忌說話的有效方法，就是再把口袋中12個問題沒問過的部份再提出幾個問題來問問，針對對方的回應，只要是有利我們增員的話，我們就加強馬力一下，但不利增員的話語，只要聽聽就好，不表達意見，千萬不要針鋒相對各持己見。我曾增員一位在敦化南路上「力霸房屋」(現為東森房屋)的房仲員，每次約對方出來喝咖啡，對方一定允諾，但他一聊到保險業，就有發不完的牢騷，他常提到保險業務不若房仲好做，他說他做房仲一年多了，成交的案子只有3件，但其中一件就讓他賺翻了，那是一件在敦化南路某大樓的頂層，成交價8,000萬，他說這件案子就讓他一年不愁吃穿，而且自由自在，辦公室除值班外，一星期就只來一兩次，果是瀟灑型的業務員。這中間彼此有半年沒聯絡，一天下午，他突然打一通電話給我說：「葛大哥，房仲那邊我離職了，公司出了一點狀況，Case不好做，辦公室就更少進去了，葛大哥，你那邊缺人嗎？我想重新開始。」「沒問題！」這位夥伴在認識一年多後，改弦易徹，進軍保險業。

【第三階段】→（第三、四星期）→ 第二現場

開始有機會在第二現場見面，而第二現場就是自己辦公室附近的Coffee Shop，因離我們主戰場愈來愈近，這回的見面，我

們希望初訪的夥伴能同行，也就是說開始進行三方對談，有幾個重點要說明：

（一）協同夥伴的功能很重要，因為我們開始在這回的面談中，透過機會要將「尋求事業夥伴」的訊息傳達給對方；也就是說，我們增員的企圖要讓對方清楚明瞭。但在對策上，如是直接的訴求，對方瞬間的心理感受可能會多些起伏，但如果多一位我們自己的夥伴在，就能透過不同的角色扮演，多一口就多一份轉環，讓氣氛更圓潤些，也能幫幫襯襯敲敲邊鼓，以旁敲側擊的方式強化增員的力道，自然而然就容易達成目的。夥伴要知道，對自己事業的訴求，如是都靠自己的嘴口若懸河舌燦蓮花，對方不見得能聽得下去，但第三人的加持就有錦上添花的效果。以下就有一篇房仲複訪的演練資料，屬三方對談的模式，夥伴可清楚第三人螺絲釘的效果：

複訪三人對話演練資料

《提醒：資料中所提「33菁英成功專案」，只是對話的案例說明，實際的數字應配合各保險公司的制度而有所調整！》

葛：愉快的時間總是過的特別快，今天下午茶的時間真的收獲不少，漢強兄提供這麼多寶貴的業務經驗，讓我和倩萍受益匪淺，相信對我們日後保險業務的發展定有很大的幫助，我敢打包票這樣的聚會在未來一定會有續集。

張：葛先生客氣了！我也從你們那邊得到不少資訊，讓我對保險業務有進一步的認識，尤其知道你們也走「陌生市場」的開發，自然交談的話題就多了，溝通時樂趣也就出來了。

葛：我想對象很重要，像我感覺你和我們的頻率就比較接近，能談的話就會多，要不然「話不投機半句多」，就算燈光美氣氛也會不對。

劉：對啦！就像我今天中午的約會一樣，與一位想做保險的朋友面談，但溝通多時對方好像始終無法理解我所說明的有關公司制度的部份，對於工作性質他好像也是有聽沒有懂，更

109

氣人的是問他有沒有問題，對方也頗感無耐不知如何問起，我想這就是頻率不同，我想他要成為事業夥伴的機會可能不大。

葛：哦！想起來了，倩萍妳今天中午約會的資料有沒有多帶一份？我想送給漢強兄。

劉：剛好有多帶一份出來。（從公事包中拿出資料後交給葛）

葛：漢強兄我們剛才有一部份時間聊到保險業的概況，不過大都是針對銷售的面向，而倩萍給我的這份資料就比較屬於公司制度的部份，如果能夠花幾分鐘了解也不錯。（將資料放置於張漢強的桌面前）

張：公司制度的部份我想用看的就可能了解，老實講，純文字的描述對我的耐性還真是一大挑戰。

葛：其實我也是這樣，就連公司單張的公文我也很少看完的，反而聽處經理佈達方便一些，但我這份資料雖有三張紙，但只要一分鐘就可將重點說明完成。

劉：張大哥你知道嗎？我們葛經理可是在辦公室說明「33菁英成功專案」的高手，也是代表通訊處參加比賽的唯一人選，不信等他說明完後，你都有可能被說動成為我們的事業夥伴。

張：真的嗎？我倒想聽聽，我更好奇的是你們居然對一份資料也有比賽！

劉：這是一定要的啦！而且夥伴也常常私下透過這個方式彼此競爭達到學習的目的。老實講，保險業對教育訓練的安排是很細膩的。

葛：漢強兄這份資料就叫「33菁英成功專案」，其實也沒什麼，就只有三張紙而已，不過透過數字卻可清楚知道此事業的願景，其中33代表33個月，也就是進入保險業不到三年的時光，就能晉陞區經理成為一位經營管理組織運作的CEO，除此之外過程中每一階段都會有不錯的回饋；你看第一張上面，你只要達成5項的努力目標，加上配合下面的組織圖去發展，就能創造第二頁意想不到的收益（翻到第二頁），

最上面「展代」階段6個月雖只有兩項收入，卻有36萬的收入，平均每月近6萬的收入，已是一般上班族2倍多的收入。而中間「主任」階段12個月，因為已經是主管，公司提供9項收入來源，共計107萬的收入，你已經堂堂進入百萬年薪的行列，完成主任的目標後你將是公司的中階幹部→「襄理」了，原先的9項再增加到15項收益，同樣的努力，收入確高達176萬，平均每月近15萬，都快接近「台北市長」薪資的水準了，感覺是不是很夯！以上所提不是天方夜譚，也不是空中樓閣，更不是看得到卻吃不到；而是包括我及我看到的許多保險夥伴在內所印證的事實。而晉陞區經理後回饋更多，福利更佳，說到這裡，我必須強調，天下沒有白吃的午餐，凡事必先辛苦耕耘後，才能歡喜收割。（翻到第三頁）你看不到三年房子、車子都有了，而事業也有了基礎；更值得喜悅的是，在我們的周遭已有一群志同道合的夥伴與自己共創保險事業的未來。漢強兄不知道我這樣說明你清不清楚？

張：聽起來好像不錯，回去再好好研究研究。

劉：張大哥，老實說，這套制度對已有業務經驗的夥伴最理想了，一方面可以很快地發揮業務力道，同時又可快速拓展人力及發展組織。

張：難怪現在有這麼多人投入到保險業，我們辦公室之前也有人離職去做保險的。

劉：對了對了！單位下個月會辦軟性活動在陽明山踏青，我們不只是爬山而已，還有一些團康活動，好玩熱鬧，每次都有許多新朋友參加，張大哥一定要來共襄盛舉！

葛：其實這份資料不只如此，這有一整套的資訊給漢強兄參考，其他部份今天就不多提了，我不是說過我們會有續集嗎？有機會我們可在續集時細聊，你看！我這一說又耽誤你幾分鐘的時間，非常抱歉！「軟性活動」的時間我再電話跟你聯絡，等一會兒你還要回公司嗎？

張：對！對！我店內還有一些事要處理，現在時間也不早了，我看下次約會我們再用電話聯絡好嗎？那我就先離開了，拜拜！

葛：拜拜！

劉：陳大哥，再見！

之前有夥伴提到：「老師不對耶！我自己做保險這段時間，都沒賺這麼多，我怎麼去說服對方相信這個方案？」我回應說：「過去沒辦到沒關係，但你絕對看見單位的業務高手如此的收入，所以，不要太在乎自己過去的表現，善用新夥伴加入的時機，彼此共同打拼，把應有的行動力展現出來，讓自己也跟著脫胎換骨。」

在增員拔河的過程中，在第一現場及第二現場並非只有一次，也非都順利一直往前走到第四現場，尤其在地一及第二現場遊走的狀況最多；也就是說，第二現場有可能會回到第一現場，而且不只一次，但複訪作業也不代表我們不限次數時間的耗下去，我自己是以「一年」的時間為限，只要超過一年，我就會停止複訪作業。但一年的時間內我們也必須隨時關注對方工作的變化或態度觀點的改變，而調整增員的進程。

(二)見面除溝通外，我們提供一份書面資料，效果會更理想。當然這份資料並非只是面談時說明的資料，尚應包括公司的期刊，團隊的照片或自己升級、得獎的記錄，匯編成一套自己的「增員手冊」。相信在面談後，不論對方的感受如何！這套資料對方應會拿出來看看，私下開始了解我們的行業。

(三)在面談的最後，我通常會主動要邀請對方參加單位的「軟性活動」， 軟性活動很重要，這是增員複訪作業的「商品」，如同銷售複訪時提供的建議書般，我們端出的牛肉要能吸引對方進一步與團隊靠近，最好的方式就是「軟性活動」，針對「軟性活動」如何運作，我在下一節中會詳細的說明。

當邀約對方參加單位的軟性活動，我會利用此一時機，透過準備好的照片集(平板電腦亦可)，讓對方一窺畫面中的足跡，且

可重點說明，但我們不宜用手機，因為在Coffee Shop彼此應是對坐的方式，手機的畫面太小，無法張顯畫面的影響力。

【第四階段】→（第五、六星期）→第三現場

　　此階段是要請對方在辦公室見面；也就是說，邀約對方到我們的主場來，通常對方只要願意來辦公室，其實我們增員已經成功一半，以下是一段我打電話(不用FB及LINE聯絡)的內容：

　　「漢強兄你好！是這樣子，我們辦公室附近有家餐廳不錯，電視上有報導過，我還沒來過，但同事有吃過，覺得不錯很有特色，今天通訊處早會發競賽獎金，我請你吃個便餐打打牙際，吃完飯到我辦公室坐坐，晚上夥伴不多，喝杯茶解解渴。如果可以，我們可約這星期四晚上6:00在上回我們辦公室附近的Coffee Shop見面？」

　　這回的見面儘量安排在晚上進行，因為人不多，對方也較安心。但在辦公室見面，最重要的一件事，就是能與主管「巧遇」，其實這巧遇應是事前安排好的，只要對方允諾來辦為公室，我們應馬上與主管或經理敲定在辦公室見面的時間，如是晚上8:00，當自己與增員對象喝茶的時候，主管與準增員對象在通訊處不期而遇，經過介紹後，主管一定會帶到自己的座位或辦公室閒聊，而此時主管有一個很重要的任務，在閒聊的過程中，一定要集中火力在我們的身上做文章，所以主管必須在事前就要將我們的在保險業的豐功偉業，所有的得獎記錄，一五一十一股腦地全盤托出。

　　我們要不斷提高陌生人對我們的信任度，但我們與準增員對象並沒有長時間的交往，但如透過自己的長篇大論，自吹自擂一番，對方應無動於衷也了無生趣，但旁人的溢美之詞，卻有極大的邊際效益。有夥伴問：「老師，我的保險年資還不到一年，豐功不多，偉業掛蛋，主管要加持都會有點困難耶！」每個人都有不同的特質，也都有可論述的特色，不用擔心找不出來，只要我們在單位中積極正面，多付出多結人緣，這些就值得大書特書。

【第五階段】→（第七、八星期）→第四現場

　　這階段主要談「軟性活動」，這是增員複訪作業的「商品」，既是商品就絕對有吸引準增員對象的力道，所以單位在舉辦軟性活動時一定要「硬玩」。如何「硬玩」？首先，心情上一定樣當作是工作的一部份，而非休閒活動。我看過許多夥伴一聽到單位要辦軟性活動，就興奮不已，因為又要出去玩了，甚至動員親人參加。早先單位有一位襄理，有次活動因要去新開發的景點，居然一口氣找了家族十五位成員參加，其中還包括一位照顧小孩的外勞，果是假日同歡，和樂融融。但如此一來，自己很快活，但軟性活動的意義就失去了！

　　既然有活動，當然我們也不希望單槍匹馬赴會，所以活動的訴求應是「一帶一」或「一帶二」，如此才有最大的增員效益。但還是有許多夥伴始終無法帶人參加活動，除個人意願外，最大問題就是名單太少，但今後我們如能透過陌生增員的作業，名單就不再是問題。

　　軟性活動的安排無論是室內還是室外。準增員對象都很容易因為活動型態而放下自己的心防，如在室內大夥嘻嘻哈哈，歡笑聲此起彼落，很容易就打成一片；如是室外，走在大自然的懷抱中，青山綠水鳥語花香，大夥流流汗喘喘氣，真情就會自然流露，無形間距離感消失了，本來需三個月的交情深度，在一個活動中就建立了。所以，軟性活動在整個增員活動中的重要性無可取代，下表就是夥伴可參考的軟性活動：

室內活動	小組聚會	晉陞活動	每月慶生	桌遊	現金流	讀書會
室外活動	爬山踏青	露營烤肉	泡湯養身	漆彈遊戲	野外浚溯溪	海邊逐浪

　　表中只是參考，當然還有其他的活動可進行，端看單位的創意及構想。先前上課有夥伴問我：「老師，我覺得『高空彈跳』不錯，如果對方要做DS，膽子一定要大，所以先要過這一

關。」我說：「這類活動只要一直辦下去，你就會發現來參加活動的新朋友愈來愈少，連單位夥伴都不捧場，何況成本太高了。」此外，目前有許多單位流行辦「電影欣賞」，如果這個活動只是看場電影就散場了，增員的效果不會大，因為在漆黑的環境中，所有人都在關注電影的劇情，彼此很難對話；如果有個散場後的咖啡時間就不錯，大家都來當影評，說說想法就是一種交流。我認為可以利用假日在單位的訓練教室看電影，器材(單槍、音響設備)都是現成的，片子又能自己挑選，會後分組的點心時間，讓準增員對象介紹自己，也發表電影欣賞的評語，氣氛應會不錯。此外，軟性活動還有以下兩種功能：

(1)最佳的面談方式與場合

　　增員不僅是「舉才」，尚包括「選才」，雖然不需要千挑萬選，但如能透過選材機制，我們才能找到真正的千里馬，馳騁千里。不同的是，其他的增員通路，因我們與準增員對象以有一定的認識基礎，我們應能對人力條件掌握得宜，但陌生人不同，雖然見過幾次面，也跟主管在辦公室面談過，但還是無法百分之百了解對方是否適合從事保險業務或是隱藏在背後的人格瑕疵，尤其是對方的道德觀及人格取向；所以多一層的觀察了解，絕對能讓自己無後顧之憂。早先辦公室樓下有一對夫妻檔，經營保險業有聲有色，每當年度的競賽一來，總是每星期幾十萬、上百萬的報帳，北區第一名或第二名非他們夫妻莫屬。也由於業績亮麗，成為各單位邀約的對象，但聽他們在台前的分享，本想吸收經驗，期許在技能上能更上一層樓，但每次的分享，除一些不着邊際的場面話，而如何經營Case、接觸的訴求、商品的話術、促成的關鍵都語付之闕如，整場演講頗為自得其樂，但台下的我們點頭微笑卻心有不解，心想上百萬的Case就這麼三言兩語擺平？記得2005年春節後不久，一天中午在辦公室旁的路上碰見他們夫妻及小女兒，他們有說有笑，尤其太太一身棗紅色的大衣，果是喜氣上身，打完招呼後，說要到前面的魚翅專賣店吃午餐。但一星

期後的早上八點多，到服務中心辦完事後，在大門前看見他們夫妻，但行色匆匆，一臉心神不寧之狀，走得極快，連我的招呼都沒看見，心想可能是趕約會去了。

但第二天一早，通訊處有消息傳出，他們的Case出了大問題，這幾年下來夫妻共挪用客戶900多萬的續期保費當新契約報帳，這事東窗事發，被客戶告到公司，現在這對夫妻也不見蹤影，後來聽說他們夫妻就在昨天，也就前一天一早我遇見他們沒多久，一家三口飛去了大陸雲深不知處的地方。而他們單位的處經理，接手留下來的爛攤子，發現他們挪用客戶保費居然高達1,300多萬。如今事業不僅泡湯，連累的是小孩，跟著浪跡天涯！

所以，要能避免如此的憾事發生，選才是大事，透過多些人的觀察，才會萬無一失。而最佳的場所就是「軟性活動」的時候，因為準增員對象的心防較低，在輕鬆自在的環境中較能釋放自我，舉手投足一言一行之中都透著行為的意涵，訊息強波也在這之瞬間傳給我們。相對地，準增員對象也能透過參與活動，在互動的過程中，體察自己與此團隊相容的程度，對將來要投身保險業務的環境及生態能在事前就有一個經驗值。所以軟性活動有一雙向評估的機制，這並非制式的「適性測驗」所能取代，因保險是與人溝通及交往的事業，雖須建立專業的基礎，但還要能與眾人和樂融融互動頻繁，所以在團隊中是否能無拘無束打成一片，是重要的選才指標。

(2)安排新晉陞主管與新朋友認識

每次的軟性活動，主辦單位都應有詳細的計畫，包括地點的選擇、時間的釐訂、交通工具的安排、用餐的準備、人員的分組、預算的編列及節目的安排都應條列清楚，而在團康節目的安排上更應別出心裁，求新求變，因為這是夥伴互動最頻繁的階段，如能高潮不斷，人人開懷盡興，很快就能融合其中，新朋友一下子就變老朋友了。而活動的下半場，進行小組交流的時間，

可安排單位中剛升級且年輕的夥伴，到有新朋友的各組去自我介紹，也利用短短的時間彼此交談一下，主要談談自己保險事業的心路歷程，希望能對新朋友有更多的啟發。如此的安排，感染性最強，因為年輕的夥伴能與新朋友的距離很快就拉近了，比起經理在組內大談闊論的效果強多了。

俗話說：「物以類聚，人以群分。」同質性愈高愈能相吸，環顧今天的保險生態，已不同以往，我記得剛進入保險業時，許多人還是兼職做保險，且中年轉業及二度就業的人不少，新人中老、中、青三代都有；但近幾年的發展可大大不同，學校剛畢業的年輕人，已跳脫傳統的思維，屏除刻板印象，為能一展抱負，勇於接受業務挑戰，為自己的未來打拼！所以，今天許許多多的通訊處動則百人單位或兩百人的組織，一眼望去可是年輕人的天下，早會一到人潮滾滾，也熱鬧滾滾，生氣活力在職場中燃燒，果是江山代有才人出，各領風騷數百年。而軟性活動的另一好處就是能對上時下年輕人的口味，但活動中我們並不希望增員者帶著新朋友到各組去介紹引薦，像是拜碼頭一般，因為新朋友一定覺得不自在，緊張指數會上升，原本輕鬆的氣氛一下子就僵化了。

此外，在軟性活動結束後一星期內，在辦公室可探詢其他主管對自己的新朋友在活動中的印象，透過多人的評鑑，我們的判斷會更精準。每年電視上都會播出航空公司在招募空服員的新聞，畫面中要應徵的準空服員們，個個精神抖擻，姣好的面容，清秀的打扮，修長的體型，真像是在選美會場，而且她們的髮型、服飾幾無太大區別，都有著準空服員的外型，當然航空公司會進一步面試，找到符合公司條件的人才，但不容否認的一件事，除學識、語言上基本要求外，外型、談吐是要件，但無論外型還是談吐都很難在短時間內一探內心的價值觀，但這些對航空公司並非是重點，因為空服員只要能態度親切，服務到位即可，而這些專業是可以被訓練出來的。但保險夥伴不同，我們的工作在於能體察客戶的情感變化，且要同喜同悲、同苦同樂，用一樣

的心情去貼近客戶心靈深處最脆弱的點，所以我們看新人的標準，其實比空服員更具有性情面的考量，而要能達到如此的效果，在辦公室面對面的溝通，效果應是有限，因為人懂得包裝，人也懂得投其所好，我們真的無法一下子發覺對方的方方面面。

以上就是房仲的整套增員作業，希望能幫助夥伴在實務作業上有進展。我想數字是最能評量作業的效果，也方便夥伴追蹤檢討。其實我們只要每星期一天3小時的增員日安排，接觸10位房仲員，其中建立2位是「準增員對象」，一週就有8位，一年就有96位準增員對象。其中能進行複訪的比例有5成，也就是說約50位左右能到第一現場；而能進到第二現場的比例也約為5成25位左右，也就是能到我們辦公室附近的咖啡廳進行三方對談；接下來，又有其中的五成約12位會到辦公室來與主管面談；而最後有6位會參加「軟性活動」；根據資料統計，其中3位會報聘登錄，定著率3取2，有2位會報帳，且其中一位會如期晉升主管。如果產生如此的循環，在未來的人力就會開始出現倍增的效果，經過5～10年的運作，要能晉升處經理應是水到渠成。下述的統計數據，夥伴會更清楚：

1. 一年建立96位準增員對象
2. 50位左右能到第一現場
3. 25位左右能到第二現場
4. 12位左右能到第三現場
5. 6位左右能到第四現場
6. 3位報聘登錄
7. 2位報帳
8. 1位升級

但如果想再多元的通路去網羅多方好手，以下的一般店鋪的增員及校園徵才都有不錯的市場，夥伴儘可放手一搏。

第三章
一般店鋪的增員實務

　　店訪好處多多，銷售、增員兩相得宜。以增員來說，在一般的店鋪，人員的流動率比起一般行業都要高。掃街跑店時，同一地點，上回拜訪所見的門市與這回所見的人都不一樣，探詢之後才知道，先前的那一位早就離職了。甚至許多同一地點的店，招牌都換了，怎會如此？其中一個重要的因素是：賣場的空間太小。試想一般的店面，不過就是幾十坪，要超過百坪以上的不多，甚至許多小鴿子籠的商家，裡面塞五個客人就爆了。人在店內，時間一長就會有壓迫感，何況一天工作都要十個小時以上，能持續做下去，真需要一點毅力及耐力。我在拜訪時碰到許多老闆及門市，常在大門前的騎樓下休息，不論是靠著柱子吸菸或是坐在機車上發呆，外面的空氣似乎清新多了，如天候不佳生意不好，一間店就像一間牢房一樣，身心都不自在。

　　在此環境之下，一般門市能幹個三、五年已是難能可貴，拜訪時如發覺對方有異動跡象時，就是我們的機會來了。所以針對一般的店鋪其實有許多增員的機會等著我們，以下我分成幾個狀況來說明：

一、那些有狀況的店適合增員？

（一）來去匆匆之店

　　也就是來也匆匆去也匆匆瀟灑走一回之店，通常開張之後不到一年就莎喲娜娜了！譬如說，以前的葡式蛋塔、上海湯包、上海小饅頭、金園烤番薯，又如一年前跳票的「蛋塔工廠」，招牌早已灰飛煙滅，所以夥伴出門增員罩子要放亮，只要是類似以上的商家，就買上一盒蛋塔，跟店員熟識一下，買蛋塔不花甚麼

錢，但可等對方三個月，如不幸言中，門市就必須另謀他職，這叫守株待兔式的增員。

(二)日薄西山之店

　　所謂日薄西山之店，就是店種愈來愈少的商店。商圈中變幻莫測，隨著交通、景氣、科技、潮流，每個因素都有讓人異想不到的變化。譬如說，「快速沖洗店」的變化就是最好的例證，二十年前，照相用軟片，但相機全面數位化的演變，加上印表機的技術創新，在家就能印製精美的照片，品質絕不輸專業的沖印，所以早期三大系統柯達、富士、柯尼卡，最盛時期全台2,000多家店，但如今以柯達為主，只剩約300家的店，變化之大不忍目睹。台中某保險公司有兩位主管，就是十年前將快速沖洗店結束，毫不猶豫投入了保險業，中年換了跑道，但也變成康莊大道，如今都是單位的處經理了。

　　而面對未來「少子高齡」的社會，商圈中的商店，會不斷汰舊換新，以少子化而言，就已經在商店的型態上有著不同以往的改變。現今，因少子化的關係，有幾種行業不斷在銳減中，包括安親班、托兒班、婦產科及嬰兒用品專賣店。不知道夥伴有沒有注意，目前小學門口傳統的文具行都已不知去向，買個文具得到大賣場或文具用品連鎖店。台北市民權大橋前有一所國小，資料顯示104年學年度，小一新生報到分四個班，但只有50個學生，其中一個班14個學生，其他三個班各12個學生，12個學生一個班也蠻好玩的，班上前三名與班上倒數前三名，中間差不了幾名；而班上倒數第三名，算算也是班上前十名，滿江紅帶回家都很好交差，這就是少子化的現況，連學校教育中「競爭」的必要條件都不得不被淡化。

　　而高齡化的趨勢，包括強調養身、健身、抗老化的生機飲食店，如雨後春筍般一家接著一家爭先恐後的展店，其中棉花田、里仁、聖德柯斯當仁不讓勇奪前三。營養品的專賣店也不遑多讓，GNC健安喜、台鹽生物科技及長庚生物科技也陸陸續續開枝

散葉，吃掉不少直銷業的市場。我們如能掌握風向球，就有機會在銷售及增員創造雙贏的局面。

(三)出租頂讓之店

　　此店跟環境景氣的變化無關，只因自己經營不得法要結束營業了。既然不久招牌就要掛下來了，就可利用機會詢問老闆或門市的動向。還有一些是是因租約到期，不續租必須另覓地點，原店內門市也會順勢就不做了，這樣的增員機會偶而會遇見。但台灣許多商店很有意思，出租頂讓的紅布條從年頭掛到年尾，整條布都已經退色翻白了，跳樓都還沒成功，別人是含淚拍賣，他可是笑傲江湖，如此這般的店，只要賣保單就可以了。

(四)商圈已經改變的區內的店

　　在大台北地區，捷運正無聲無息改變商圈的榮枯，西門町的風華再現，通化商圈的雪中送炭，陽光商圈的死裡求生，都拜捷運之賜，然而有些地區卻因捷運沒有經過，商家可是千呼萬喚沒人來，以榮總醫院右邊的天母商圈而言，雖居外僑區，但消費人潮逐年銳減，商家生意難做，老闆經常在換手，門市也常是新面孔，但也因為如此，增員對象卻不難碰到；而醫院左邊的石牌商圈卻異軍突起，欣欣向榮，不可同日而語。另一地點，看好卻不賣座，這一、兩年有些人潮回流，在捷運南京線還沒通車前，商家生意就是拉不起來，其中的環亞百貨(今已改南京微風百貨)更是頻頻裝修換招牌，連斜對面「小巨蛋」的商家也受殃及，關門的一堆，只剩超商、速食店及咖啡店照常營業，但今因捷運通車後，假日已見人潮穿梭。但捷運不完全是利多，以文湖線上的「德安百貨」而言，卻有想像不到的人潮流向，因捷運通車，內湖地區去南京站及東區逛街的人多了，德安商圈卻是門可羅雀，如今連德安百貨也消失了，真是當地商家始料未及之事。

　　在台北市還有兩個商圈與捷運無關，但這兩、三年的變化很大，一是「五分埔」，一是「師大商圈」，只因當地經營環境的變化及在地居民的訴求，目前的消費人潮及商家都比之前要少許

多。

(五)生意始終好不起來的商圈

在台北市有兩個商圈地點不錯，但始終生意不理想，民生東路西華飯店以北到民權東路間，這地區算是台北精華的商業區，區內約有四、五百家店，但多年來生意就是不行，老店苦撐待變，新店一籌莫展，原想會獲得商業區上班族的青睞，但事與願違，而右邊一點錦州街商家生意倒是不錯。另一地點在南京西路與重慶北路相交的「圓環」商圈，因整體規劃上的問題，「圓環」已不見當年的繁華街貌，來此逛街的人已不似往昔，短期內應看不到老圓環當年的榮景，但旁邊的後車站倒是屹立不搖人潮滿滿。

(六)易受經濟景氣影響的店

商家文武百業，我們簡單以食、衣、住、行、育、樂來分類，其中食、衣、住、行除房仲業因政府打房不理想外，包括食、衣、行都是生活必須，較不易受景氣的影響，但育、樂兩項就容易大好大壞，譬如說音樂教室、才藝班、家庭音響店、玩具專賣店及網咖，都比以前少許多，收入有限，能省則省，而育、樂是最常拿來開刀的項目。

二、哪些種類的店適合增員？

以下幾種類型的店，是人員流動率較高的商店：

(一)服飾店

尤其是年輕商圈的服飾店，譬如說，西門町、東區及各大夜市的服飾店，大都是因工作的時間長，底薪少，獎金難得，且進出的門檻不高，轉換不難，頗有此處不留姊，自有留姊處的味道，何況許多服飾店的壽命也不長，半年一載生意不行就退場了。我在西門町就拜訪過同一位門市小姐三次，只是三次都在不同的服飾店，她說這種狀況在西門町很多，跳來跳去的，聽說哪

家生意好就往哪家跳，跳到不錯的就待久一點。

　　而東區的「頂好名店城」，地上四層地下一層，約有200多間的店，大都是精品服飾店，店內多是自己創業的年輕老闆娘，但生意普遍不好，店租只簽3～6個月，因收店容易，租期一到生意不好就換手了，是我們陌生增員的好去處。去年暑假實作，在地下一樓的後方有一間賣手工皮包的小店，掌店的是一位年輕的小姐，身旁卻養了一條30公分長的蜥蜴當寵物，全身都是黑斑醜不拉幾的，嘴巴半開還流著口水，實在有點嚇人，她說這裡生意不好客人不多，就把牠帶在身邊，她說這是世界上第二大種的蜥蜴，只比爪哇的科摩多龍小一號，可以長到150公分長，她還興奮地說，別人出去遛狗我溜蜥蜴，拉風多了。心想，如果增員此位小姐來做保險，辦公室就不見得只會「人」滿為患。

（二）超商的大夜班

　　經營大夜班時儘量能在PM12：00前作業，以不影響自己的作業時間為準，切勿在半夜或是黎明前進行增員，先前有些夥伴想賣超商大夜班保單，一星期中總有兩、三天拂曉出擊，但不論出擊成功與否，但發覺夥伴最後的歸宿不是辦公室而是家中的棉被，如此長期來看利空大於利多，對身體也不好。但PM11：00～12：00是可接受的增員時段，客人不多，且目前大部分的超商都有座位，聊聊天還不錯。我認識一些夥伴，之前的工作就是大夜班，換工作只是想調整正常的作息，且超商夥伴的服務理念強，保險生態能很快適應。

（三）醫美診所的護理人員

　　目前很流行的醫美診所，不論醫師還是護理人員，投入的人力如過江之鯽，但並非每家診所都賺錢，以目前發展的狀況來看，已有人力過剩的趨勢，尤其是護理人員，因為其中並非每位都是專業的護士，有些是美容師轉業的，夥伴可稍加注意。

(四)養生館的按摩師傅

也因為這兩年開的店太多了，目前許多養生館都在整併中，因此目前按摩師的變動就很大。除此之外，目前有許多外配(外籍新娘)也在從事按摩護理工作，這些外配在台灣多年，小孩都已經上大學了，她們也有空巢期，且來台多年認識的人不少，要轉行來做保險並不難，而外籍新娘一旦投入業務領域，拚勁十足，行動力絕不落人後，我知道有幾家保險公司的Top Sales都是外籍新娘，MDRT可是手到擒來。而且一但她們投身保險業，在陌生市場可是一匹悍將，衝鋒陷陣無人能敵。我在高雄就帶過一位大陸雲南籍的外籍新娘實作，雖然講話中還有一些地方口音，但拜訪起來，如脫韁野馬，一路向前衝，只有我跟在她後面的份。

(五)安親班、托兒班、語言班、才藝班的老師

都因少子化的影響，這些老師生存不易，無論是幼保類還是語言、才藝類，流浪的狀況比起一般學校老師更嚴重，就算能在某處暫時棲身，但薪資水平並不高，跟學校老師差很多，所以拜訪他們的店，常會聽到他們吐吐苦水，但這些老師們文化基底頗佳，學能又都不錯，如能來做保險，往往是單位教育訓練的人才，也是團隊中優質化的力量。

三、那些店員適合增員

(一)已經準備離職的店員

在掃街跑店銷售時，常有意外的收穫，門市說：「葛先生，我要離職了。就做到這個月底，要我現在投資保險，時機可能不對！」「嗯！那你已經找到合適的工作嗎？」「沒有，先休息一陣子再說！」「沒關係，條條大路通羅馬，過兩天如果有空，店旁有一間咖啡廳，我們可先聊一聊。我這裡也有不錯的工作機會，可先聽聽看！」類似以上的機會，在店訪的過程中一定會碰到，只要我們曉以大義，人才就在眼前。

(二)大學工讀生(畢業班或進修班的學生)

　　尤其在校區的商圈最多，如能遇到畢業班或進修班(夜間部)的同學，倒是可以多聊一聊，因為對方一畢業後都會換工作，而進修班的工讀生要轉換工作的速度就更快了。畢業班或進修班的學生來做保險能直接開發學生的族群，類似校園徵才，連鎖的效應很大，只要能碰到班上或系上的Key Man，呼朋引伴的群聚效應就會出現。我上課時常會碰到許多七年尾八年初的年輕人，剛出社會沒多久，但都已經是經理職了，細問之下，體系中的夥伴幾乎都是同一所學校的學弟妹，果是系出同門，不同凡響！

(三)對保險業務不排斥的店員

　　保險業已有不同以往的風貌，進入21世紀後，保險金融化、金融保險化，銀行的行員及理專賣的商品80%與保險有關，當然保險也跨足銀行的商品，譬如信用卡、基金或金融衍生商品。金控化的保險業已是多元且專業導向，而店鋪中的許多門市人員，尤其是出社會不久的新鮮人，對保險業務並不排斥，甚至當你造訪時，會對你的事業問東問西，一付很好奇的神情。去年我在永和區實作，就碰到一位門市小姐對我說：「葛先生，很奇怪耶！我自己的許多朋友、同學最近一兩年做保險的不少，Why？你們的行業到底有甚麼好康的地方？」「當然有，而且不少。不說別的，光是工作性質就比現在的門市的工作精彩多了，有機會我們可以聊一聊？」「這兩天我都在店內，你早上11：00來，我沒甚麼事，比較好聊。」

　　其實，一般店中騎驢找馬的不少，你的出現，正好引領他們跳出現有的框框，但有夥伴問我：「他們自己認識的朋友不少，要做也會找他們的朋友才對，我們的機會太渺茫了！」我說：「有可能，但機率不會超過一半。」夥伴忙著問：「為什麼？」我說：「人很好玩，買保單會跟自己熟人買，但工作的選擇不一定會找熟識的人，因為熟識的人，彼此認知太深，身上的優、缺

點都瞭若指掌，當顧慮一多，想法就會改變。」我自己投身保險業，也找班上許多同學增員，然而經過二十多年，班上如今約有8位還在保險業，但與我合作過的夥伴卻只有3位，可見工作的考量是多面向的。我有一位參加實作的夥伴，第一天的拜訪途中，他突然對我說：「老師，我父親其實在另一家保險公司當處經理，但我並沒過去，而這邊的主管，是我FB上的朋友，彼此的想法很接近，我評估過，跟他合作較能相輔相成。」他的例子應不單是個案，所以事業上彼此能志同道合，更能創造相加相乘的效果！

（四）希望自己能擁有專業證照的店員

時下有些店員，尤其是年輕的門市，對自己未來專業度的培養很重視，因為在學校時，教授總是強調出社會一定要走專業的路線，而專業的證明就是證照的獲得，且能多多益善，所以一定要利用工作之餘，多K一些書，多考取幾張證照，以備不時之需。但一般門市本身的工作性質，卻無法滿足這方面的需求，所以保險業專業證照制度，對許多門市人員有一定的吸引力。

（五）對事業有高度企圖心的店員

「熱忱」是每一位保險業務員必具備的條件，唯有熱忱才能展現行動力，有了行動力，事業就能揚帆啟航朝理想邁進。而對事業的熱忱，來自心中高度的「企圖心」，而企圖心就是對未來職涯的願景及夢想所凝聚而成一股拍擊的「內力」，這股內力讓小溪涓涓不息，江水滔滔不絕，大河潮起潮落奔流到海，終能在大洋中捲風起浪，且捲起千層大浪，無堅不摧，攻無不克，戰無不勝！

所以我在進行門市增員時，當我發覺對方在言談中對自己的工作有見解，且正向積極看待未來的生涯發展，我對對方的增員動機就會高許多，這可是難得的事業態度，就算對方目前離開的機會不高，但我都會持續保持聯絡，期待轉機的出現。

（六）對賺錢有強烈動機的店員

　　講一句現實的話：「賺錢為業務之本！」業務單位絕對是業績掛帥，每天所談所要求的不外就是數字，而數字就是Cash，所以我們業務員對賺錢這檔事，可不能敬鬼神而遠之，更不能視金錢如糞土；錢雖有銅臭味，但如業務不談錢，一切將如空中樓閣言之無物。

　　記得有一回我在羅斯福路上課，中午休息時間，有一位經理突然跑來對我說：「葛老師，你有五分鐘時間嗎？」「妳有甚麼問題嗎？」「葛老師，你上課有沒有發現，就坐在第一排你面前的一位學員，很認真在聽你上課？」「有啊！他很勤快做筆記，而且形象很好，將來發展應不可限量。」「老師，他是我的Agent，他不只形象好，而且學歷更好，他可是台大政治研究所畢業的高材生。」「哇！那恭喜妳了，有如此的夥伴加入，組織一定如虎添翼。」「當我講完這句話，這位經理的語調一沉說：「老師，他是我客戶的孩子，學校一畢業，客戶就將他交給我訓練，這半年來，我的壓力好大！」「換是我，我的壓力一樣大，深怕教不上手，對方學得不夠多。」「老師，我的問題不在於此，因為這半年來，我能教的也都給了！在保險業的十八武藝，可是毫不保留傾囊相授，但老師您知道嗎？這半年來，他只成交了一張保單，算算不到15,000元的收入，換成每個月2,500元還太多，弄得我心煩意亂，我自己的業績都受到影響。」「一個月2,500元，能過活嗎？」「老師妳這麼一問，直叫人椎心刺骨、痛徹心扉、苦不能言，老師啊！他一個月2,500元，還能過得很好，且出勤狀況都不錯，晨會一定來，週會人必到，像是每課必上的學生。真的！真的！我算給你看他，每天吃個便當80元，一個月20天1,600元，剩下900元當來回的交通費，其他的開銷回家就能處理了。這2,500元對他真好用。我怎麼苦口婆心旁敲側擊都沒用，單位夥伴幫我疏導後任督二脈也沒通。老師，下午的課你幫我點撥點撥，萬事拜託了！」「陳經理，先不要謝我，這個個案無解，我也沒辦法！」這樣的業務心態，家中又不缺錢，啃

老一族，西天如來玉皇大帝都沒轍，這叫好不容易找到一位「業代」，最後變成「業障」，上了車卻下不了車。

我單位以前有一位經理，夥伴都叫她「Money姊」，外號通俗卻很直接了當，他也是跑DS的，成績亮眼，每個月都有十來萬的收入，可是她老公三、四倍的薪水，後來老公乾脆離職一塊來共創保險事業，不亦樂乎！

（七）喜歡人多，活動多，出國同樂多的店員

保險業務是高度主動性的工作，所以在選擇夥伴的過程中，主動性強，且善與人結緣，樂於在團隊中展現自我，是我們增員時很重要的人格取向。早先年公司辦一場大型演講會，其中一位擔任分享的業務經理號稱「冰山美人」，主持人在介紹她出場時，只見對方慢條斯理一搖一擺走上台，果是一臉清新脫俗，頗有林黛玉的身影，她說她的Case大都是客戶主動找上門，只要出來喝喝咖啡，就有錢賺了！果是魅力無窮，算是保險奇葩。但她的說法，我是一臉狐疑不可置信，果然沒多久就聽說這位冰山美人消聲匿跡歸隱山林了。所以，增員對象的人格血液中雖非一定善於交際，但絕對善於「交談」。我曾增員一位在北市仁愛路上的門市小姐，這店可是德國雙人牌刀品的唯一門市，但這家店的生意並不好，門市小姐對我說：「葛大哥，我從早上10：30開店，到晚上9：30關門，每天11小時的工作時間，平均就只有4組的人馬會進門，我算了一下，我平均3小時才能講一次話，而且每次講話還不會超過五分鐘，這真的憋得很難受，在店裡都不知道要幹嘛！」後來這位門市小姐離職來跟我做保險，而且每天到辦公室都像飛出籠的小鳥，自由高唱一展口中長才，每個月早會的演講，她都成為許多值月主管邀請的對象，在講台前侃侃而談生動活潑，下了講台則是手足舞蹈欲罷不能！

而且根據觀察，喜歡團隊活動的增員對象在業績的表現上也是有目共睹，且是團隊中的開心果，在團隊中扮演不可或缺的功能性角色。

（八）做得久的店長要注意

　　這是前面提到過，在賣場中很容易有工作倦怠的狀態，實因在賣場中長時間所累積下來的無形壓力，也就是說，職場的身心已經不平衡，我曾碰到幾位店長對我說：「葛大哥，還是你們的工作好，我雖然業績不錯，老闆也不時加些獎金給我，且誇獎我說這家店是我扛攤子扛出來的，但每天來上班，總覺得少了一點活力，面對客戶總是意氣闌珊，還不知這種狀況能撐多久？」門市有以上的狀況，夥伴一定要掌握，對方的業務能力不錯，如能加入保險業，絕對是一匹千里良駒。

（九）做得短的門市要掌握

　　當然在賣場中也會碰到許多初來乍到的新人，她會說：「葛大哥，這家店我才來三個月不到，還在試用階段，一切都還在適應當中。」只要聽到這段話，我們的動作就要快，因為做的短也代表選擇的彈性大，只要我們的訴求能對上味，增員成功的機會很高。

四、已經是客戶的店如何增員？

（一）了解目前生意的狀況

　　如果目前的生意不是很好，無論是老闆或是門市的收入就會下降，當然影響未來的發展，對方舉棋不定或心懷擔憂的心情就是我們增員的機會。我有一位客戶在通化街經營玉飾品及中國結，當初買保險時生意還不錯，但不過幾年，風潮一過，生意就直線往下走，有幾次去店中，對方就一直在探聽保險業的現況，後來果然她的先生先進來做保險，約一年後，她自己也收了店，追隨丈夫的腳步。

（二）了解客戶親人、子女工作的狀況

　　DS的客戶，只要我們服務不錯，對方也知道我們在保險業的表現，就有可能會幫自己的親人或子女打聽消息，我帶「社區理財座談」的團隊時，在八德路一位鄰長跟我買了一張十幾萬的

保險，後來彼此熟了，就常去她家坐坐，她有一位在實踐大學讀社工系的女兒即將要畢業，在畢業前三個月，她就叫她女兒到我那兒歷練歷練。

（三）客戶個人或家庭財務的訊息（保單繳費是否正常？）

任何保單的繳費異常，其實都代表背後財務及資金的變化，如能試探性地詢問，就有可能找到增員的機會。

（四）透過客戶知道其他店員的動向

我有一位客戶，人很熱忱，每次去她店裡總有吃不完零食，聊不完的天，跟她認識十多年了，三不五時就會打電話給我，而且常會通風報信說：「葛大哥我跟你說，我有一位同事做到月底就要離職了，『她』你也認識，就是那位唯一的陳小姐，你這兩天有空可以過來坐坐，就當來看我，順道了解一下她的動向，但這個消息你一定要幫我保守秘密，要不然我很難做人。」DS的客戶很好玩，當下變成我的眼線，雖然最後沒有成功，但意思到了！

所以，店訪的緣故化作業，不僅可順利進行點、線、面的業務布局，更是增員名單很好的來源。

（五）客戶家庭發生的重大變故

時光匆匆而過，「故事」發生，「事故」也會發生，生命中悲歡離合眼前過，生活中酸甜苦辣任人嘗，人生是苦酒還是一杯香醇之酒，如人飲酒，冷暖自知。但當風險來臨時，我們都要能挺得住，也得撐得過，說是容易，但事到臨頭，徒呼感嘆百般無奈，然而這就是人生。

人生每個階段，際遇不同，人年紀愈大，愈能體會世事多變，風險難擋，意外難料。所以，心境上對風險意識不同的體會，就是我們增員的機會，我所認識的許多保險夥伴，當初之所以進入保險業，只因一張理賠支票，因為那張支票撐過人生最黑暗的時光，也擺脫未來生活中的困境，有了這些領悟，在客戶面

前的表達更加真切自然，聽者爲之動容，因爲這是內心「苦」及「痛」交織的真締。

五、例行性店鋪增員

　　店鋪增員最好的方式就是配合店訪銷售的同時，不論在保單成交前還是成交後，如能碰到上面所提的各種狀況，就會出現我們增員的契機，但有夥伴問我：「老師，我聽你講房仲增員覺得不錯，我一星期都固定3個小時當增員日，但他們在一條街上至多5、6家店，何況並非每家房仲都能進行有效的拜訪，在量能的考量上，我是否能在附近的商家直接找店員增員。」我說：「也可以，只要每週能接觸10位增員夥伴，建立2位準增員對象即可，並非一定要是房仲員。」

　　然而，在一般店鋪的增員，卻與銷售保單時「開門見山」的方式不同，與房仲的「投石問路」的方式卻有一些雷同之處，都會透過一份問卷當媒介，進行有效對話，尋找基本的增員訊息，創造增員的話題，也透過「共同的話題」穿插其中，開始培養情感，有利於我們再次的造訪，以下是一份店鋪增員的問卷表，夥伴可參考之：

「零售流通業」人力資源問卷

(1) 您在本店已經服務多久？

　　□半年內　□半年～1年　□1～3年　□3年以上

(2) 您對目前的工作性質滿意嗎？

　　□不滿意　□尚可　□還不錯　□很滿意

(3) 您對目前收入狀況滿意嗎？

　　□不滿意　□尚可　□還不錯　□很滿意

(4) 您曾從事過那些行業？

　　□無　□服務業　□製造業　□自由業　□其它_____

(5) 您目前有詢問其他工作機會嗎？

　　□有　□沒有

(6) 什麼性質的工作是您未來會考慮的？

　　□一般行政　□業務性質　□自行創業　□網路行銷

　　□其它_____

(7) 如果要選擇一個業務工作，那一種是您覺得樂意嘗試的？

　　□一般外務　□房屋仲介員　□保險業務員　□銀行理專

　　□汽車銷售員　□其它_____

(8) 您對從事保險業務的看法：

　　□用人情，拉保險　□很辛苦，要不斷開發市場

　　□走向專業領域　□可以透過努力，實現理想

基本資料

姓名：_____　店名：_____　職稱：_____

地址：_____

□男□女　出生年月日：_____　聯絡電話：_____

行動電話：_____　FB：_____　LINE：_____

　　以上問卷有八題，但其中1、2、3、5、6、7六題會是重點，夥伴在對方填問卷時就要很快地瀏覽一遍，可找出一、兩題當作接下來溝通的話題，再加上所準備好的口袋問題，在賣場中就能透過對話，開始引導增員訴求。其中，第1題勾第一格及第四格較理想，也就是做得短的有彈性，做得久的會倦怠，都是機會點。而2、3題勾不滿意或是尚可者，可以詢問目前生意狀況；在店鋪進行問卷，勾不滿意的門市還不少，這跟房仲的問卷倒不相同，許多門市小姐會直接表達對老闆的不滿，大言不慚地說：「爛透了！薪水這麼少，還要做這麼多事，哪天老娘就消失給你看。」

　　頗有河東獅吼的味道。第5題是觀察重點，如勾「有」，要詢問對方曾找過哪一方面的工作，進一步針對想換工作的話題多了解對方的看法。而第6題及第7題算是連鎖題，我們藉此能知道對方對業務工作進一步的看法，而第7題中，只要對方不勾第一格「一般外務」，其他的選項都OK，代表對方對業務性質的工作並不排斥。

　　但問卷只是一個橋樑，而橋的功能就是能讓兩端進行對話，以下有一篇初訪及一篇複訪的演練資料，透過演練料資夥伴會很清楚我們在店鋪中對話的內容及進行的模式。首先，在初訪的演練資料中，我們會透過安排好的問題(左口袋的問題)詢問對方：

　　(1)在這家店待多久了？

　　雖同問卷的第1題，但我們還是要能記下來當口袋問題，因為在賣場中有些門市不喜歡填問卷，但我們能直接透過口語詢問對方。

　　(2)對目前的工作性質滿意嗎?

　　類似問卷中的2、3題的功能，也是相同的道理，放是在無問卷情況下的口袋問題。

　　(3)有認識保險業的朋友嗎？他們有跟你提過保險事業嗎？

　　(4)妳目前對保險業務的看法？

　　透過這四個問題的對話，就會很輕易地得到不少資料，當然在對方的回應之後，無論是否符合我們的想法，我們都必須予以尊重、肯定。但當對方有無奈的神情出現，我們必須切換問提到右口袋「共同的話題」，緩和賣場中的氣氛。先前上增員課有夥伴問我：「老師，不對耶！你在教房仲增員時強調要先能說對方的語言，為什麼在店鋪增員反倒隻字不提？」我說：「你的問題很好！但店鋪百百種，我們無法對每一種行業都能瞭若指掌。房仲就是單一的行業，工作性質與我們很類似，值得我們去瞭解一番，說說對方的語言，有利溝通。但一般的店鋪是屬被式動的銷售，以來店客或主顧客為主，如我們都要能了解，時間上可能辦不到，也沒必要，而且一般的店鋪我們可一來再來，增員複訪時可先在店內再拉出來談，在店內能多見一、兩次面的機會，形象定位與熟識度一樣能增溫。所以說，店鋪增員的互動模式跟房仲只進去一次又不太相同。」

　　但夥伴也必須注意，門市的工作性質與房仲畢竟不同，房仲業是高度主動性的工作，所以我們不判斷對方對業務工作的勝任狀態，但門市不同，她們如同前面所提是被動式的銷售，一面之緣下，對方的業務性如何，我們無從可知，所以在對談中，如發覺對方的言談對保險業有強烈負面的情緒，加上人格特質上離我們的期待有落差，不要耽誤時間走為上策。此外，一般店面增員有幾點原則要注意：

(1)只針對門市先生、小姐，不增員年紀過大的老闆、老闆娘。

(2)門市人員只有1～2位的店

(3)門市人員年齡約20～40之間

(4)流動率高的店種是主力，譬如：披薩店、飲料專賣店、騎樓下的外攤、餐廳的服務員、學校附近商家的工讀生或夜間部學生等

陌生增員 — 演練資料1：

(店鋪初訪)

葛：小姐，我姓葛，在○○人壽服務。不好意思，在上班時間來拜訪妳！不過，今天的拜訪與我的業務無關，還沒請教小姐貴姓？

門：我姓李，我們公司規定不能接受業務員的拜訪！

葛：李小姐妳放心！今天來並非推銷保險，而且我們公司也規定在商家「市調」一定要在三分鐘180秒內完成，就怕影響妳們的生意，所以我這裡有一份問卷資料，只要一分鐘就可完成。

門：這又是什麼問卷，每次業務員來拜訪都是填問卷，都快煩死人了！

葛：問卷是市調的一部份，公司只是想了解目前一般店家人力資源的現況，提供我們「菁英計劃」招募作業的參考！

門：那你們應該去其他業務員多的公司，像房仲、理專去問才對！

葛：門市工作也是業務的一環，當然我們也有其他組在不同的業務領域拜訪，加總統計後，我們的資訊才會更精準！這是問卷資料，一分鐘就可完成了！

（拿出問卷）

門：好吧！（填問卷）

葛：李小姐，妳看起來很年輕，這裡是妳出社會的第一份工作嗎？

門：是第二份工作了！來不到三個月，都還在適應當中！

葛：雖然工作的時間短，但看得出妳的條件不錯，且給人的感覺很Nice！待遇應該還不錯？

門：加上獎金後還可以，但目前淡季生意難做，前兩個月的獎金都還拿不到。

葛：來日方長，相信一定漸入佳境。順道請教一下，妳的朋友中有在保險業的嗎？

門：有啊！我的保險就是跟他買的。

葛：妳的朋友有提過保險業的現況嗎？

門：沒有耶！

葛：保險屬業務的工作，妳自己對業務工作有甚麼看法？

門： 好像有點恐怖！我同班有一個同學，畢業後就進保險公司
了，但聽說他半年前不做了，好像很多人都是這樣子？

葛：其實，只要是業務的工作，有些人會失敗，但也有許多人會
大放異彩。在我們單位，就已經有八年級生要升經理職了！

門：真的？

葛：絕不虛言。因為大部分的人都在保險門外，看到的是進進出
出；但如能進一步去了解保險業務，就能慢慢去體會廟堂之
美。現在的保險業已經不同以往，這幾年許多年輕夥伴陸續
投入。以我們通訊處而言，英雄來自四面八方，真可說是人
才濟濟，熱鬧滾滾，大夥同心協力，打造優質的團隊，也打
拼個人的夢想！妳看，一下子三分鐘就過去了，妳的問卷統
計好後，我再會送過來給妳。妳通常都是下午當班？

門：下午我應該都在。

葛：下週一中午我要送保單給客戶，剛好在前一條街，約會一結
束我會過來！

門：好啊！

葛：我就先告辭了，拜拜！

門：拜拜！

　　通常進行店鋪增員時，判定對方已成為我們的「準增員對
象」，我們可再到他店中進行一、兩次複訪，主要是能多培養關
係，也透過溝通了解對方的工作態度。所以在店內的複訪結束
後，就開始進行類似房仲增員的拔河作業，所謂「四現場五階
段」的作業，以下是一篇店內複訪的演練資料，夥伴可參考之：

陌生增員 — 演練資料2：
(店頭複訪)

葛：李小姐妳好！○○人壽葛京寧，上周有來拜訪妳做問卷；
雖然是第一次見面，但聊得蠻愉快的，不過還是說聲抱歉，

一定有影響到你的工作！這是妳上回填的問卷，特別帶來給
　　妳。

李：謝謝啦！你們還這麼慎重。其實我們的工作性質應該和你們
　　很類似，都是業績掛帥，能接成交是最重要的。不過你拜訪
　　的精神卻是我個人要學習的！

葛：你過獎了！大家都要養家活口，盡一份責任而已；不過李小
　　姐你知道嗎？除了責任外，還有一個原因驅使我願意馬不停
　　蹄的跑下去！

李：跑得多，當然賺得也多！

葛：李小姐你回答得相當好，也很務實。的確，在業務領域裏，
　　努力付出應該和收入成正比的！然而在現實的環境裏，許多
　　產業的人才卻看不到努力後的結果。譬如說，經營不善的企
　　業或公司行號。加上環境不景氣，就算個人肯努力也不一定
　　有等值的回饋。之所以如此，主要是我們無法改變身處的客
　　觀環境，也因此左右了我們的口袋深淺。而保險業不同，無
　　論每年總保費的收入，新契約的成長，消費者的觀念的改
　　變，都在帶動成長空間，近20年來保險業每年都以10%左右
　　的成長率不斷創造新空間，為從業人員帶來更可觀的收益，
　　也創造了許多成功的典範及家喻戶曉的傳奇人物。我願意多
　　勤快的跑，原因無他，只是想趁勢多享受市場空間所帶來的
　　好處。

李：你說的雖然不錯！上回你來後，我有問過幾位朋友，他們對
　　保險業的感覺就沒有像你說的這麼好！

葛：雖然我不認識他們，但他們的想法我能體會。業務成績總是
　　有些人高有些人低，其實只是努力程度不同，但好像沒有任
　　何人是很努力後沒有結果的，這就是我所提的市場空間大，
　　而努力成果也就放大了。李小姐你知道嗎？跟妳聊天非常愉
　　快，而對你的感覺都在告訴我，你絕對是一位優秀的業務人
　　才。辦公室下月初有爬山的活動，歡迎妳跟我們一塊流流汗
　　健健身！

李：我看你是希望我跟你去做保險？

葛：我們單位每兩個月就會辦一次戶外活動，讓我們業務員能舒展筋骨釋放壓力，每一次活動都有許多新朋友參加，妳來就會知道了！

李：太快了吧！何況我不一定有假。

葛：沒關係，可以排排看！運動是一定要的，學生時代每星期也有兩小時體育課，我們都是業務員，體能可是我們的本錢，何況欣賞風景也是有益的身心運動！

李：好吧！我排休看看！

葛：那我先跟活動組報名，萬一不行，妳電話跟我講一聲即可！對了，前面有一家Coffee Shop不錯，今早通訊處發的業績獎金，我請你吃早午餐，一樣下星期一AM9：30在店門口見？

李：九點半早了一點，十點好了。

葛：OK！那我先告辭了，拜拜！

李：拜拜！

這篇複訪有一個重要的訴求，就是我們能邀請對方參加我們的軟性活動，要如此快提出要求有其原因：增員房仲時，80%是男性；而店鋪中的門市，80%是女性。一般而言，軟性活動對女性的吸引力較大，如能早些時間提出，各階段的增員作業就能縮減許多時間。此外，軟性活動不只是在房仲增員可用，在店鋪增員亦很好用，而下一章所提的校園徵才會更好用，所以軟性活動是我們增員的重要武器，一定要善加利用之。

實際作業上，無論是房仲還是一店鋪增員，過程中都會碰到對方的反對理由，我們可參考先前所提的十個最常見的反對問題，予以回應。

第四章
「校園徵才」執行作業

　　「校園徵才」目前已成為許多保險公司投入人力最多的增員通路，而且許多保險公司開始與學校保險相關的系、所建立建教合作的關係，而保險、財經相關科系的學生，如今進入保險業投入業務工作的夥伴也愈來愈多，許多同學已能體認業務的重要性，捨內勤就外勤比比皆是。但並非只有保險及財經相關科系能經營保險業，許多科系一樣有許多業務的人才，本篇就是幫助夥伴能在校徵的市場中打出自己的一條路來。

　　我們主要是針對畢業班的同學，所以整個校徵的作業應是在暑假過後就要開始進行，如到下學期才整裝出發，一方面畢業班的學生課程分散，不容易聚在一起，且5、6月同學到校的時間也不多。此外，其他保險公司早在上學期開始佈樁了，所以每年10月到隔年3月是最理想的時機。

　　夥伴要注意，我所提的校徵，並非只是打電話到學校訂一個攤位，然後在「校園博覽會」時，透過問卷去接觸學生，進而聯絡面談。以上的方法許多業務單位行之多年，但整個來說效果有限，原因在於收回來的問卷，許多並非是畢業班學生所填，且校博參加的學生什麼科系都有，如果有一部份是理、工的學生，他們要一下子進來做的意願並不高。所以常會有一種感覺，累了一整天，卻像做白工，何況目前已經有許多學校已經不辦校博會，因為大拜拜一場，對學生幫助也不大，校方卻大費周章。

　　但我們如能針對畢業班的同學，直接到班上進行OPP，無論是兩堂課還是三堂課，相信如此才能直搗核心，很快找到目標對象。然而，要能畢業班幾十位或上百位同學進行徵才，並非我們

一、兩個人就能完成，所以它是一個Team的作業，但如何能組織這個Team？又如何能有效到學校進行OPP？進而如期找到同學進入我們的職場？

我們必須有一套企劃作業，以下是可行的企劃案的範本，夥伴可多加利用。

校園徵才企劃案

一、案由

提昇人力，強化組織體質，重質不重量的增員策略已是目前面對壽險事業長治久安的最佳選擇。而目前大學畢業生投入保險業務者所在多有，且年年人數不斷增加，學生之學習度亦高，如配合公司的「菁英專案」，進入職場後能有計劃的訓練栽培，相信在校園徵才的領域，應會造就不少績優的保險人才。

二、對象

大台北地區公私立大專院校畢業班及進修部3、4年級夜校生

三、名稱

「就業市場情報分享巡迴小組」

四、方式

透過集體增員，組織一團隊(6～10人)，以校園OPP為媒介，接觸畢業班學生，進而成為準增員對象。

五、說明會之舉辦

透過系學會、院所、學生社團等管道與之接觸，提供「執行辦法」促成 OPP 之舉辦。

六、實施時間（範例）

（1）說明時間105.09.01

（2）招募時間105.09.01～105.09.15

（3）行前會議105.09.15～105.10.01期間招開三次行前會議。

（4）作業期間105.10.01～106.03.30校園OPP開發，計6個月的運作。

（5）開場時間105.10.15首發第一場

七、學校

大台北地區公私立大學，商、文、法、語言、管理、傳播、社會學院為主，約有40所學校共計約450個科系。

八、團員配合事項

（1）OPP、軟性活動、銜接課程及檢討會出勤率合計80%以上（4週統計一次）。

（2）每一團員皆須擔任銜接訓練課程講師，如有要事，應於事前通知主辦之功能小組。

（3）每一團員亦為功能小組成員，擔任分擔之工作。

（4）如有新進夥伴，組員皆能發揮輔導之義務。

（5）對檢討會議決之事項，除另有規定外，需全力配合。

九、功能分組

（1）總幹事

　A.指揮各功能小組及開發小組，使其正常運作

　B.講座現場狀況處理

　C.檢討會之召開

（2）器材及場地組

　A.器材準備及運送

　B.場地佈置

　C.現場視聽器材、電腦之準備

（3）總務及採購組

    A.零用金收與管理

    B.贈品、水杯採購

    C.視聽、電腦器材零件之採購

    D.布條製作

    E.購買影印卡

(4)公關及文宣組

    A.介紹手冊製作

    B.佈告欄通知單製作

    C.與總公司之連繫

    D.現場佈置海報

    E.現場問卷之發放

(5)資料及課程組

    A.製作「就業市場情報分享執行辦法」

    B.製作專題內容投影片

    C.期刊、報章、網路、公司之資料剪輯與整理

    E.「電話聯繫」之文字稿及話術訓練

    F.OPP專題講師培訓

    G.銜接訓練課程安排

(6)記錄組

    A.組員出勤狀況統計

    B.「增員２５分週卡」的統計

    C.每一次 OPP 前之問卷排序

    D.問卷資料之整理及分配

    E.每一次 OPP 後之各項記錄資料

    F.檢討會之會議記錄

(7)節目組

    A.製作15分鐘團隊展現節目

    B.軟性活動安排

    C.主持人訓練

十、增員25分週卡

為確實達到增員效果，每週需完成增員25分週卡，於週一檢討會時回報，每四週評比一次。

十一、軟性活動

每3場OPP後安排一次軟性活動，強化與準增員對象之互動。

十二、人力分配辦法

(一)原則

(1) 人力歸屬強調尊重個人最後意願，為優先選擇基楚。

(2) 如發現有私下惡意之增員行為者一律退出團隊。

(3) 對已透過檢討會議決之人力歸屬議案，應予以遵守。

(二)調整

經決議後之人力分配辦法，可每2個月依當時情況調整之，但不追朔既往。

(三)標準

(1)「領導開發組」每人可認養問卷二張。(譬如班上無法分組之OPP)

(2)其餘小組每人可認養問卷一張，若有不足依小組抽籤編號排序之。

(3)OPP會後如有準增員對象主動表明歸屬意向，經處經理及總幹事面談核可後，應予以尊重，適當調整之。

(4)「增員25分週卡」每四週評比一次，前三名(皆需超過100分)可增加下一場次問卷各一張。

(5)如獲得同學錄，領導開發小組擁有全部開發權，但只限該科系同一年級。

(6)增員對象於辦公室OPP會6個月內介紹之其它同學(不論

同班或其它科系)一律以2名爲限,如有重複,經當事人(同學之間)協調之。

十三、現場人員配置

(1) 主持人一名
(2) OPP 講師一名
(3) 協輔人員(兩人一組)3～4組

十四、現場作業流程

時間	內容	主持	備註
PM12:30～12:50	行前教育	總幹事	通訊處訓練室
PM12:50～1:30	集合出發		
PM1:30～2:00	現場佈置	場地組	
PM2:00～2:10	填寫問卷	公關組	學校
PM2:10～2:30	影片欣賞	主持人	學校
PM2:30～3:15	專題報告	講師	學校
PM3:15～3:30	團隊展現	節目組	學校
PM3:30～4:00	協輔組員與學生小組研討	主持人	學校
週一AM11:00～12:00	檢討會	總幹事	通訊處訓練室

十五、費用

(1)開辦費用每人1,000元,於第一次籌備會繳齊,如有退出者概不退還

(2)月費每人300元 (12、1、2、3、4月),於每月15日收齊。

(PS): 軟性活動費用自負

十六、預期目標

　　（1）25週開辦45場校園OPP，15場通訊處OPP，通訊處OPP平均與會學生20名，共計建立300名準增員對象。

　　（2）共計6～10名學生登錄報聘，平均增員成功率為60％～100％。‧

十七、預算編列

項目	內　容	單　價	數　量	金　額
1	開辦費	1,000元	10（人）	10,000元
2	月費（五個月）	300元	10（人）	15,000元
	合計			25,000元
1	宣傳海報	30元	60場	1,800元
2	宣傳小手冊	4元	2,000本	8,000元
3	墨水匣	300元	4瓶罐	1,200元
4	《新世紀願景》	25元	300本	7,500元
5	布條	1,200元	1條	1,200元
6	礦泉杯水	2.4元	500杯	1,200元
7	影印卡	1000元	1張	1,000元
8	交通補助及雜項開銷			4,300元
	合計			25,000元

　　完成企劃案的內容，接下來就是執行的階段，有幾個部分是重點，需要特別說明：

（一）名稱

　　成立「就業市場情報分享巡迴小組」，這個名稱是當時處經理幫我們命的名，簡稱「IFPF小組」，主要是透過就業市場的名義，與校方接洽。當然團名如何？夥伴們可自行商定，但不要完全針對自己公司徵才做訴求，有些學校或科系並不一定能接受，如果單指就業市場的說明，對方的意願就會高許多，當然我

們可以在專題報告的內容中，植入保險業的現況及公司的理念、形象，這應無可厚非。

(二)電話連絡的文字稿

電話連絡的文字稿

葛：喂！妳好，是企管系辦公室？

助：是的，請問是哪裡找？

葛：我姓葛，在○○人壽服務，請問行政助教在嗎？

助：我就是，請問有甚麼事嗎？

葛：還沒請教助教貴姓？

助：我姓李！

葛：李助教妳好，不好意思在上班的時間打攪妳。是這樣子的，針對系上畢業班的同學，我們單位目前有一專案活動，是一「就業市場情報分享」的講座，此講座主要是希望畢業班的同學能在還沒畢業前就能清楚目前社會的求職現況，好幫助自己提早做就業的規劃。我們已經在其他學校辦過好幾場次，同學們的意見調查表反應都還不錯，如果可以，我後天早上11:00可到系辦，有一份「執行辦法」可請助教先過目？

助：你提的方案我們系上之前沒辦過，我可能也無法做決定，應是主任才能做決定。

葛：沒問題，「執行辦法」李助教可先了解。此外，也會多準備一份「執行辦法」煩您轉交給系主任。

助：你說是後天早上11:00，但我可能在會議中，你能下午二點再過來嗎？

葛：沒問題，謝謝助教！那我們後天下午見，拜拜！

助：拜拜！

(三)「就業市場情報分享執行辦法」

製作「就業市場情報分享執行辦法」，學校單位不論公立或

是私立，都很講究程序，而案子是否成行，一定要有白紙黑字的執行辦法給學校，如此在溝通時才能言之有物，也方便系、所的行政作業，以下一篇範本可參考之：

大專院校「就業市場情報分享」
～ 執行辦法 ～

一、主旨：

　　期能讓大學畢業班同學在畢業前對就業市場能有充分的了解，特安排此一巡迴活動，希望藉由活動的內容能讓準社會新鮮人在面對未來的事業規劃能有一個好的起點，特擬此一辦法。

二、對象：畢業班學生

三、內容：

(1)活動內容包括影片欣、專題報告、團隊展現及Q&A時間。

(2)專題報告時間為45分鐘，特聘公司顧問為同學提供就業市場情報分享。

(3)凡參與活動之同學皆可獲得一本小手冊。

(4)分組討論時間同學可針對問題與組員面對面溝通討論。

四、活動流程：

時間 (暫定)	內　容	主　持
PM2:00～PM2:20	影片欣賞	主持人
PM2:30～PM3:15	專題報告	講師
PM3:15～PM3:30	團隊展現及分享	節目組
PM3:30～PM4:00	組員與學生分組討論	主持人

五、文宣及通告可配合學校作業

六、專題報告大綱

(一)目前就業市場的概況。

(二)如何在不景氣的環境下，掌握市場脈動，了解就業趨勢，

清楚定位自己。

(三)擬訂最佳策略，贏在起跑點。

七、活動地點：依原上課教室即可

(四)校園OPP

如一切順利，系、所也已安排好時間，接下來Team就開始進行校園的OPP，OPP的時間如有兩堂課以上是最好，有夥伴會問我：「老師，我覺得這方式不會如此順利，難道學校都願意讓我們開創業說明會嗎？」我說：「其實，在十年前有點困難，那時我帶「IFPF團隊」，透過電話與系、所聯絡，得到的大都是否定的答案，要有機會到系辦跟助教見個面都有點困難，那時在大台北地區校徵大概聯絡20個科系，才會有一個成行。但今天的校園開放多了，許多科系已經願意跟民間企業有建教合作。另外，還有一個原因，目前許多科系很擔心自己的學生畢業就失業，萬一比例太高，就會影響系、所的招生，所以系主任已經像是學生們在學校的父母親，忙著推薦這裡又急著介紹那裏，找各種機會幫學生接洽一些企業，就怕影響系所的招牌。依現今的狀況，要能進行OPP的比例，應會提高一倍，也就是1／10。甚至，今天在許多學校，校方也會主動安排地點及時間供各大企業進行徵才說明，只要我們打個電話或是上網登記一下即可，但缺點是，學生人數及科別無法有效掌握。

(五)辦公室OPP與主管座談

校徵OPP的第二場，會安排在辦公室進行。當我們進行3個科系的OPP後，我們會邀約同學能進一步到辦公室來進行第二場的OPP，3個科系約有150～200名的同學，而能成功約到來辦公室的約10～15%(經統計的數字)，也就是每次有15～25位同學能到場，而這15～25位能到場的同學很關鍵，代表他們已有就業的準備，而且未來接受業務性質工作的機會高，所以算是校徵「準增員對象」，而會場中加上自己的夥伴(推薦人及其主管)參與，就會有30～40人的場子，這就會是一個還不錯的場面，在

這場OPP主講會是處經級以上的主管，而主講的內容就會完全以保險公司及通訊處的訴求為主，再一次透過說明強化同學加入團隊的意願，但整場的重點在於OPP後的各組或各區的座談時間，透過面對面的接觸，彼此能更熟悉，通常這是一個點心或咖啡時間，大夥圍在一起，喝咖啡彼此聊一聊，主持人可將準備好的口袋問題安排在座談會中，推薦人也介紹一下來的同學，同學們也可介紹自己的學校科系，對業務工作的看法…等，而在旁的推薦人要能敲敲邊鼓，讓小組的氣氛能歡樂輕鬆，同學們都能暢所欲言，最後主持人會邀請到場的學生參加單位的軟性活動。

（六）參加軟性活動

為配合學生的參加，軟性活動的時間會儘量安排在假日的室外，或是平日的晚間，軟性活動的內容要比一般活動更活潑一些，遊戲或益智的性質能多一些，畢竟他們還很年輕，總是希望活動能生動、好玩、有趣、盡興，所以團康的安排就很重要，但要多一些構思，效果就會不同。此外，針對新人，進行以下的活動及訓練應注意的地方：

（1）公司參觀

帶同學可先參觀公司的「訓練中心」，畢竟同學剛出社會，很在乎訊練的機制，而「訓練中心」必是他們想去了解的地方。

（2）新人訓練

最後才是安排同學接受公司制式的課程。直轄主管一定要在新人訓練期間，去「訓練中心」看看對方，同時也要瞭解同學的學習狀況。因為對方學習上的態度，我們就能知道新人對保險業務接受及適應的程度。

如果可以，當同學對保險已經有一程度上的認知，我們可開始訴求列一些名單出來，透過陪同作業，開始且戰且走，希望就在訓練期間有Case成交，可在登錄、報聘後再報帳，為何要如此安排？實因學生的穩定性不夠，擔心學到一半就走人了，而能讓對方安心上課的方法，就是有Case成交，看到將有收入，就

不致臨陣脫逃了！

二、成立「就業市場情報巡迴小組」

(一)小組成員6～10人最為理想

人太少，但處理的事務太多，夥伴的工作負荷會太大；如人數太多，分配的同學問卷又會太少，且太多人的加入，投入的人力成本太高，所以6～10人最為恰當。如單位夥伴人數眾多，可成立第二軍，學校可擴及桃園市及基隆市的學校。

(二)男女人數要能平均

性別能越平衡愈好，雖然保險業女性占六成強，但面對學生，希望他們所見的畫面能陰陽調和。我上過一堂陌增的課，但來上課的是清一色10朵花，連綠葉一片都沒有，校徵變成娘子軍出征，但活動中交通工具、上課器材及贈品準備都會是問題，如能有兩、三位男夥伴絕對增力不少。

(三)小組平均年紀在30歲左右

我強調是平均30歲即可，畢竟學生的年紀只有22、23歲，如果Team的平均年紀大太多，則因年紀所造成的距離感就會出現，而透過團隊的吸引的效果就會大打折扣，又有一回我講陌增課程，台下一眼望下去全是40～60歲的主管參加，其中只一位是男性，且她們都穿半旗袍式的灰色制服，各位夥伴想想，這樣的一個Team在校園徵才，畫面是否不太協調！所以Team中一定要有年紀輕的夥伴參與，若有學校才畢業沒多久的夥伴是最理想。

(四)開發小組的作業

所謂「開發小組」，就是要與學校系所進行約訪的小組夥伴，也就是說，要攜「執行辦法」至系辦與助教說明來意，且希望能與系主任或院長見面。所以採小組作業，通常安排2人一組，此2人是開發小組亦是協輔小組，當進行學校開發作業時，夥伴打電話時只要按準備好的「文字稿」中的資料應話即可。

如有系所允諾OPP，則開發小組在開場當天變成「領導開發小組」，現場的接洽協調皆由其處理之，而「領導開發小組」在當天問卷數上是有優先權及增加數量的安排，此一部分在企劃書中已有說明。

（五）如何選擇學校

學校以商學院較佳，管理學院次之，傳播學院、文學院、語言學院、社會學院皆可，但先不要進行理、工學院的增員，畢竟彼此的領域差太多。而選擇的學校儘量以二線後的學校為主，一線的學校畢業後的變化很大，深造留學的很多，無論是國內還是國外、兩、三年跑不掉，我們有時間可以等嗎？何況學生家中的意見會不少。此外，選擇的學校最好能在辦公室所在地的行政區，如在大台北地區，就不要大老遠跑到新竹的學校去增員；當然在南部的夥伴，更不需要辛苦北上找人。有夥伴問：「老師，學校就那幾所，有這麼多學校可選嗎？」我說：「學校可能就那幾所，但可增員的科系卻有好幾百個，我曾統計過，大台北有40幾所可以增員的大學或學院，每所學校平均有10個科系可供增員，那就至少有450個科系約15,000學生可接觸，以1/10的成功率，就會有45個系可進行OPP，而集合3個科系辦一場通訊處的OPP，就會有15場的OPP，如每次來20位學生，那就有300位同學成為準增員對象，按「LIMRA」1/48（學生的比例應在1/30～1/48之間）的增員成功率，光校增就會有6～10位夥伴加入團隊，如果我們的Team是10人，則增員成功率是60%～100%，這數字應是不錯，且6～10人中其中一半會升級成為主管。

年年都有畢業班，校園徵才每年都能循環一次，何況在校園中還有另一個市場，就是進修部(夜間部)的學生，而他們OPP可不拘限在畢業班，二、三年級都可進行，且進修班的科系大都是以商業及管理為主，對象很能符合我們的要求。

（六）小組成員的母校可先進行，

　　小組中年輕的夥伴，離開學校不久，因與學弟妹還有一定的熟悉度，甚至助教就是自己的同學或是學弟妹，允諾的程度應會高些。

三、現場作業流程

　　以下是一張表格，是在校園進行OPP的流程，這張表在企劃案中也出現過，但有幾個重點需要細部說明：

現場作業流程

時間	內容	主持	備註
PM12:30～12:50	行前教育	總幹事	通訊處教育訓練室
PM12:50～1:30	集合出發		
PM1:30～2:00	現場佈置	場地組	
PM2:00～2:10	填寫問卷	公關組	學校
PM2:10～2:30	影片欣賞	主持人	學校
PM2:30～3:15	專題報告	講師	學校
PM3:15～3:30	團隊展現	節目組	學校
PM3:30～4:00	協輔組員與學生小組研討	主持人	學校
週一AM11:00～12:30	檢討會	總幹事	通訊處教育訓練室

　　（一）首先是「行前教育」，主要是總幹事針對出發前，各功能小組應有的籌備事項，再一次的核對，期能讓活動的流程更完整。

　　（二）第四項「填寫問卷」，我們有必要能留下學生的基本資料，而問卷是最好的方式。而我們問卷發下去後，就讓同學開始填寫，但我們並不馬上收回來，問卷會在最後協輔小組作業時

間再收回。

（三）第五項「影片欣賞」，畢竟同學們都很年輕，如果整個活動一開始就是一場演講，學生會覺得平淡一些，如能先來一段激勵的影片，雖然只有15～20分鐘，確有熱場的效果，同學的心也會跟著沸騰起來。此外，也利用這個時間等等遲到的同學。

（四）第六項「專題報告」有45分鐘的時間，我們準備30張投影片，介紹就業市場的現況，雖然這個專題，我們花了許多時間製作，顧問在台前講得口沫橫飛，而台下卻是悄然無聲，仰天長嘯低頭沉思所在多有，還好這個時間非重要的時段，這是OPP中的必要之惡，但又不可缺、不可少，如果少了這橋段，校方就會有意見，所以就算歹戲也要上場。

（五）但下來接是「團隊展現」，短短10～15分鐘，卻是整場OPP的高潮戲，我們會挑選兩位年輕的夥伴，一男一女搭配，在台前來段「對口相聲」，一位逗人，一位捧人，說、學、逗、唱樣樣都行，此時台下的學生們的神智清楚了，精神也來了！而兩人對話的內容卻能技巧性地加入公司、通訊處及自己在保險奮鬥的心路歷程，透過幽默風趣的方式表達出來，台下的學生聽得津津有味，場子一下子就熱鬧起來。最後主持人會透過摸彩活動再拉暴現場的氣氛。

（六）最後進行最重要的「協輔組員與學生小組研討」，也就是Q&A的時間，在後方的協輔小組就要出場了，此時4小組會將在場的學生分成4組，如有40個同學，就10人一組帶開，利用教室內椅子排列，盡量能讓10位同學能聚成一圈，形成4個12人的小組，當下協輔人員在Q&A完之後，會進行兩個活動：

（A）請同學們拿出先前發的問卷，問同學們抬頭上的那兩句話：「籠雞有食湯鍋近，野鶴無糧天地寬。」是甚麼意思？學生大都回答不出來，而協輔人員要利用此一時間解釋這兩句話的意思。其實這兩句話很有意味，主要是告訴夥伴們，社會上許多的工作，看似穩定，也不用東走西跑，每個月都有固定的收入。但風吹草動一來，馬上風雲變色，原來的金飯碗、銅飯碗，都會變

成破飯碗，就像菜市場中的籠雞，每天都有飼料吃，但目的就是殺來吃；但野鶴不同，雖然不知道下一頓飯在哪裡？但我們在溪邊、河邊、湖邊絕對看不到任何一隻野鶴的屍體，只要牠們鼓動一下翅膀，就能翱翔天際之間，鳥瞰山川美景，展現最美妙的身影。而我們業務員就是跟野鶴一般，我們也絕對不知道我們的下一個Case在哪裡？但只要我們透過行動，抬起雙腳大步向前，一樣能橫掃街頭，立足大道上，展現業務員最豪邁奔放的身影。

　　要知道，同學在填問卷第三題時，最多勾選的就是一般行政或是軍、公、教，之所以如此，其中有自己的想法，也有親人、同學的意見，但如能透過此一機會，強調業務的重要性及未來性，接下來邀請同學參加第二場在辦公室辦的OPP機會就會高許多。

　　(B)最後將問卷要收回，協輔人員要注意基本資料欄是否完整？

籠雞有食湯鍋近　野鶴無糧天地寬

(1)您對未來的生涯有何打算？

　　□工作　□創業　□深造　□其它_____

(2)如果是選擇就業，您可否考慮到那一種行業？

　　□服務業　□傳統製造業　□高科技業　□軍、公、教

　　□其它_____

(3)那一種工作性質是您目前想嘗試的？

　　□行政　□研發　□外勤業務　□自己當老闆　□其它_____

(4)經過努力奮鬥後，您希望一年年薪有多少？

　　□50萬　□100萬　□150萬　□200萬　□其它_____

(5)您希望工作到幾歲？

　　□40歲　□45歲　□50歲　□55歲　□60歲

(6)您希望一年能出國旅遊幾次？

　　□一次　□二次　□三次　□四次

(7)如果有一份事業，能夠經由您的努力，在未來可擁有多張專業證
　　照，成為全方位的知識工作者，您願不願意聽聽看？

　　□願意　□不願意

(8)如果有一份事業，能夠延續在校的教育機能，提供完整的訓練課
　　程，提昇人力資源，您願不願意聽聽看？

　　□願意　□不願意

(9)如果有一份事業，不需要拿出資金創業且能成就理想，享受未來
　　更好生活品質，您願不願意聽聽看？

　　□願意　□不願意

(10)　你知道問卷上頭兩句話的意思嗎？

　　□知道　□不知道

基本資料

姓名：_____　科系：_____　年級：_____

□男□女　出生年月日：_____

行動電話：_____　FB：_____　LINE：_____

聯絡地址：_____

以上所介紹的三個陌生增員通路，無非是希望能運用更多元的通路，帶給夥伴們更多的準增員對象。我們如能安排半年的房仲或是一般店鋪增員，在加上半年校學徵才的作業，交叉的運用，一年下來，要有全職的新人來共創事業應不是難事，我曾聽一位處經理提過；「自己一個做業務每天頂多24小時，但如有10個夥伴加入，每天做業務的時間就擴大為240小時。」而增員作業最大的好處，也在這句話中昭然若揭。

我們就是主動的「伯樂」，尋找坐困愁城的千里馬，而大街小巷的千里馬卻常常深居淺出暗兵不動，要靠我們一步一腳印的發掘，一家一份情的結緣，只待時機成熟，萬馬奔騰不已，千軍蜂擁而至，組織波瀾壯闊，保險版圖堅如磐石。市場總是給有企圖心的人，增員不難，因為市場就在那裏！無論商家、房仲、理專還是其他行業的業務員，只要我們持之以恆尋尋覓覓，千里汗血寶馬就在不遠處。

真是業務有時盡，增員無絕期！

第三篇

銷售技巧再進化

第一章
行前作業的必備資訊【K】

(1)接觸時的20個問題處理

1.「上班時間,公司規定不接受業務員的拜訪!」

　　(A)抱歉!影響妳做生意了。公司也規定我們進門拜訪要先看一下,要沒有客人才能進門;還規定我們,在賣場內只有三分鐘,180秒一定要離開。

　　(B)不好意思!我們的工作很主動,很難待在辦公室,常要出來走跳走跳,今天就見個面就個緣了!

　　(C)我知道已經影響妳們做生意!既然公司有規定,我就利用三分鐘的時間長話短說,這裡有一張公司的DM請您過目,它是一項非常不錯的投資,只要我們……

2.「昨天才有業務員來,今天你們又來!」

　　(A)我們保險業務員的辦公室其實是在外頭,難免大街小巷川流不息。不過,我們雖然常來打擾,也會有一定的業務訴求,但我們絕不強人所難,也不會趕鴨子硬上架,這部份你大可放心!

　　(B)昨天來的業務員不要理他,理我就可以了。因為我在辦公室有一個外號叫:「招財貓」,只要我拜訪過的店,人潮就會開始多起來,當天生意真的會不錯!

3.「公司有監視器,這會影響我工作!」

　　(A)如果有影響工作,並非你的因素,所以錯不在你。萬一公司有打電話來,我立馬會逃離現場。

　　(B)舉頭三尺有神明,你們店是舉頭三尺有監視器!顯然你

們是一家有制度的公司，公司會隨時了解賣場情況，萬一有意外的狀況發生，能在最短的時間內處理，保障消費者的安全。　我樣子看起來應該算蠻安全的，一下下就會離開了！

4.「謝謝！謝謝！謝謝！」

　　(A)其實要謝的是我，謝謝你沒趕我走！前面有家店，只跟我講：「謝謝光臨！謝謝光臨！」多兩個字，感覺完全不一樣，他後來真的打開大門請我出去。你的感覺溫暖多了！

　　(B)真的不敢當！我感覺這裡應是常有業務員來拜訪，今天加上我這位不速之客，讓你困擾了，那請問都是哪幾家的業務員來拜訪？

5.「我店內的客戶做保險的很多！」

　　(A)其實我們保險業務員也是消費者，而且我們辦公室許多業務員的消費能力都很嚇人，我自己有許多商家的客戶，我都會介紹同事到我客戶那兒逛逛。見面就是緣份，沒問題的！有機會我一定會介紹同事到你的店走走。

　　(B)我一眼就知道，你的業績一定很好！我想不僅是保險同業會跟你往來，要走進門的消費者也都會是你的客戶，有機會我一定帶我太太來看看。不過今天來只是提供一份儲蓄的方案，如果你下個月獎金不錯，倒是可以把其中一小部份存下來！

6.「我已有保單服務的人員，而且服務很好。」

　　(A)恭喜你！這很難得。我在掃街時，許多商家會跟我說他的保　　單許久沒人服務了，雖然不是我們公司的保戶，我都很樂意接手，畢竟保單服務很重要，如你有保單需要服務的時候，但一時找不到業務員，我就是很好的備胎。

　　(B)保單的服務有兩個對象，一個是針對保險公司，另一個業　　務員本身。但一般保戶較在乎業務員的狀況，往往忽略保險公司的未來發展，但公司在經營的過程中，萬一有變化，能多一位業務員服務絕對會理想不少。就像生病看醫生，許多人也開始

會採取不同醫院交叉治療或不同診別雙重看診的機制。

7.「你不要再跟我講保險了，已經買太多了，沒錢買了！」

(A)如果保費造成生活上的負擔，其實不是我所樂見！但這幾年我大都以銷售儲蓄的商品為主，許多客戶只要預算可行，倒是會掌握時機幫自己增加一個小帳戶，提早準備未來退休後的生活，韓信多兵多多益善，保費多當然未來的財富也跟著水漲船高。

(B)你早些年買的保單其實都已經絕跡了，那些都高利率的商品，報酬及保障都很好。但任何一張保單都有繳費期限，如近期有要繳完的，就可安排銜接人生不同階段的商品，譬如說「長期照顧險」，這是趨勢商品，也是高齡化社會必備的保單，我這裡有一張DM你可參考一下⋯⋯

(C)相信你賺錢的能力絕對愈來愈強，未來相同金額的投資應該不會是太大負擔才對，何況以目前流行的儲蓄險而言，可選擇不同的預算，實際上一點也不辛苦。

(D)您雖然買了許多保險，每年也繳了許多保費，但是否真的適合自己及家人未來的規劃，有需要進一步了解保單的內容，而今天來拜訪的目的就是提供保戶保單健診的服務。

8.「這個月我才買了保險，我不需要了！」

(A)那叫相見恨晚，但也可以為時不晚，我有幾位客戶保單是照春、夏、秋、冬四季買，但都是小小單，有的存小錢，有的買意外險，有時又買機車強制險，我覺得都很好。我個人已是全方位的保險經紀人，銷售的平台不在只是保險，像一般商店的「商業火險」及「公共意外險」我也賣得很好。

(B)保險商品金融化了！現在許多人已經習慣把買保險當在銀行做定存，只要有多餘的錢就會往保險公司存，如果你覺得我們的儲蓄險也不錯，買到就存到，多存一張，人生就多些美麗富足！

9.「我的親朋好友在做保險！」

（A）其實我的客戶中，有些當初跟我買保單，就是因為我跟他不認識。因為若跟親朋好友買保險，擔心會不勝其擾，而陌生人就不會有這個問題，尤其是在規劃投資或儲蓄類型的商品。

（B）那太好了！保單跟親戚、朋友買，服務一定沒話講，那叫第一好。但我們可叫第二好，好上加好，飛機要雙引擎也比較安全。理財投資我們知道「雞蛋不要放在同一個籃子」；同理，保險服務人員也要有備胎，以應不時之需。

10. 「我在保險公司也有登錄，真巧！」

（A）碰到同業是出來拜訪最高興的一件事了，因為對方很能體諒我們的工作性質，彼此相談甚歡。我有幾位客戶目前也登錄在保險公司，但只是兼職的經營保險業，後來覺得我們商品不錯，也希望能換換口味。就像你目前在這賣服飾，但你穿的衣服不一定是自己店內賣的，只要穿起來能讓人賞心悅目，哪一家就不重要了！

（B）如果時間可以，我們倒是可以多聊一聊，我過去帶過一些兼職的夥伴，後來成功轉型成全職的保險業務員，而他們現在的成績都不錯。對了，我這有一張賣得不錯的儲蓄險DM，工作之餘你可先了解一下我們公司的商品，你看這裡……

11. 「我把你的名片留下來給同事，他們可能有需要！」

（A）我的名片，你要自己保存或交給同事都可以。但我這還有一張DM可要自己留下來了解一下，因為它是一份能幫自己存小錢養大錢的儲蓄專案，公司賣得很好，是我們第一名的暢銷品，你看這裡……

（B）聽你這樣說，顯然你已經買一些保險，而且我相信你的保險業務員一定服務不錯。其實我的名片你可專放在賣場內，因為這地區的服務由我負責，如果在賣場中需要即刻的服務，我會在第一時間趕到賣場。

12. 「先生，我們有約嗎？」

(A)抱歉！我們沒有約，但鐵定有緣。人生何處不相逢，相逢自
　是有緣，今天就是來結緣的。

(B)沒有耶！我們的工作常要主動出擊，也就是說，我們都是主
　動與商家約會，雖然你的感覺會不同，但誠意十足！

13.「你等我一下，我打電話給老闆，這是老闆交代的！」

　　(A)那這樣子，拜訪已經影響你的工作，不能再浪費你們的
電話費，公司也規定我們在店內只有三分鐘180秒就要離開。其
實我今天來拜訪有三不政策：「不投資，不理財，不保障。」只
是單純的提供存錢的訊息，我留下一張DM馬上就會離開，你看這
張DM……

　　(B)那太好了，謝謝你幫忙！我正想找老闆談談我們這家店
的產物險，包括「商業火險」及「公共意外責任險」，這部分我
很熟悉，也許老闆會有興趣。如果老闆電話不急著打也沒關係，
你個人如果想存點錢當私房錢，我們的專案也嚇嚇叫。

14.「先生，我們的商品目前正特價，你也可以參考一下！」

　　(A)有DM或是型錄嗎？我拿一份帶回去，你們的商品一眼看
過去就知道是好貨，改天我一定帶我太太來精挑細選一番。其實
我們公司目前主推商品，也都賣得不錯，也算是我們公司的好
貨。但你做生意也知道，好貨一定常常缺貨，這兩天聽說經濟面
不好，央行考慮下半年度又要降息0.5碼，屆時銀行利率可能只
剩1%多，而我們現在還有2.25%的報酬，但是我們的好貨也可能
會缺貨！

　　(B)真不巧，你們的商品我最近才買，是在我客戶的店買
的，但我發覺你們的款式比較多，價格也公道，下一回一定先到
你的店來看看。

15.「拜託好不好，你沒看我在忙嗎！」

　　(A)有影響工作真的抱歉！公司也希望我們在進行商家拜訪
時，能在進門前瞧一瞧，沒有客人才能進來，沒想到你手邊有工

作要忙，看得出你是我今天一路拜訪下來工作最認真的門市了，前面幾家門市沒客人時都在滑手機或是看雜誌，我相信你的業績一定不錯，如果有業績獎金，我們有個私房錢專案比銀行棒多了，順道問一下：「現在工作賺錢有在銀行放定存嗎？」

（B）有句話講：「再忙都要喝杯咖啡！」但抱歉我今天沒帶咖啡來。跟你開個小玩笑，尚請見諒！不過你今天忙中有閒或想忙中偷閒的時候，倒是可以看看這張紙（拿出DM），因為工作忙碌就是希望能多賺一點錢也多存一點錢，這張DM短期就能幫助你增加一個小帳戶。

16.「我的保單也買在你們家。」

　　（A）那太好了，我們出來拜訪最高興碰到保戶，而且保戶對我們的態度最優，每一次在保戶的店裡最愉快不過了，而且最近我也幫許多商家保戶處理他們的保單，發現保單有小小缺口，有幾位後來還跟我買了時下接受度頗高的「殘扶險」，我這剛好有一張DM你可參考！

　　（B）太巧了，前面幾家店有許多都是我們公司的保戶，可見英雄所見略同，我們公司果是質優的保險公司，給客戶最安心的保障。但我發覺有一、兩位商家跟我說，雖然買在同一家公司，卻是跟不同的業務員買的，一位服務「保障」的部分，一位處理「儲蓄養老」的部分，相得益彰，只要公司沒變就好！所以你想存一筆錢，找我一樣沒問題的！

17.「不好意思，我們地區督察馬上要來，你在不方便！」

　　（A）抱歉了！如果待會兒督察來我一定馬上離開，你只要給我一個暗號或手勢即可，絕不影響你的工作！而且我們公司也三令五申告知我們，在外頭拜訪一定要尊重商家，以不影響商家做生意為原則。其實，我也是公司的員工，你的狀況我能體會，我先留一張DM給你參考，晚一點督察離開以後，有空我會再過來。你看這張DM，它可是我公司第一名的商品，每個月我都要賣出好幾張，可因應以後高齡化的社會……

(B)真不好意思！但你放心，我絕不會影響你的工作，因為只要督察一來，我馬上搖身一變成為消費者，我幹業務員多年了，轉換角色我最在行，公司也常有「角色扮演」的課程，所以只要你擠一個眼神我立刻能變身，就像四川變臉一樣快，絕對船過水無痕且輕舟能過萬重山。

18.「保險我不懂，都是我父母親幫我準備好了！」

（A)其實保險不難，尤其我要訴求的商品很容易了解。假設你在銀行有存錢，無論是活儲或是定存，我的商品你一定看得懂！

（B)有父母親準備是最理想的，但父母親準備的可能是配合整個家庭風險的規劃，而我要提的是上班族的儲蓄方案，有點不同！只是單純將自己收入的十分之一存下來，且無須承擔風險，很受上班族的歡迎。

19.「我想不用浪費你我的時間，你去下一家店試試看！」

（A)不好意思！是我浪費你的時間，也影響了你的工作。其實我是公司負責這區的服務人員，每個星期都會來這商圈服務，也認識一些新朋友，我們拜訪可是一步一腳印，一家一份倩，見面結個緣也不錯！

（B)我今天已經拜訪了三個小時，您這裡應是最後一家店了，但今天拜訪的感覺很Nice，大家都對我不錯，還有一家店請我喝了一杯水，說外面天氣太熱了！不多說了，剛好我公事包有最後一張DM，你可了解一下…

20.「我知道你要什麼，前面櫃臺有店卡，你拿回去交差，我們這樣就好！」

（A)謝謝了！我出來拜訪拿店卡不是重點，保險是「人」的事業，認識新朋友才是重點，而我從你的談吐中就知道，你是值得認識的朋友！

（B)業務其實是對自己負責，能讓陌生人接受自己是最高興

的事，我知道你這裡常有其他的業務員來拜訪，當然今天多我一位不速之客，有點唐突，但絕對與眾不同，感覺也不同！

(2)賣場中20個狀況處理

1. 有客人進門

處理(A)：如果與門市談得還不錯，為不妨礙對方做生意，可先離開但不走遠，在「騎樓」下等一下，等客人離開後再進門。

處理(B)：如果門市並沒去招呼客人，我們就繼續跟門市對話。此時千萬不要提及對方去招呼客人。通常有這種狀況發生，對方應是我們A或B級的準客戶。

2. 對方有電話來

處理(A)：如果與門市談得還不錯，因賣場中沒客人，我們可稍等一下，對方結束通話後，就可繼續溝通。

處理(B)：如果是對方的家人朋友打電話來，而且在電話中嘻嘻哈哈無視我們的存在，此時搖搖手出門吧！

處理(C)：經過店外，裡頭商家正在打電話，我們先進行下一家店的拜訪，回頭再拜訪。

3. 對方低頭滑手機

處理(A)：可強調彼此有共同的嗜好，詢問大都使用哪些社群網路或其他功能！

處理(B)：可利用此機會加入對方的LINE，強調可透過線上提供保單的服務。

4. 老闆回來了

處理(A)：馬上去迎接老闆，因為一家店的地頭蛇是老闆，老闆最大，就算先前與門市小姐談得不錯，我們暫時都要放掉。

5. 對方的保險業務員來服務

處理(A)：離開吧！對方彼此的關係如一本書，我們跟對方

的關係如一張紙，而且還是半透明的，當下已經不是我們的主場。

6. 遇到同業也在店內DS

處理(A)：狹路相逢勇者勝，「先聲奪人」是好策略，你可以對業務員說：「人生何處不相逢，相逢自是有緣，有緣千里來相會！大家都在業務線上，一定有許多心得，如果可以，擇日不如撞日，現在就請你喝杯咖啡聊聊天？」只要你如此一說，對方的緊張指數會更高，心想，這回碰到DS老鳥了，當下對方都會找理由馬上拒絕，逃離現場。

7. 門市很年輕，只有17、18歲。

處理(A)：太年輕了，要買一張保單父母親要簽字，牽連到第三人，狀況會很多。不建議在賣場停留太久。

8. 假裝很忙，前後走來走去

處理(A)：顯示出對話時對方的不安情緒，而商品DM會是很好的安定劑，也是很好的測試劑。注意對方看DM時的神情(眼神)，是否能停在DM上專注聽我們說明。

處理(B)：表明工作忙碌是好事，生意一定不錯。且強調一路拜訪下來只有對方是最忙碌的門市小姐，工作的表現級能力一級棒！

9. 對我們的拜訪出言不遜

處理(A)：勿燃起情緒，先放下身段，當下直視對方不發一言，很優雅地拿出DM遞出，最後說一句：「看得出來有影響工作，其實我辦公室有幾十位同事會經常結伴在這商圈消費，我回去告訴她們一聲，謝謝妳了！」

處理(B)：抱以微笑，掉頭就走！

10. 沉默不語

處理(A)：透過「詢問」的方式取得對話，善用共同的話

題。

　　處理（B）：拿出DM直接說明，對方應會有回應。

11. 退還名片

　　處理（A）：強調「名片」是公司印的，自己並不花錢，多一張名片就多一個服務的機會。

　　處理（B）：探詢最近是否有許多業務來拜訪，將對方心中的想法講出來，然後說明業務拜訪的主動性，也強調公司規定只能在店內待三分鐘。

12. 對方滔滔不絕，拉著我們不放！

　　處理（A）：多看手錶，表示還有約會要先告辭！

　　處理（B）：拿出手機滑，表示目前有要事要回訊，必須先離開！

13. 對方批評自己的公司

　　處理（A）：勿與之爭辯，聽聽對方的講法，如有代為服務之處，商機可能隨之出現。

14. 門市有兩位，但一在前，一在後，彼此有些距離。

　　處理（A）：在前後遞名片的同時，可詢問其中一位門市哪一位是該店店長。如有回應，再與店長進行對話。

15. 門市一字排開有5、6位

　　處理（A）：遞名片時，選擇其中較和善的一位對話

　　處理（B）：與先開口的門市先對話

　　處理（C）：可注意上身制服的名牌抬頭

　　處理（D）：可主動詢問哪一位是店長或店經理

　　處理（E）：屬開放空間的賣場，不利訴求，打聲招呼後就可離開了！

16. 賣場中規定要脫鞋

　　處理（A）：只要脫鞋不麻煩，可直接脫鞋進行拜訪。

處理(B)：接觸的過程中針對「脫鞋」一事，要讚許商家維持賣場清新環境的用心。

17. 推門後，賣場中不見人影

處理(A)：我們可高聲（非大聲）喊：「有人在嗎？」通常商家就會從後方休息室出來。

18. 說明來意後，對方遞商品型錄給我們

處理(A)：當下收下不看，但要很快收入公事包內，只說回辦公室會再仔細研究，我們再回到原有的對話步驟，但因對方在反推銷，代表商家的抗拒較強，我們先以右口袋（共同話題）一般聊天的話題因應。

處理(B)：可回應說：「真不巧！最近才在自己客戶的商店購買，但一眼看過去，妳們的貨色較齊全，下回有需要一定會先過來消費。」

19. 商家正在門外騎樓下抽菸或休息

處理(A)：直接在騎樓下進行對話。如彼此談得不錯，可主動要求進店內進一步說明。

處理(B)：如果商家看完名片後直接走進店內，搖頭或搖手並沒有理我們，那代表接受拜訪的意願不高，下一家店就對了！

20. 商家的小小孩正在櫃台內睡覺

處理(A)：小一點聲說話，但彼此能聽清楚為原則，如對話還算順利，我們可要求商家到賣場前方處溝通。

處理(B)：先對小小孩肯定、欣賞、讚美一番，如對方無明顯動作制止我們的拜訪，一切就可照原步驟進行。

(3) 錢賺不夠花，目前沒有這筆預算？

（回應1）就是沒有閒錢，才要妳強迫自己把錢存下來，要不然不是一輩子沒錢！

（回應2）買保險，錢不是問題，就像我們真的喜歡一項商

品，分期付款也都能擁有，而保險就是標準分期付款的賺錢商品。

（回應3）相信您賺錢的能力絕對愈來愈強，我們的保費卻每年不變，都是相等金額的投資，所以應該不會是太大負擔才對。

（回應4）M型社會已經來臨，如果我們不希望未來成為95%的赤貧族，創業與投資是兩大法寶，而創業需要一比龐大的資金做後盾，而小金額投資卻可透過時間產生複利效應，達成創造財富的目的，而預算不過是目前薪資的幾分之一，而非薪水的好幾倍，執行起來應該不難。

（回應5）有債務時，更應幫自己擁有債權（儲蓄保險），辛苦幾年後，「大債務小債權」會便變成「沒債務大債權」，雙管齊下才有雙贏的人生！

（回應6）從以前到現在沒錢沒關係，但從現在到未來，隨著你的工作的經驗及年資的增加，你的收入會愈來愈多；而保險計劃也是從現在開始到未來，所以可以相互配合！

（回應7）富爸爸的定律－先存錢，再花剩下的錢。要變有錢人不難，「強迫儲蓄」而已！

（回應8）你還年輕健康，所以你現在身上就有錢，因為年輕就是本錢，但能將本錢放大且留到退休階段的，只有保險能辦到！

（4）我已經買了許多保險，再也沒能力買保險了！？

（回應1）沒有人會嫌自己在銀行的存摺簿或定存單太少，如果還有餘錢，一定會想再增加一張的。保單本就有有價證券的性質，買的愈多只是証明您的財富及身價愈高。

（回應2）您雖然買了許多保險，每年也繳了許多保費，但是否真的適合自己及家人未來的規劃，有需要進一步了解保單的內容。

（回應3）人太胖需要瘦身，保單太多，保費太高，讓自己負擔太重也不是一件好事，如果明天您能夠把保單資料帶來，我可

以幫您檢視保單那些部份要瘦身，減輕負擔。

（回應4）保費會隨著保單到期而慢慢減少，但保障及還本金卻不斷逐年在增加，過去因利率的下滑，我們慶幸能買在當初最佳的時機。而目前又有好時機，這兩天歐洲央行又降一碼變成0.5%，美國只有1碼，日本已經是負利率，我們保險還有2%多，真的可以認真考慮！

（回應5）我知道你已經買了許多的保障及儲蓄的商品，這都是不錯且必要的規劃，但我今天要提「長期照顧險」卻是政府鼓勵及保險公會幾十年來唯一做廣告要大家買的商品，因應未來環境的變化，你真的可以考慮考慮！

（回應6）過去幾年有些藝人因癌症離開了我們，其中有幾位卻連保險都沒買，頗讓人意外；但早先他們紅極一時的時候，相信能力是不錯的，但忽略了該有的規劃。我們沒有他們日進斗金的能力，更應有保護自身狀況的準備。報載國人的防癌額度都不夠，這方面你可多多留意。

(5)現在保險跟以前比起來貴太多了？

（回應1）跟以前比起來是貴了一些，但跟未來比起來可能會便宜許多。何況現在的保單內容比以前的豐富了，許多地方也更人性化了，而且給付的項目及額度都增加許多。

（回應2）並非全部的商品都漲價，像產險公司出的個人意外險就比以前的意外險便宜許多，大概只有原來價格的六、七成，此外有些附約型的商品也沒漲價，內容都不錯。

（回應3）「千金難買早知道」，現在就是早知道的時候，不要等到十年八年後才怨嘆當初沒有早做決定。

（回應4）保費調漲非單一公司的狀況，而是整體普遍的情形；我想購買保單還是依個人的需求及喜好為重，再加上公司及經紀人完善的服務為後盾，才是我們選購保單的首要條件。

（回應5）「貴」代表一樣的保障繳的費用比較多，表面上看起來是划不來，但因保單有價值提撥，多繳就多提撥，所以無論

是保障還是儲蓄的保單都保有一定高比例的現金價值在。

（回應6）以前保費便宜，但能夠選擇的商品種類少；現在的保險商品真是五花八門，種類多元且人性化，更貼近我們現在及未來生活的變化，如果真的不幸碰到理賠時，更能面面俱到，保險的功能性才更能被張顯出來！

(6)其實保險就只是買保障而已？

（回應1）買保險顧生死，這是保險的基本功能，但已經不是主流　了；應因高齡化的社會，透過保險規劃退休生活才是未來趨勢。

（回應2）保險就不只能規避「生命風險」，亦能規避「生活風險」，而許多的生活的風險都要有錢才能化解。

（回應3）現在以已經是專業領軍的時代，像我們保險業務員除基本「業務員證照」外，政府還要我們考投資型商品、信託、外幣、理財規劃師…等證照，才能擁有行銷此類商品的資格，而這些商品都以投資為主，可見多元化已經是未來的趨勢！

（回應4）「保險」已是金融體系很重要的一環，我們如果善加利用保險商品的多樣性與多變性，就可以在我們日常資金運用上產生異想不到的功能，而助益不單是擁有保障而已。

（回應5）你知道目前許多連鎖書局非文學類暢銷書的前十名通常都有好幾本是投資方面的書籍，而且這方面的報章雜誌報導也愈來愈多，而目前保險的熱銷商品中，許多都是在講退休與養老規劃，而此一趨勢應會有好幾年的熱度。

（回應6）保障的商品本身就是投資（人生命價值的投資），以小搏大，以小錢換大錢，達成互助救濟的功能；儲蓄也是以小博大，讓未來的生活無後顧之憂。他們都有相同的意義！

(7)「錢」也有「有效期」

在店家拜訪常會碰到一個問題：「葛先生，2.25%報酬太低了，這些錢以後都會變小，怎麼算都划不來。」「我也覺得划不來！

這些錢要能讓我們未來變成富翁，的確有些困難！但錢卻會因「時空」不同，產生化學變化，因為人生每個階段對錢會有不同的感受與需求。賺錢多且快的青、壯階段，對錢的感受度就沒有老年退休期來的強，需求度也是在收入降低後卻開始增強，所以說現在的100萬，卻不及退休後的100萬有用；但我們如能將現在的100萬留到退休階段，加上期間適當的增值，這筆錢就會非常有價值。但一般的狀況是，許多人在年輕賺的錢早就煙消雲散不知去處。

　　所以錢的有效期要「長」是我們理財規劃的重點，而非利率的高低，何況高報酬的背後卻是高風險，「穩健」應是規劃退休階段期財富的守則。

(8)保險

（01）消化風險	（02）降低損失	（03）互助合作	（04）安家興邦
（05）長期照顧	（06）醫療品質	（07）急難救助	（08）意外處理
（09）補強健保	（10）失能補貼	（11）緊急支援	（12）分娩醫助
（13）臨終安養	（14）旅遊安全	（15）法規減免	（16）賦稅優惠
（17）資產配置	（18）分散投資	（19）退休養老	（20）活有尊顏
（21）身後無憂	（22）環遊世界	（23）資金調度	（24）私房金庫
（25）幼有所養	（26）生活津貼	（27）教育基金	（28）創業資金
（29）待業準備	（30）三代共享	（31）累積財富	（32）臨終安養
（33）孝敬家長	（34）公益捐贈	（35）生涯規劃	（36）補足勞退
（37）休閒享受	（38）殘障扶助	（39）成家帳戶	（40）創業儲備

(9)眾裡尋他千百度，驀然回首，那店卻在街頭巷尾處！

　　「有人潮就有錢潮」這是商圈文化的鐵律。而我們掃街跑店也依舊遵循此原理原則～「向人潮靠攏」，原因無它，商家因人潮多而容易生意上門，賺錢的機會就高，當老闆及門市人員有不錯的獲利及獎金，自然接受我們商品的機會就高。此外，商家做生意的心情不錯，我們拜訪也會順暢不少！

　　所以，我們儘量不要找較冷的商圈及人口數少的地區拜訪（譬如石門、金山、烏來），目前大台北的捷運四通八達，每個捷運站都已形成大小不同的商圈，夥伴可透過捷運一站沿一站的進行拜訪，交通方便且節省時間。但許多人潮多的商圈，我們要特別留意一般業務員不會進去拜訪的店，譬如巷、弄內的小舖、2樓的髮廊、大門有貼「謝絕推銷」的店。

(10)找對「人」很重要！

　　台北夜生活的首選應是林森北路，華燈初上紅男綠女穿梭其間，裝扮著台北不一樣的色彩。但下午的林森北路卻又像是一般的商業區，人潮少了許多，商店也因商圈型態不同，大都要到3～4點才開門做生意。

　　有一回實作的課程，因夥伴選在「林森商圈」，所以我們利用下半個下午進行，由於是第二天的實作，由夥伴帶我拜訪，我們走著走著，眼前地下室有間「網咖」，夥伴對我說：「老師，網咖能拜訪嗎？」我說：「以前我不拜訪是因為裡面的煙味太重了，而且人多非封閉的環境，但現在禁煙了，我們下去看看！」夥伴聽完，二話不說就下樓去了。

　　推門一瞧，果然只有小貓兩、三隻，只見夥伴找到一位正在玩game的年輕人，旁邊一坐，就把我教的那一套開門話術全用上了。我則佇立在旁，看著夥伴滔滔不絕欲罷不能，但對方只忙於game，並沒有多理會，我見狀，點了夥伴的肩頭，示意要離開。我們上了樓，夥伴馬上對我說：「老師，剛才那一位鐵定是C級的準客戶！」我笑著說：「你拜訪的那位，不是C級的準客戶，而是沒有級的準客戶，對方可是商家的客人，你去拜訪不是在挖人家牆角嗎？還好櫃台小姐年輕，不知如何應付我們，要不然準有一番口舌！」夥伴伸伸舌頭說：「對耶！搞錯對象了。」我接著說：「我們掃街對象很單純，只有老闆、老闆娘、門市先生及小姐，其他皆非我們訴求的對象，尤其是對方的來店客。」

(11)賣場中的八十法則

　　掃街跑店時，了解我們拜訪的對象很重要！知彼比知己更能融入情境，一探對方真正的需求及接納我們的程度，我們才能採取有效因應的對策。但店種畢竟不同，文武百業也各有專善，但如能整理出一些在賣場中可預知的百分之八十「共同訊息」，相信對我們的拜訪有舖底的效果，面對百分之二十的個別狀況就能遊刃有餘：

1.百分之八十的商家是女性　→　訴求要能婉轉，讚許之聲不絕於耳！

2.百分之八十的商家對創造財富會有共識　→　訴求儲蓄險是很好的見面禮。

3.百分之八十的商家下午時段生意較清閒　→　善用PM1:00～PM5:00的黃金時間拜訪。

4.百分之八十的商家不用拜訪　→　我們常態的拜訪頻率不到二成。

5.百分之八十的商家會拒絕我們　→　享受20%的好就夠了！

6.百分之八十的商家在20～50歲間　→　接受陌生人拜訪的意願較高。

7.百分之八十的商家只有1～3位門市人員　→　很容易選擇封閉或半封閉的賣場環境。

8.百分之八十的商家面對拜訪比我們還緊張　→　那我們還害怕什麼！

(12)「終身」大事

　　人生不只一件終身大事：

1.「升學」是人生第一件終身大事，要有深造基金。

2.「就業」是人生第二件終身大事，要有創業基金。

3.「結婚」是人生第三件終身大事，要有幸福基金。

4.「家庭」是人生第四件終身大事，要有安家基金。

5.「子女」是人生第五件終身大事，要有教育基金。

6.「敬老」是人生第六件終身大事，要有孝順基金。

7.「轉業」是人生第七件終身大事，要有應變基金。

8.「病痛」是人生第八件終身大事，要有醫療基金。

9.「退休」是人生第九件終身大事，要有養老基金。

10.「終老」是人生第十件終身大事，要有安寧基金。

　　人生大事何其多！但這十檔穩健型基金，是投資人生的必備品，也是理財生活的優先股，別處買不到，但我們「保險」卻可一手包辦！

（13）Hotel也hold住！

　　這兩年台灣旅遊業甚是發達，來台的旅客不斷創新高，國人的旅遊風氣也在沸騰，不論是五星旅館或是民宿宛如雨後春筍般地在好山好水中展露風采，就連都會區的大街小巷也矗立著一棟棟的旅店，好不熱鬧！

　　去年初帶夥伴在「新竹」市場實作，一年多沒去新竹，這回造訪可又不同以往，商圈內的商店更多更新穎了！實作過程中有一家是中、小型的旅店，從外頭一看，櫃台內只有一位小姐在服務，雖然之前旅店較少拜訪，但這家旅店當下感覺環境單純且屬封閉的空間，於是帶著夥伴就「破門而入」了！

　　櫃台的陳小姐笑臉迎人，果然有服務業應有的態度及專業的應對！乍問之下，保險夥伴也未進來拜訪過，接觸時對我們提供的儲蓄方案頗感興趣，當我說明DM時，她甚至手指會在櫃台上開始計算儲蓄的金額，眼神中頗為專注，也頻頻點頭肯定！但不巧這時有客人Chick in，半路殺出的程咬金卻讓我們暫時退場。但就在開車回桃園進行第二場實作的路上，居然這位陳小姐打了行動給我：「葛先生嗎？我是剛剛你們來拜訪　○○旅店的陳小姐，你的DM我覺得不錯，你現在能帶一份更仔細的資料來嗎？」「抱歉！我還有其他行程，如果可以，明、後天跟我同行的夥伴會先帶一份資料過來給妳看？」「那後天下午一點左

右可以嗎？那時房客都Chick out，會有時間溝通！」「OK沒問題！」

所以，掃街跑店處處都有市場，商圈中店態都不斷改變中，彼一時此一時，永遠都有新的亮點向我們招手！

(14) 潛力無窮

所謂「潛力」通常是指一個人身體、心理素質等方面存在的發展可能性。一個聰明的上司將能把部屬的潛力最大、最全面地發揮，下面是幾種比較適用的方法：

1. 給下屬足夠的「支援」。
2. 替下屬清除前方的障礙。
3. 當下屬完成任務時，給予他們必要的獎勵。

(15) 機率

骰子有六面形成一個正方體，而擲骰正中的機率是1/6。而我認為在外掃街拜訪如同擲骰，接觸六人之中，總有一人是我們合適的訴求對象，如能善用技法，強化到5取1並不難。但許多夥伴之所以感覺有難度，可能是訴求的內涵及方法稍有差池，加上心理素質強度不夠，遂有千山獨行不如歸去之感。

要能補正差異向應有的比率靠近，首要在於量能的常態化，透過量累積經驗，在經驗值中修正方法，找出可行做法及說法，不斷檢討改進，假以時日，定能突破自我，擁有DS專屬的一條路。

(16) 彼升我降，反映甚麼？

記得上個月實作時，有一位中年的老闆跟我說：「葛先生，下個月美國就會升息了，你說我們的利率未來會跟美國日本一樣會趨近於『零』，但他們升息，我們也一樣會升息吧？」

「林老闆，FED如果宣布升息，只是反映美國國內的經濟狀況，及過去兩年來寬鬆貨幣政策後應有的利率政策，雖然美國透

過寬鬆的貨幣政策完成階段性的國內經濟復甦，但對全球經濟的影響，大部分的專家卻是抱持保守的看法，甚至許多經濟學者已在學刊上發表不利新興國家的經濟成長，你看這兩年不論金磚四國還是金磚11國的經濟成長都顯疲態，其中巴西基金的跌幅最深，許多台灣的金融機構也都受池魚之殃，遭到不小的損失。而我們也屬新興國家的一分子，今年的經濟成長不理想，因素很多，但如果美國升息，我們也更著升息，經濟的狀況會更雪上加霜，因為無法有效刺激投資及消費，台灣不像美國及中國大陸有內需市場，他們透過內需即可帶動國內經濟的成長，台灣幾乎要靠技術創新及出口的成長才行，所以「貶值」及「降息」往往會成為政府救經濟的法寶。但如果我們能在未來各項產業有突破性的發展，企業獲利不斷的成長，國民所得能屢創新高，消費大增投資暢旺，台灣才可能有升息的空間，但林老闆你看到台灣經濟會轉好的一些蛛絲馬跡嗎？」

「還聞不到耶！最起碼我店內的生意這一、兩年來都很淡，要不是老主顧撐著，招牌早就掉下來了。」「春天的燕子總會來，但希望能早點來。大家一起打拼！」

(17) 張飛打岳飛

時空不同，商圈內會有不同的變化，人會換，招牌也有不同，但長久不變的是「地點」，而掃街時如商圈內地點能摸熟，就能創造不同的話題，譬如同一地點上曾開過什麼樣的店都能如數家珍娓娓道來，雖是張飛打岳飛，只要有「飛」，我們就能連結關係，也讓商家知道，我們跑業務可非一、兩日時間，可有我們的開發經驗在其中。

所以夥伴要能體會，雖然現在許多店會拒絕我們，但走過就會留下足跡，當下張飛不理我們，但日後不同人不同店的岳飛卻可能是DS的貴人，古人八千里路雲和月，我們八百多步有新路，多走幾步，發現新大陸。

(18)二代店

　　機車行、中藥行、電器行、汽車保養廠、家庭五金行、雜糧行、原物料批發行…等店，這幾年都會遇見年輕的第二代開始接手，世代交替後，也讓老店有新的人文風貌，是夥伴可注意的拜訪對象。

(19)店訪可依「一季」為計劃單位

　　一季(12週)是最理想店訪的階段作業。其規劃重點及設定目標，下面夥伴可參考之：

1. 每週1～3次的拜訪
2. 每次15～20家店，每週最低20家店，最多50家店。12週250～500家店。
3. 建立A級或B級的準客戶量應為50～100位(初訪量的1/5)。
4. 建立可長期經營的準客戶量為25～50位(初訪量的1/10)
5. 建立準增員對象為5～10位(初訪量的1/50)
6. 12週成交家數應為3～5家店(前3個月的成交率為1/100)
7. 12週內有一位準增員對象會至辦公室面談或參加單位活動。

(20)K、A、S、H之「陌生拜訪」新解

K—Keep（持續）

A—Action（行動）

S—Show（展現）

H—Heart（熱情）

　　也就是在賣場中「持續行動展現熱熱情」！

(21)DS的五件事

「觀」—觀摩，找到正確的方向。

「學」—學習，重點在於熟練，瞭解拜訪步驟及掌控節奏。

「思」—思考，發現自己特色也苦思因應對策。

「行」—行動，不斷累積經驗，提升拜訪品質。

「修」—修正，檢討改進永遠是進步的不二法門。

(22)歲末之際，此店不少！

　　這兩星期實作，無論是台北市還是新北市，大街小巷出現比平時更多正在裝修的店。可能是年末租約到期，也可能是舊店結束營業，歲末總是多一些變化。

而變化就是商機，不論是舊店改裝還是新店開張，都是我們掃街時的好時機，因為：

1. 我們捷足先登，能搶先一步拜訪。

2. 產險是不錯的訴求。

3. 不論老店新開還是新店開張，店一定會有預備金，要買保險，資金不是問題。

(23)彩券行有商機

　　今日下午第一時段在錦卅街實作，有一間彩券行的門市小姐79年次，還在大學夜間部讀書，白天在店內工作，除賺錢付學費外，每月都會寄錢回家，自己也會私下在銀行存一點，但總覺利息不高，因寄回去的錢，父母也是放銀行，所以希望能把錢擺不一樣的地方，經過我們的介紹倒是蠻心動的。此外，她還有兩個妹妹也都出社會工作，有可能三人一起買。

　　彩券店這兩年如雨後春筍般增加不少的店，且開始雇用年輕小姐，且來店的客人都不太會待太久，是夥伴可多留意的店種。

(24)6年與60年代表什麼？

1. 6年後民國111年到了！

2. 6年後東京奧運也結束一年了！

3. 22歲大學畢業，6年後，28歲要結婚了！

4. 28歲結婚，6年後，34歲已是兩個孩子的爸媽了！

5. 而再6年後已經40歲，進入中年階段了！

所以6年很快，但60年卻很久：

1. 久到是一甲子的時間。
2. 久到可能會換一個世紀。
3. 久到經過人生幼、少、青、壯、老各階段。
4. 久到三代、四代、五代同堂。
5. 久到自己都不嫌老。

我的儲蓄險只存短短6年，卻久久享受60年，不管自己嫌老不嫌老，反正年年領錢好養老，人生大好！

(25)DS還有一個異想不到的好處

店訪的客戶能在短時間內及交情不深的情況下跟我們買一張保單，其實對我們有很高的信任度使然。所以，不論是信任度或是建立的安全感，都是自我得來不易的業務底蘊，也是應發揮的人力資源，如果再強化服務的品質，三效合一之下，轉介紹名單呼之欲出。

陌生客戶買了保單，也希望我們事業能細水長流，所以要介紹新客戶其實並不難，只要我們多跑幾趟，多見幾次面，噓寒問暖一下，就會有意想不到的效果。所以陌生市場的經營原則是：「在最短的時間內成為客戶關係。」而非只是準客戶關係，因為只有「客戶」幫我們轉介紹的意願才會最高。

(26)機車行的新世代

某天下午在新莊新泰路「實作」，距離上次來拜訪有半年的時間了，增加了一些新店，也在老店中碰到不同的新面孔，其中一家機車行，老店但新開，父執輩傳承第二代的一對兄弟經營，算是年輕世代的老闆，兄弟倆很熱忱，對商品也很有興趣，問東問西，應是不錯的準客戶。

(27)變＋不變＝變體

業務有常態性的原理原則與不變的核心價值；更有瞬息萬變

的市場脈動與精益求精的技巧心法。

我們一直變與不變之間，尋找最大的公約數及極高的邊際效益，而非取捨其中的平衡，因為業務的調整與堅持本不衝突，都具正面的能量，是互補互助相輔相成；不同的只是面向，相加後成為立體，如此空間就出現了！

(28)沒客人的餐廳不錯！

下午2:00～5:00通常是餐廳歇息的時間，但大都店門開著，只要我們在大門前往裡一望，如沒客人，只剩招待服務的人員，往往就是不錯的機會，無論是櫃臺還是外場人員都能進行拜訪。最近幾次「實作」拜訪效果都不錯，夥伴們可嘗試看看！

(29)外攤

去年在台中「一中商圈」實作，從「台中科大」往「中友百貨」一路拜訪，雖然這是店訪很競爭的商圈，其中有兩家店一進門，門市小姐拒絕就很強，直說常有保險業務員來拜訪，但也有幾家店卻說從來沒碰到過業務員來過，相談甚歡，都是可以進行複訪的準客戶。

而這一路的騎樓下有幾個賣服飾的攤位，都是很年輕的小姐在顧攤，其中我帶學員拜訪了兩攤，效果並不是很好，原因是空間太開放了，旁邊人來人往，周遭的聲音不小，當下對方真的沒辦法對焦在我們身上，就算自己身上有十八般武藝，都不容易在現場耍出來。其中一家對談中知道，她們會不定時的換攤或換人，也就是說，下一回來連碰面的機會都有問題，其特質是流動率高穩定性低，應是我儘量先不要拜訪的店。但今年初我在台南火車站旁北門路實作，也有一排外攤，攤位較大，且三面包覆，屬半封閉的空間，門市小姐年紀大一些，大都在30歲上下，且都固定有1～2年顧店的時間，拜訪起來效果就還不錯。

所以說，一樣的外攤，卻有不一樣的味道！但取捨之道還是在於拜訪的空間，如能封閉一些會最好，能愈接近一般店的型態

愈理想。

(30)推門就算

　　拜訪家數的計算只要「推門」就算一家店，就算只有3秒鐘，也都是OK的。但無論如何，就算當天達不成目標的20家店，可以以星期的總量來管理初訪的家數，進行補量的作業。其次，也可延長當日的拜訪時間，而建立A級或B級準客戶的比例，要能不斷修正改進，儘量提高到約5取1的比例。

(31)星期天有商機！

　　星期天下午其實是不錯的拜訪天，只要不是鬧區或夜市，一般的大街馬路上，許多店依舊是開著(考慮租金)，但逛街的人潮卻不是太多，尤其是巷、弄內的店，可能會碰到老闆或老闆娘在當班(只要年紀不要太大)，進門拜訪他們的態度都還不錯，因為平常是門市當班，假日門市人員休息，他們來代班，平常也沒碰過業務員的拜訪，恰巧又是假日，心情也輕鬆，彼此聊起來倒是愉快。

　　其實，有些年輕老闆是上班族，開店是另一投資的事業，只有假日會來顧店，後來跟我買保單後，又介紹幾位辦公室的同事跟我買，真有意想不到的成果。所以只要假日下午有空，我就會出去走走，別人風景區藍天白雲，我則都會區藍海一片。

(32)保單可小，但不可掛一漏萬！

　　有句話說：「麻雀雖小，五藏俱全。」其實保單的規劃也應如此，在適當的預算之下，應要面面俱到，無論壽險、醫療、意外、防癌、長看或養老，都應有準備，畢竟生活中會出現什麼狀況我們不得而知，風險發生時能讓保單全方位的守護自己及家人。

　　如預算許可，再針對個人需要及喜好，可強化其額度，而我們業務員亦可專業地提出自己的見解！

第二章
建立正確的業務心態【A】

(1)DS跑不下去(俗稱D死了)的三個主要原因：

1. 準客戶的判定出問題

把C級的準客戶(今生今世只要見一次面的店家)當成A級或B級的準客戶，不斷進行錯誤且多次的拜訪，如此心力交疲，進退不得，很容易敗下陣來。

2. 行前的作業不夠完整

DS是計劃性的行動，要有完整的行前訓練，絕非亂槍打鳥式的拜訪。商店是要經過「種類不同」及「當下狀況」的篩選機制，才能找到適合拜訪的點。我常開玩笑的說，只要看到店就進門，不放過任何一家店，絕對陣亡的會快一點，因為挫折大效率低，很容易無疾而終。

3. 自我的要求不夠

DS是高紀律的業務通路，該出去的時間我們就必須要出去拜訪，不能三天打魚兩天曬網，看外面的天氣出不出去，或者看自己的心情選擇出不出去。如此，螺絲釘鬆了，鬆到跑出來了，自然效率也沒了！

(2)業務員出門拜訪不帶商品，就像花生油中沒有花生，清香油中沒有豬油！

許多夥伴會問我：「老師，許多同是事我說，店家第一次拜訪，因為彼此不熟悉，如果冒然的拿出商品，可能會打草驚蛇，嚇壞對方，所以應跟對方培養一段時間感情後再做訴求，以循序漸進的方式是最好。但如此一來，跟老師說的都不一樣，我

該聽誰的？」「妳該聽我的！在我回答妳的疑問前，我先問妳一個小問題，妳覺得應該先跟對方培養多久的感情，再有商品的訴求？」「也該見過三、四次面後，或是1～3個月的時間。」「好！我再問妳一個小問題？妳覺得在這1～3個月中會不會有其他變化發生？」「老師，會有什麼問題嗎？」「會有兩個變化，這也是我要解釋的部份。第一、現在投保率超過230%，商家本身早有保單在身，也有熟識的保險經紀人，這段培養期，他的經紀人也可能會有業務訴求，而且彼此的信任程度一定大於妳，妳不快，別人先下手為強！除此之外，DS本是競爭的市場，除了妳在掃街外，還有其他公司的夥伴在掃，妳不訴求，別人可不客氣，攻擊火力十足，在妳開火前，敵人已經捷足先登，攻城掠池了！基於以上可能的改變，我們的訴求要快，沒有軍人作戰不帶武器的，而商品就是我們業務員的武器！」

(3)知之為知之，不知為不知！

我們在賣場中要盡情的揮灑所學，常對夥伴說：「進入商店，剛開始都是我們自說自唱，自導自演，主要是希望引起對方的共鳴。如果對方覺得不錯，我們才有機會演對手戲，在一來一往間，情感已在傳達，要演連續劇(複訪見面)就不難了，當然發展下去就會有好的完結篇。」

但幾年來，我發覺許多夥伴視DS為畏途，其中一個重要的原因就是，擔心進門後信心不夠，深怕對方的一個反制動作或是反對問題所難倒，萬一回答不出來，會讓自己下不了台。所以想想，還是不去的好！

其實夥伴多慮了，店家能提出的反對問題，大都是我們耳熟能詳的狀況，這些在平常的訓練中都教過了，只要夥伴夠熟練即可應付，但萬一對方的問題我們一下子回答不出來或是不確定答案為何，我們可以套以下的話回答：「林小姐，妳問的這個問題，我目前所知有幾個方案可以處理，但我不確定那一方案針對妳的問題是最正確的，我回辦公室後研究一下，會問問我的主

管，明天一定會有正確的答覆。」如此回應，清楚、合宜也不失專業，反而我們增加一次見面的機會。

　　夥伴要了解，出來拜訪，只要就所知道的說明即可，不知道的部份千萬不要瞎說亂掰！前陣子我帶一位夥伴在天母實作，碰到一位門市小姐問我：「葛先生，萬一這個儲蓄在六年內繳不出來，解約是不是有損失？」「提前解約當然會有損失，但除了解約是最後不得已的方法外，其實還有其它的辦法可運用，會使我們的損失降低或是一塊錢都不會有損失。我知道還有其它七種方法，如變更繳法、縮小保額、減額繳清、展期，保單貸款應急，但還有兩項方法不錯，一時想不起，我明天一定會給妳一個完整的答覆。」「好啊！」「我同時也會針對DM上的商品，規劃一份屬於妳個人的建議書請妳過目。」「可以啊！」

　　賣場中我們有一說一，有二說二，不要硬說三道四，畫蛇添足，很容易有破綻，終會得不償失！

(4) 耶誕老人到賣場

　　店訪是屬於直衝的拜訪，在彼此不相識的情況下，我們就像「鋼鐵人」進門一般，冰涼涼的，像是兩個冷血動物在交談。尤其當我們遞完名片後，對方總是在失落的神情中，心中快速築起了一道牆。

　　然而，透過我們技巧的引導，在詼諧的語調中，展現自我幽默的氣質，僵硬的氣氛正在解凍，一來一往間，彼此已像是多年好友般地說天談地，就算外頭寒風凜冽，室內卻有家一般的溫暖，歡笑聲充滿了賣場中的每個角落，我們提供的商品都會是最好的禮物，因為對方已視我們為耶誕老人，帶禮物及歡笑來祝福他！

(5) 借十力使百力、不費吹灰之力！

　　「組織發展」需是個人魅力及團隊力量高度的展現，過程中透過計劃性的安排，有個人增員技巧的運用，更要發揮團隊群策

群力的戰力，兩者交錯支援，事半功倍，達一分力有十分功的效能，以下個人覺得有十種力，夥伴可多加運用在增員作業：

(1)借業績好的力

(2)借主管說的力

(3)借同事助的力

(4)借訓練強的力

(5)借公司給的力

(6)借出遊玩的力

(7)借晉陞努的力

(8)借得獎樂的力

(9)借演講棒的力

(10)借專案幫的力

(6)處理顧客抱怨的觀念與原則

A. 對於客戶的抱怨、不滿，要有容忍與被指責的雅量。

B. 要冷靜傾聽完客戶的抱怨。

C. 不要爭辯，不替自己找藉口。

D. 不要太過主觀，不可急著下結論。

E. 不可輕視對方的言論或行動。

F. 要具備隨機應變的能力。

(7)顧客抱怨的處理技巧

A. 表示感謝。

B. 針對癥結表示關心，先處理情緒，再處理事情。

C. 分析原因，調查重點，把握機會，研究改進。

D. 解決問題，迅速處理，決不托延，提案例逐項檢討。

E. 向對方提出解決案，說明致歉，取得諒解，再次致謝。

F. 檢討結果，勿再犯錯，時追蹤客戶反應。

　　推銷學者史坦．柯聖曾說：「處理顧客抱怨，是發揮創造力的最佳機會。顧客的牢騷，是企業賺錢的根源，顧客的抱怨，是

改善服務的良機。」抱怨處理的最高原則仍在一個「誠」字，顧客的聲音是上帝的聲音。

(8)借「殼」上市

許多夥伴會問我：「老師，陌生市場的種類算算也有十幾種，為什麼你對『店訪』情有獨鍾？」「條條大路通羅馬，每條業務通路都有其特色，但店訪之所以能成為我熱愛的業務通路，其實跟店訪的『店』有關，因為商圈內的商店都是實體的店面，也就是說，在固定的點上都有一個殼罩著，最大的好處就是能多次進行拜訪，我們能進出自如，只要你願意，可在店內盡情揮灑，一展DS的功夫。尤其，店內的狀況卻非千篇一律，人、事、物隨著時間會有不同的變化，門市（人）會舊汰換新，生意（事）好壞不同，招牌（物）也會物換星移，店訪之所以迷人，就在於老地方永遠存在著新鮮好玩的事，而店內的這些變化，卻能不斷創造對我們有利的業務空間，成為生生不息運作的良性循環！」

因為熟悉我們會慢慢習慣老地方，也跟「地點」有了交情，產生了關係，如此要能與店內的陌生人建立造新關係就不困難了！

(9)業務的本能！

有一個青蛙看到一隻蜈蚣在走路。牠心想著，用四隻腳走路已經夠麻煩的了，蜈蚣是如何用一百隻腳在走路的呢？牠怎知那隻腳先走？那隻腳後走？於是牠叫住了蜈蚣，並把自己的疑問告訴牠。蜈蚣說：「我一生都在走路，但從未想過這個問題。現在我必需好好思考一下才能回答你。」蜈蚣站在那兒好幾分鐘，牠發現自己動不了。搖晃了一會兒，然後牠倒下來。牠告訴青蛙：「請你不要再去問其它蜈蚣同樣的問題。我已經無法控制自己的腳了！」

其實每個人都有銷售本能，只不過是透過不同的方式表達出

來。媽媽哄孩子吃青菜，男孩子取悅女朋友，丈夫對妻子說明購車計劃，子女外宿的要求…等都是生活中「自然而然」的訴求。所以若把業務的工作融入生活中，當做每天很自然要做的一部份，業務就不會是苦差事一件。但千萬不要受外在的風吹草動，自尋煩惱，左思又想，最終裹足不前，自毀前程！

(10)業務員要「沒有退路」

常有夥伴會問我一個問題：「老師，當你面對商家大門時，是什麼力量能夠驅使你破門而入，持續不斷地完成拜訪的目標。」我說：「人心都是肉做的，沒有人是無敵鐵金鋼，也沒有人是踩不死的蟑螂，我也有脆弱不堪一擊的沮喪心情，但只要我們想法單純一點就可以了，進去拜訪又不會少一塊肉出來。」所以，當我走在大街上，面對一排商店時，有幾個想法會一直存在我心中：

（一）如果今天我跑不下去，我有沒有更好更快的方案去取代？

（二）如果我今天跑不下去，我是不是只能眼睜睜看著別家的業務員在商店衝進又衝出，賣的不亦樂乎也！賺的也不亦樂乎？

（三）如果我今天跑不下去，我能不能馬上有更好賺錢機會等著我？

而我的答案是(1)沒有(2)不是(3)不能

相信置於死地而後生的力量就會產生！

(11)DS要先成為常敗軍

當下暑氣正盛，熱浪來襲，每天35～36度的溫度，對掃街跑店的夥伴而言，真可說是舉步為艱，頭頂冒煙加渾身是汗，挫折與打擊徘徊在心靈的深處，而下一家店又要面對新的挑戰，果是步步驚心加午後驚魂！最近有幾位夥伴傳訊給我：「老師，快撐不下去，又累又沒有成績，到底原因在那裡？」在FB訊息中，我

慢慢了解其拜訪的狀況，也提供許多的意見及值得改進的技巧，夥伴漸能體會自身可加強的部份。

　　但我還是認為DS的夥伴們一定要能先成為「常敗軍」的心理準備，用高度的智慧及情商處理失落的沮喪感，因為「失敗」是DS業務的必然，但「失敗」的機會卻是絕佳自我成長的契機，面對失敗、處理失敗，卻不為失敗所打敗，找出失敗的原因，不斷修正及調整自己，最終一定能壯大自己，成為金剛不壞之身。要知道，許多的成功者都會善用失敗的機會，理出頭緒，再創生機，成為不折不扣的常勝軍。

　　金庸武俠中有「獨孤求敗」，我們業務領域中可要「不倒求敗」，爾後自然成為「東方不敗」！

（12）聽音辨「機」

門：「今年公司的年終獎金只有一個月，比去年少了兩個月耶！」

葛：「其實不只是妳如此，我許多客戶許多年終獎金也都縮水，有幾位還說，今天應是沒了！」

門：「這叫苦撐待變啊！」

葛：「但我有一位客戶卻在上星期突然說要買儲蓄險，我問他什麼原因？他說：『這種時機才要規劃未來，不論未來幾年的經濟狀況如何，能在現在投入，先將錢綁死，以不變的財富因應萬變的環境，日子會立於不敗之地，畢竟有錢翻身就快。』他的說法好像也有些道理！」

門：「將錢綁死，如果好招，也就說在大環境不佳的情況下，能增加多少財富很難講，但能不減少財富就必須要有強制的手段，這招不錯！」

葛：「那我明天帶些資料來妳了解一下。」

門：「好啊！」

（13）做自己，還是迎合大眾？

　　有夥伴在上課問我：「老師，你在賣場中的展現，總是將自己扮演成一位能投其所好的歡樂人物，但我總是覺得油了一點，少了些自己的味道，也無法張顯自己的特質。像你在賣場中讚美對方的話，我就學不來，也覺得沒有必要，因為對方會知道我們是虛情假意裝出來的，少了誠意，當然要能認同我們的拜訪就會有困難！」我回應說：「其實你說的特色及誠意，都是業務員應具備的條件。但除此之外，我們要知道，在陌生市場中我們面對的可是每一張不同的臉，每張臉的後面都有不同的人格特質與取向，而我們卻必須在短時間就要能達成業務的進展，做法上就必須找到大多數人能接受的接觸模式。

　　而人性是喜「樂」的，「笑」永遠是拉近彼此距離的妙方，能博君一笑，就能降低心防，解除對我們的戒心。而「讚美對方」，是人性中不可或缺的要素，也是生活中必備的精神食糧，更是賣場中歡樂氣氛的開端，少掉此味，賣場空氣就不太流通，對方不輕鬆我們就會緊張，兩個緊張的人是成交不了一張保單的！

　　我們業務員常強調要「改變」，但「改變」什麼呢？是習慣、態度、技巧、作息還是其它？前面幾項都很重要，但我認為改變自己的「人格特質」最重要也最困難，畢竟個性是我們天生的取向，要能根本改造，非要下大決心不可。毛毛蟲喜歡的人不多，但羽化成漂亮的蝴蝶卻是人見人愛。可見人是喜歡看到「美」的事務，在陌生市場亦然如此，我們雖非帥哥美女，但我們口中卻能「大放美辭」，一樣能讓人賞心悅目，聽之渾然忘我。但從毛毛蟲到蝴蝶卻是根本的改變！

　　在我們的業務長河中，流竄著各種水道，莫衷一是，如能截彎取直，效率就高許多，就能不斷面對也在改變的競爭市場。如果我們一直守著自己的個性，就只能找到同質的少數人；但如果能不斷改變自我，韌性放大，就能找到同理的多數人。當然，能在相同的時間內找到多數人為客戶才是良策。

(14)「商品」就是拜訪的籌碼

「談判」講籌碼，籌碼多自然勝算大。面對陌生的環境，本是對方的主場，但如能創造更多的籌碼在我們這邊，我們的勝算就會高許多，而「商品」就是我們熟悉而對方不明的籌碼。如能將自己的商品話術及利基透過故事化的安排，引導對方的思維在我們出神入化的說明中，如此我們就能在短時間內掌控賣場的優勢。

所以「商品」是我們拜訪時溝通的媒介，透過流暢的說明會搏得對方信任。因此，商品是我們「秀」的一部份，會有賣場情境的加溫效果！如果掃街跑店少了這段秀，整體拜訪鐵定會失色不少。

(15)調情聖手

保險公司每年都有競賽，許多夥伴只要面對競賽，一定一馬當先、衝鋒陷陣，展現高度的行動力及業務能量。看見他們三不五時就成交保單，真是羨煞不少人！當然其中許多Top Sales也成為眾多單位邀約演講的對象，台下夥伴們都期待能透過他們的分享，讓自己的業績更上一層樓！但往往有部份演講卻讓人有些失落，除感受不到常勝軍們的氣勢外，甚至演講時言不由衷、詞不達意，面對台下眾多關注的眼神，自己卻像新手般舉足無措！

我也曾懷疑這些常勝軍們是如何賣出保單的！但白板上的業績不會騙人，而且每年的業績都是如此亮麗。此時細心的「觀察」是良策，我發覺他們都有一些共同的特質是關鍵：

1. 想法「單純」，利用競賽期間幫自己多賺一些錢。
2. 時間管理很有條理，尤其「零碎時間」的利用很有自己一套方法。
3. 很在意客戶生活的細節，舉凡生活起居、食衣住行都能投身其中，將工作生活化。
4. 很在乎客戶情感世界的變化，同樂同怒，同喜同悲關懷倍

致；彼此相處就像親人般熱絡。

5客戶的小事是他們的大事，客戶的大事是二話不說馬上辦的事。

6.能發掘客戶的私房事（個人隱私的透露），且善用本身的資源協助客戶改善。

7.能掌握客戶情緒的高低點，在客戶心情低落時加以安慰陪伴，在客戶情緒高點時，把握銷售的契機。

8.塑造自己成為客戶心中任何緊急事件通知的第一人選。

9.能提供各項資源（不限保險），建立全方位的服務系統。

（16）賣場要有「笑」果！

「笑」是人類共通的語言，世界上比核子彈威力還大的就是「笑彈」了！凡事皆因一笑，無聲無息間隔閡沒了，彼此相見愉悅，相談甚歡；所以只要我們時時展歡顏，就能拉近距離，心靈相通！而保險業務員的「笑」就更重要了，別人見面三分情，我們見「笑」三分情！一張保單的成交，其實是盡在笑談間塵埃落定。可見「笑」的效能有多大！

掃街跑店時，夥伴當然會保持微笑進場，然而當我們以一貫的笑容面對商家時，所得到的回應，可能是對方一臉的無辜無奈，甚至有點失落的神情；尤其遞完名片，再度抱以微笑時，對方的額頭上像是寫了四個字「你趕快走」，我們的心中真有不如歸去的衝動。

有夥伴問我：「老師，我們還要繼續笑給她看嗎？」「要！當然要繼續笑！我們有笑的義務，對方有不笑的權利，『笑』是我們業務員的基本配備。要知道，對方不笑是正常的，但我們要有能耐驅使對方『笑』，有對方的笑容才價值連城，我們才能進行有效的拜訪。」「老師，如何才能讓對方笑出來？」「對方的笑對我們是一種心情感受，因為在陌生的環境，我們會緊張不安，但對方如能一展歡顏，我們一定會輕鬆不少。如此一來，腦袋就不會放空，平常訓練的話術就能脫口而出，娓娓道來，口條

順暢不少，一場精彩的秀就此展開！所以對方的『笑』是在安定我們的情緒。要能在最短的時間內，不花成本，買到對方的笑容，一定要能記住三個重點：

1. 肯定對方的工作態度。
2. 欣賞對方的內涵談吐。
3. 讚美對方的外型條件。」

(17)「機會」就在我們身邊

在一個畫室裏，一個青年站在重神的雕塑面前。他指著一尊塑好奇地問道：「這個叫什麼名字？」那尊塑像的臉被它的頭髮遮住了，在它的腳上還生有一對翅膀。雕塑家回答道：「機會之神。」「那為什麼它的臉藏起來了呢？」年輕人又問道。「因為在它走近人們時，人們卻很少能夠看見它。」「那它為什麼腳上還生著翅膀呢？」青年又問道。「因為它會很快就會飛走，一旦飛走了，人們就再也不會看見它了。」

但保險事業卻擁有更多的機會，提供給奮戰中的業務夥伴：「舉辦活動」是獲得能力的機會，「上台演講」是自我成長的機會，「參與競賽」是接受挑戰的機會，「課程訓練」是提昇專業的機會，「成交保單」是強化信心的機會，「帶領團隊」是領導統御的機會，「組織輔導」是耐心傾聽的機會，「服務客戶」是替代銷售的機會，「出門拜訪」是廣結善緣的機會。

機會真是無所不在，抓住機會，成就當下！

(18)「禮」多人不怪！

1. 「禮物」—拿人手短，吃人嘴軟！如能在拜訪時提供一份公司期刊或是健康雜誌，成本不高，卻有潛移默化、臨門一腳的效果。
2. 「禮服」—正式的服裝代表我們專業的形象，也是陌生市場中快速定位自己的方法！
3. 「禮貌」—　在賣場中的言行舉止要能尊重對方，應對進退要

得宜，一切的動作行為要能考慮對方的感受！

4.「禮讓」—賣場中以「合」為貴，商家抱怨、態度不佳都是正常的情況，身為業務員我們都必須放得下身段。要知道，謙讓往往有「以退為進」的意外收穫！

5.「禮讚」—為了博得陌生人對我們深刻美好的印象，我們的口要笑、嘴要甜、話要美，賣場中情境的掌控可是要靠「讚」才能完成。

（19） 競賽＝加薪

業務工作如果沒有數字化的目標為後盾，我們的工作將了無生趣！因為業務員應是數字的玩家，我們希望透過數字的實踐，展現我們的行動能量，也能獲得高度的工作成就，讓我們一步一步完成事業的夢想。

而最能發揮數字放大效果的應算是年度的「競賽」了，因為競賽有目標、有獎勵、能晉陞、能旅遊、最重要的是能「加薪」。因為數字放大也代表收入放大，許多夥伴一年80%的收入是來自「競賽」期間，所以我們千萬不要放棄競賽帶來的效應。

先前有夥伴問我：「葛老師，難道沒競賽就沒業績了嗎？我們業務員為什麼只為競賽在活？」她會有如此的疑問，內在的心情我很能體會，畢竟我也認同競賽不不代表一切，如何能按自己的計劃進行應是最好的方式。但可惜的是，多年來我發現的事實是，競賽成績出不來的夥伴，絕大多數，在競賽後的業績也不如人意，甚至更差！問其原因，得到的答案卻是：「大夥都在休息，辦公室氣氛不夠，沒關係！高峰每年都有，明年一定不缺席。」好一句「明年不缺席」，但今年又要如何渡過？如果我們能正視「競賽」，其實我們是在透過公司及團隊幫我們加薪，因為「競賽」有以下幾種效應：

1.團隊有作戰的氣氛，透過競爭，潛能激發。

2.競賽期間資源多，公司會利用此時機，好康大放送。

3.競賽期間會有競爭性強的新商品，且商品的優惠頗多。

4. 訓練密集，話術靈活運用，有利銷售。

5. 同區、同組夥伴培養革命情感的好時機。

6. 競賽期間「特戰團隊」的加持。

　　好處如此之多，何不透過「競賽」找到自己賺錢的理由！

(20)「合作」創造更大機會

　　一位哲人說過，你手上有一個蘋果，我手上也有一個蘋果，兩個蘋果交換後每個人還是一個蘋果；如果你有一種能力，我也有一種能力，兩種能力交換後就不再是一種能力了。所以在競爭又挑戰的市場中，只有團隊合作可以產生一加一大於二的倍增效果。

　　據統計，諾貝爾獲獎專案中，因合作獲獎的佔三分之二以上。在諾貝爾獎設立的前25年，合作獎佔41%，而現在則躍居80%。

(21) 有「理」走遍天下！

1. 「心理」—心理素質的強弱是拜訪成績好壞的關鍵，門前要能目空一切、胸有成竹；進門後氣定神閒、淡定自我，一付輕鬆自然，信心十足！

2. 「生理」—每週適當的運動，平日作息正常，拜訪前養足精神，拜訪時才能火力集中，反應敏捷！

3. 「合理」—賣場中的訴求要正當，無造假欺騙之詞，也無浮誇不實之說，與陌生人溝通最忌強詞奪理，不按牌理出牌！

4. 「情理」—商家所提反對問題，不論有沒有道理，都要能委婉聽下，千萬勿重提對方曾說過不當或前後不一致的話，良性的互動有時是在彼此心照不宣中完成！

5. 「同理」—站在同一陣線回應對方的問題，勿對抗或明指對方說法的錯誤，「附和」中找商機，「認同」中才有空間！

6. 「義理」—我們說到的就要做到，不打馬虎眼，不拖泥帶水，明明白白不偷機取巧！

7.「道理」—此處的「道」是指拜訪的流程，起、承、轉、合各步驟缺一不可，讓我們的拜訪有遵循的途徑，如此訴求才會有進展！

(22) 有說有笑

過年期間到「華山藝文中心」及「松山文創中心」走春探勝，兩個由原來舊廠經過精心設計改造後，果然是風華再現、不同凡響！不僅園區內有不同以往的風貌內涵，在人潮交織中也看見國人對藝術文化及創意創作的熱衷。

兩地在春節假期都安排有許多街頭藝人一展自己的才華，其中「氣球達人」的手中功夫堪稱一絕，短短的三、兩分鐘，一條條長型的氣球，就能變換出許多可愛的造型，神奇中可見真功夫，可能是我童心未泯，駐足欣賞居然到渾然忘我，直到老婆大人呼喚才離開。

但我發覺，雖然兩地的「氣球達人」一樣的小丑裝扮，一樣熟練的技巧，卻有不同的生意。一邊的「氣球達人」對小朋友要求製作的造型，總是聚精會神默默地的在製作，過程中毫不馬虎，做出來的卡通造型氣球可愛有味道，但她的生意並非理想。反觀另一地的「氣球達人」，在幫小朋友製作氣球卡通造型的同時，口中卻還不斷地和小朋友談到卡通人物的故事，也會問問現在在看什麼卡通或是小朋友自己喜歡什麼顏色的氣球來搭配，甚至會表現出小丑可愛有趣的動作，惹得大朋友、小朋友捧腹大笑，所以在他的攤位前總是人潮滾滾，當然排隊買汽球的更是長長的人籠。

兩邊園區內都有眾多來踏春的人潮，一樣的技藝而生意好壞卻有天差地別，何也？其實原因很簡單，生意好的一邊多了一份現場情境的鋪陳及角色的扮演，穿上小丑裝就該「有說有笑」，而過年是歡樂的節慶，喜「樂」是人的本性，只要能把歡樂帶給大家，自然生意源源不絕。

我們掃街跑店也有兩樣情，有的夥伴跑得不錯，有的夥伴卻

跑不下去；如果你把兩位夥伴同時在辦公室內比較一下，形象差不多，銷售技巧更是無分軒輊，商品話術也都表達的淋漓盡致、不分上下。但放回賣場後成績卻有顯著的不同，其原因就在於，成績好的夥伴絕對是賣場中創造情境的高手，也知道面對陌生人時業務員要扮演什麼樣的角色！如果我們有機會能在他旁邊觀察，這位夥伴可是一派輕鬆、自然、順暢，與對方對答時一定有說有笑，賣場中處處洋溢歡樂的Fu，成交當然不在話下。

　　要知道，我們掃街跑店可是「歡樂」的製造機！

（23）「留下」就有機會！

　　掃街跑店並非每家店的拜訪都會很順利，有些店甚至才推門就準備要出門，直接拒絕的狀況在賣場中屢見不鮮。但大部份的拜訪不論進行的狀況如何，我都會設法留下名片及商品DM，因為這是我們離開後，商家可以再聯絡我們或進一步了解商品的方法。保險商品對每個人在每個階段都會有不同的需求及感覺，往往一段時間後，物換星移時空改變，發生一些故事也看見一些事故，購買的動機出現，我們當初留下的資料就容易讓我們成為對方購買保單的候選人。

　　記得多年前的一個下午正在外頭拜訪，接到一通電話，話筒中是一位女性不熟悉的聲音：「你是葛先生嗎？」「我是，請問是那裡？」「葛先生，妳還記得我嗎？我就是前幾年有在民生圓環開兒童服飾店的蔡小姐，你有來拜訪過，我手邊還有有一張你的名片及商品，我這樣說你應該記得我喔？」「哦！有印象（其實我早忘記她是何許人也），我應該兩年前有去過。」「葛先生不只兩年了，我的店都已經收三年多了，我現在住在泰山，你當初留下的商品我覺得不錯，我打算幫我三個女兒規劃，你明天有空能來泰山一趟嗎？」「沒問題！妳給我地址，我明天下午2:00能過來，只不過當初的商品現在沒了，但目前有新形態的商品也非常適合小孩子的規劃，明天我會帶資料來。」這位蔡小姐最後買了一家五口的保單，總保費14萬多年，真是意料之外的

收獲。所以說，在賣場中留下資料就是為未來留下一線成交的希望！

(24) DS的「青蛙法則」

推銷家對客戶拒絕的態度則異於常人，他們視拒絕為必然，且不影響情緒。榮獲日本日產汽車16年銷售冠軍寶座的奧城良治，他每日訪問一百個準客戶，永遠不懼怕客戶之拒絕，此種能耐主要得自他童年寶貴的啟示。童年時，有一次在田埂看到一隻瞪眼的青蛙，奧城良治調皮地向青蛙的眼睛傻撒了一泡尿，卻發現青蛙的眼睛非但沒有閉起來，而且還一直張眼瞪著。這段童年有趣的經驗，奧城良治將它運用在推銷拒絕上，客戶的拒絕猶如撒尿在青蛙的眼臉，要逆來順受，張眼面對客戶傾聽，不必驚慌失措，這就是他自詡的「青蛙法則」。

(25) 銷售的魅力

要推銷自己，簡單地說，就是將心比心，站在對方立場去思考及行動，若能滿足對方的需求自然左右逢源，否則就四處碰壁。有日本推銷之神美譽的原一平，在推銷自己上下了很大的苦心與功夫，他主要是得自一位老和尚的指點迷津。這位老和尚曾開導他說：「人與人之間，相對而坐的時候，一定要具備一種強烈吸引對方的魅力，否則推銷無前途可言。」

(26) 借別人的光，幫自己加溫！

人是恆溫的生命體，但人的心情卻是變化無常，隨著不同時間地點的遭遇，標示著不同的溫度。我們業務工作，不斷面對挑戰與壓力，內心的變化更容易跳動些，當處在順境時，心情當然高檔整理，high聲不斷；若不幸逆境襲擊，心情常在低檔盤旋，失溫嚴重。所以我們常說：「先處理好心情，才能處理好事情！」可見心情好壞對業務影響極大。但壞心情來時我們又將如何面對呢？

　　有人說要沉澱自己，找一雲深不知處的地方沉思、冥想，理出一個頭緒！有人說需要自我解放，找一空曠之地，盡情的吶喊，發洩發洩！也有人說，別人的安慰很重要，於是找一樣心情的同事及朋友，開懷暢飲，大吐苦水！

　　以上幾種解決心情的方式，我認為不見得有實際的效果，甚至衍生出更多負面的想法，業務單位是群體的運作，如能透過別人或團隊加持一下，心情的溫度表很快就上升了。譬如：

1. 與最支持你的客戶見面聊天，相信對方一定會幫你加油打氣。

2. 與「直轄主管」在咖啡小舖溝通面談，說說你的心情故事，療效應該不錯。

3. 與單位的「三強五傑」安排中午「便當時間」的交流，下午就可能是活龍一尾。

4. 積極參與單位活動，且主動認養工作任務，辦活動為能求新求好，過程中加注正面的能量，心情自然會好轉。

5. 爭取晨會演講或分享，台下夥伴們的掌聲是最直接的鼓舞。

6. 別單位的Top sales絕對是很好請益的對象。

7. 與同區或同組夥伴，研究商品的利基或話術，集思廣益，透過訓練室動動腦，往往商品訴求的一個新發現，撥雲見日，心情頓開。

8. 如果你是掃街跑店的夥伴，我建議來一場破紀錄之旅，無論是拜訪的家數或是走的步數，還是流下汗水的程度，突破自我，找回自信。好心情加上好的體能，業績自然立於不敗之地。

(27)別人Better，我們Best！

　　台北安和路巷、弄裡有家小店，一進門遞完名片，門市小姐斜著眼跟我說：「葛先生，你可是今天進來拜訪的第四位業務員，前面的業務員名片還在我桌上，我今天進來的客人還沒你們業務員多！」「林小姐，很抱歉影響到妳的工作！我認為妳的業

績應該不錯！剛才我經過大門一望，就有想進來拜訪的慾望，顯然妳及妳們的店都具有致命的吸引力，讓我有進來認識你的衝動！現在聽妳一說，果不如其然，已經有好幾位同業聞香下馬而來。其實，我們業務員也會是未來的消費者，能多些人進來也增加店內的人氣，而且我們拜訪並不是每家店都想進去，能讓我們感覺安心及溫馨的店才是我們要選擇拜訪的店。不過，如果你有保險的需要或服務，前面三位就讓他們成為往事，只要找我一位就夠了，絕對24小時隨傳隨到！」

(28)看劉姥姥如何滿載而歸！

「劉姥姥進大觀園」可是紅樓夢中可看性頗高的橋段。看似無知的鄉村野婦，逛大觀園可是開了生平眼界，園中庭臺樓閣、雕樑畫棟，看得劉姥姥目不暇給也目瞪口呆，雖然身處花花世界中，但心有所思，腦有所想，自始自終非常清楚此行的目的！但見其在園中的一舉一動一言一行都在投其所好，搞得婆婆媽媽、哥哥妹妹、姑娘丫環們笑得前翻後仰，大家閨秀的身份都拋到腦後了。

然而大觀園經過劉姥姥這麼一鬧，園中有了生氣與活力，劉姥姥很成功地滿足了官宦人家內心對尋常小老百姓生活的了解及其生活差異中所創造出的樂趣。我常想，如果劉姥姥是保險業務員，她這一趟大觀園之行，成交20張保單應不成問題！你看當劉姥姥離開榮府時，從賈母而下，不知收了多少錦綢、銀兩、蔘藥，真可謂滿載而歸，100分完成任務！觀察劉姥姥的言行舉止，有幾點夥伴們能參考：

1. 滿足對方與自己身份的落差上的潛在的優越感！
2. 能自我調侃，自娛娛人！
3. 愚者自居，不自誇，不高調！
4. 洞悉對方需要，配合上戲！
5. 誇張的形容與對比，突顯對方與眾不同！

劉姥姥果真是大智若愚的最佳寫照！

(29)看見我們，就像看見「麥當勞」！

　　上課時我常問夥伴一個問題：「麥當勞在賣什麼？但千萬不要跟我說麥當勞在賣薯條及漢堡！」有的夥伴說：「麥當勞在賣乾淨衛生的食物，安全舒適的環境！」我說：「除了這些，還有嗎？」有一位夥伴突然說：「他們在炒地皮！」我回應說：「房地產能賺多少錢我不知道，但人們喜歡去麥當勞是真的！有一句麥當勞十多年前經典的廣告詞：『歡樂美味在麥當勞！』老實說，麥當勞的餐點不見得美味，但氣氛絕對歡樂，因為賣場內笑聲總是此起彼落，相信憂慮者只要每天走一趟，對病情絕對有幫助。」的確，「歡樂」是良方，也是解放心靈痛苦的好方法。而掃街跑店尤重賣場氣氛的經營及與陌生人的情感互動，要能將兩者掌握到隨心所欲、如魚得水，「歡樂」是不可或缺的因子。也就是說，店訪是相當競爭的通路，誰能先將場子搞熱，誰就是贏家，而並非是你能否捷足先登，因為陌生人會歡迎一位輕鬆的業務員帶來一場歡樂的Show，博君一笑，博卿一樂，就能博得頭彩。

(30)「賣什麼？」也「買什麼？」

　　掃街跑店時，有些店家彼此見面沒多久，就會問我：「先生，你是來賣什麼的？」的確，我們是業務員，銷售商品我們的工作本質，透過交易的過程，對方能擁有需要及自己喜歡的商品，我們也將保險的理念、功能、義意、安全性、生涯適當的規劃…等傳達出去，而自己的形象、信任感、服務熱忱、專業…等也會成為對方肯定商品的重要因素！但許多情況卻是經過我們的努力後，換來的卻是拒絕、挫折及時間、精力的消耗，感覺自己做了許多白功，真有不如歸去的感嘆！

　　其實，每次的失敗都在為成功鋪路，因為沒有人是天生贏家。在辦公室打建議書最多的夥伴，也一定是白板上成績最耀眼的一位，但肯定沒成交的建議書卻是堆積如「山」，而這座山卻

是最珍貴的寶山，因為這座山是我們銷售時「買」回來的寶藏，別人搬不走也搶不了，蘊涵地下的養份指數卻是居高不下，我們自己在寶山中成長茁壯，終有一日讓寶山蘊育出一棵棵常青大樹，而我們難得買回來養份又是什麼？

我認為是：失敗痛苦的經驗、堅定不移的信心、百折不撓的精神、愈挫愈勇的行動力，爭一口氣的決心與毅力！

(31)錯誤的開始

「市場實作」時許多夥伴會問我：「老師，我很難跟你一樣在賣場中應付自如，表現出一派操之在我的悠然態度！」我說：「你太小看你自己了！你現在還年輕，千萬不要用現在的標準去評估未來的你，那對你是不公平的。況且我比你大20歲，就算看報紙也比你多看20年，在賣場中的對話只不過多一些生活的經驗與對生命的體認，倚老賣老後自然能多說一些，而實作的過程是希望你們能在陌生市場中找到效率較高的方法與技巧。」夥伴點了點頭，我接著說：「開始跑店是辛苦的，而且一定是錯誤百出、慘不忍睹，跑的前三個月叫：『後悔階段』，每家店出來你都會後悔，因為在裡面話都忘記了，出店後又全部都記起來了。但三個月後，隨著拜訪量的增加，經驗會累積，技巧會提昇，自然能在店內應付自如，掌控拜訪節奏，成交的快慢已能胸有成竹。但前三個月最重要，也最關鍵，無論如何一定要能撐過去。」

(32)對決

「世界盃足球賽」可是四年一次的樂事。畫面中球員的腳下功夫真不是蓋的，無論小組間的短傳，盤球過人，起腳射門，在默契與球技的結合下，每次的攻防絕對讓人屏息以待，破網的剎那，簡直瘋狂到兩罐啤酒不足以解熱。

而淘汰賽的12碼對決，又是整個賽事的另一高潮，因為每個12碼球都是勝負的關鍵，負責射球的球員當下可說是泰山壓

頂，心理壓力之大有如五雷轟頂，面對眼前的球門，真有說不出的心情感受！

　　每次透過螢幕，看者球員射球前的準備動作，短短的數秒中，有的低頭，有的遠望，有的球員不斷地前後走動，但卻沒人交談。因為每個人都知道要面對的不只草地上的那顆球，在旁有數萬球迷的眼光，螢光幕前有上億的觀眾，背後更有國家的榮辱、國人的期待、個人的職涯…等，宛如是一場生死對決，有贏的壓力，沒有輸的本錢，天堂與地獄在幾秒鐘後就分曉，瘋狂與哭泣在球場兩邊立現；無論如何，地球有一半是歡天喜地，地球的另一半卻哭天喊地！

　　根據「經濟學人」雜誌的一篇報導，探討12碼球比較容易進球的哲理：

(1)回到自己射球的習慣，勿在乎守門員的動態，直接往自己想射的方向或角落射，進球的比率最高。

(2)射門球員的心理層面必需要無視周遭的環境，尤其是萬一沒進球後的負面想法要降到最低，譬如戰犯、沒臉面對國人…等想法。

　　我個人認為「經濟學人」的報導，其實是告訴球員「單純的想法」就是進球的關鍵。因為單純的心境之下，球員的全身肌肉會鬆弛，起腳的時間、力道與方向就能很精準的掌握，當然進球就不會是難事！

　　掃街跑店面對的商家大門，就像是足球的球門，而一眼瞄去的店員就像是會抗拒我們的守門員，我們要能破門而入，讓對方節節敗退且退無可退，輕鬆、自然、順暢是自我心理素質的展現，而單純的思維、正向的意念，卻能讓我們攻無不克、戰無不勝！何況我們只要5球進1球就算成功出擊！

(33)保險事業之我聽、我見、我思

　　積極的行動/尊重的文化/學習的動能/自我的修練/公平正義的環境/配合通訊處及主管的領導/回歸業務員的特質及培養業

務的韌性／適當的壓力／目標達成的使命感／身體力行的經營模式
／建立和諧且有紀律的團隊／無私的付出／計劃的執行／理想的願
景／反恭自省的心情／自律的生活步調與時間管理／面對競爭的鬥
志／榮譽感的建立／創新的精神／數字的檢討／穩健的步伐

(34) 看起來像一個成功者

散文家斯妤寫道：「給夢一把梯子，現實與夢想之間的距離
即可取消，不可跨越的迢迢銀河舉步便可邁過。」

成功需要多種能力、品質和資源。不過，首要的一條是，你
必須「看起來像一個成功者」。「看起來像一個成功者」就是那
把梯子！

(35) 老驢亦或賽馬？

不要擔心自己跑DS會緊張！把一頭老驢拖到一群觀眾面
前，牠一點也不會驚慌，換作純種賽馬牠便會焦躁不安。所以在
陌生人前說話會緊張，反而應該感激上帝，你不是老驢而是純種
的賽馬。

所以初期跑DS會產生的心理狀況－緊張、焦慮、不安、心
慌、心跳加快、頭皮發麻、不知所措、語無倫次…等都是正常的
反應。市場實作時我常問夥伴：「今天你會緊張吧！」「老師！
我不是緊張，我是超緊張！」我說：「正常，如果你今天不緊
張，我會很緊張！」

(36) 要努力，也要懂得省力！

有一個年輕人到山上工作，每天到森林去砍材，非常努力的
工作。別人休息的時候，他還是非常努力的砍材，非得到天黑，
絕不罷休。他希望有朝一日能夠成功，趁著年輕多拼一些。可是
來了半個多月，他竟然沒有一次能夠贏過那些老前輩，明明他們
都在休息，為什麼還會輸他們呢？

年輕人百思不解，以為自己不夠努力，下定決心明天要更賣

力才行。結果隔天的成績反而比前幾天還差。這個時候，有一個老前輩叫這個年輕人過去泡茶，年輕人心想：「成績那麼爛！那來的美國時間休息啊？」便大聲回答：「謝謝！我沒有時間，謝謝！」老前輩笑著搖頭說：「傻小子！一直砍材，都不磨刀，成績不好，遲早要放棄的，真是精力過剩。」原來，老前輩利用泡茶、聊天、休息的時候，也一邊在磨刀，難怪他們很快的就能夠把樹砍倒。老前輩拍拍年輕人的肩膀說道：「年輕人要努力，但是別忘了要記得省力，千萬可別用蠻力呦！」老前輩閃著他剛磨好發亮的刀斧。

　　別忘記！要結百倍的果實，不是有事情做就好。提昇你的技巧、能力、專業，時間效率高了，你才會有時間做你自己想做的事。

（37）成功者的特質

1. 喜歡自己並欣賞自己。
2. 了解自己的需求，並竭盡所能去達成。
3. 具備良好的溝通能力，並善於表達自己。
4. 在工作中建立良好的人際關係。
5. 願意對自己的行為負一切責任。
6. 喜歡新鮮新奇的事物。
7. 具有強烈的個人原則。
8. 總是做大部份人認為有價值的事。
9. 希望自己的表現，得到他人的肯定。
10. 具備高度的幽默感。
11. 盼望有一個充分領導權的角色。
12. 經常向學有專長的專家們請益。
13. 具備有效掌握時間的能力。
14. 充分享受工作的樂趣。
15. 永勇於接受挑戰，不斷向前邁進。

(38)不跑不會怎樣，跑了會很不一樣！

　　「店訪」本是許多陌生通路之一，也是許多夥伴期待嘗試的作業方法，總是期許自己能在短期內解決客源及業績的問題，但經過市場的洗禮後，挫折不斷，心情常在低檔徘徊，不但成交遙遙無期，面對目標，心中如有千斤萬擔般的沉重；如果常此以往，行動力自然會弱，而DS作業也會在此時悄悄地走入尾聲！

　　我一直認為DS最大的好處不只是成交Case的成就感與金錢的回饋，我覺得DS對我們業務工作上有更績極的功能。說實在話，除DS作業外，我們平常的業務工作也要不斷面對挑戰，伴之而來的承擔與壓力也一直沒少過，而我們就像一條橡皮筋，要不斷保持適當的彈性與張力，但經營的過程中總有許多因素會讓這條橡皮筋鬆弛下來，不自主地讓自己躲到黑暗的角落，如Case的挫敗、服務瑕疵、客戶認知差異…等，其中「不知如何安排下一檔約會」是我認為最容易掉入時間管理失調的旋渦。在還沒跑DS之前，自己常常在中午過後，全副武裝離開了單位，站在辦公大樓旁的十字路口，當下總是我最徘徊不定的時刻，因為東南西北真不知道要往那一個方向走，往往最後「家」變成最溫暖的歸處，而當天也就因此浪費掉了，而壞心情卻延燒到了明天。所以，不論是一日三訪也好，一日五訪也罷，能在「工作日」讓自己的時間滿檔是重要的，能滿檔我們的行動力就不容易懈怠，橡皮筋也就不會疲乏，伸縮自如，自然彈性十足射擊力強。

　　而DS的好處也就是在我們身處徘徊時，讓自己有了最佳的去處，如果不成交但時間沒浪費，能Hold住業務的持續力；有成交，歡天喜地大呼過癮！

(39)引導新人成功的十個好方法：

1. 落實KASH

2. 身體力行帶動業績

3. 目標及升級的規劃

4. 掌握競賽的氣氛

5. 參與活動及工作分配

6. 檢討每日工作進度

7. 追蹤及記錄優質準客戶

8. 銷售示範及強化演練

9. 心情輔導及心理素質的培養

10. 陪同作業

(40)掃街比「氣力」，不比「力氣」

　　店訪不怕沒有力氣，因為走路人人可為，行有餘力，逛街走路一整天都不會累。但如是拜訪卻人人不同，有些人兩、三家店就喊累，但有些人卻樂此不疲，行雲流水瀟灑走一回。有如此大的差異，主要在於心中的氣飽不飽，心氣旺就能路遙知馬力，心氣虛自然虎頭蛇尾。而旺、虛的呈現卻又在於腦中的思維，正面的因子多，腦細胞較活化，心腦合一，力道就容易展現；反之，舉步維艱，處處是關卡。

(41)店訪如籃賽

　　籃球場上講戰略、戰術，當然也講球員的戰技，在有攻有守的對戰過程中，我們看見雙方教練在旁運籌帷幄，苦思對策，而球員配合團隊運作，將個人球技飆到最高點。所以籃球可是外行人看畫面，但內行人可欣賞細微策略處。

　　店訪也如一場籃場，我們有戰略、戰術、戰法、戰技，只要一　踏進商家大門就是佈陣的開始，不論是鋼式的步驟還是節奏的掌握都能揮灑自如；不論技法的展現還心法的配合都能隨心所欲，最終讓對方節節敗退，不知所措，成功達陣。

(42)DS的大躍進與小雀幸

掃街效能的躍進靠經驗的累積及學習上的努力，反覆揣摩，將技能及心法提昇到爐火純青的地步，成交率開始出現理想的數字，而這約要3個月的時間。過程中雖會跌跌撞撞，但三不五時市場也會帶來好運，因為許多商家本身對保險已有些潛在需求，而此時的相見，卻能一拍即合，好運上身，在短時間內成交，是我們展現行動力後的小雀幸。

(43) 現況的危機卻是心境的轉機

業務的低潮再所難免，有些人老神再再，視而不見；但有些人憂心匆匆，苦思不解。其實，我認為有危機感的業務夥伴較能展現行動力，力圖在短的時間內改變現況，走出困境。只因為內心會憂慮　，就會希望找出方法，扭轉頹勢。古人說：「人生於憂患，死於安樂！」的道理也在於此。

所以，業務的低潮是心境改變的良機，驅使我們上緊發條，提氣再上，快速擺脫低檔。視變化為造化，就能活化事業，再創不朽的神化。

(44) 天邊的彩虹與眼前的玫瑰

彩虹很美但千里之外，穿越其中，總覺迷濛；玫瑰有刺但伸手可得，鮮豔欲滴，愛不釋手。

DS很難有大保單出現，畢竟認識不深，能成交已經是萬幸之事，何況在成交的過程中可能處處刁難，好似玫瑰梗上的刺，總要我們小心翼翼，隨時防範突來的變化，但玫瑰是美的，就算只是一小朵含苞待放，都終會花開並蒂，且假以時日，遍地開花，花團錦簇，我們就是花園的主人。

DS成交的客戶其實不難經營，因為有高度信任的基礎，雖然剛開始都是小保單，但只要服務到位，勤走勤跑，衍生出第二張保單的時間不會拉太長，且保額保費都會逐件拉高，續繳率也都不錯，緣故化的成績會漸入佳境！

(45)聊天！

【聊天】就是：兩人(天)用力(卯)去聽(耳)

我們是業務員，要能聽出對方字裡行間的訊息，這些訊息包括情緒、感受、關注、需求、看法、事件……等，找出風險因素，引導話題。所以，「傾聽」就是在發掘機會。

而聊天的對象也在聽，聽我們的回應，如能滿足心中的想法，或是獲得適當的慰藉，當我們引導風險話題時，就有繼續聽下去的意願。所以溝通以「聽」為主，而「詢問」是創造傾聽的互動方式，而過程中的催化劑是肯定、欣賞、讚美對方。

所以聊天以聽為主，以詢問為輔。

(46)DS如何克服「緊張」？

1. 想想比我們還辛苦的人比比皆是，比我們還艱辛的工作所在多有！
2. 想想家人的期待，子女的成長，他們的未來繫於我們現在的努力！
3. 想想自我應許的諾言，曾經誓言旦旦的鴻鵠大志！
4. 想想別人報帳時，我們內心的感受；別人出國時，心中百般的無奈！氣憤填膺就能破繭而出，再造浴火鳳凰！
5. 想想過去拜訪時所遇到最壞的態度，再差不過如此！
6. 想想在辦公室沒事幹的無聊心情，出來走走，在外流汗總比在家流淚好！
7. 想想全台灣還有許多DS的夥伴，走在大街小巷，也同樣在面對一樣的壓力，但他們義無反顧，大步向前！
8. 想想當下走不下去，是否有更好的替代方案？如果沒有，我們也就沒資格緊張了！
9. 想想店內的老闆或門市，當我們破門而入，他們的緊張指數可能比我們還高！
10. 想想葛老師已經53歲了，你們在跑，我也從來不缺席，我永

遠在你們的身邊，DS路上有你就有我！

多想想正面激勵的因子，就能將負面的思緒一掃而空！

(47) 店訪要有的心理認知與共識

1. 商家講的話尊重但不當真，左耳進右耳要出。
2. 商家正面的言詞，我們錦上添花；負面的言詞，就當雪中送碳，是給我們熱力，訓練自己快點成長。
3. 賣場內「以合為貴」，我們無法犀利以對。
4. 商家好聽的話，我們洗耳恭聽，難聽的話充耳不聞。
5. 商家好的臉色，我們要視為緣份；商家不好的臉色，就當視若無睹。

(48) 體力+心力+氣力＝戰力

掃街在外風吹、日曬、雨淋，兩條腿馬不停蹄，流汗當沖涼，下雨當洗澡，我們要保持應有的體力。除體力外，我們企圖心要強，鬥志要夠，使命必達才能完成目標，這靠心力的具體展現。

佛燒一柱香，人爭一口氣！業務員要有不服輸的精神，動如脫兔，義無反顧；但也能「氣」定神閒般的淡定沈着，靜如處子，不動如山！而忍「氣」吞聲，更是考驗我們的EQ，堅此百忍，若能吃得挫折苦藥，終保金剛不壞之身。

(49) 借力使力前，自己先要有點力！

夥伴間互助、支援、相挺，都是團隊作業很重要的運作內涵，也是團隊成功與否的關鍵因素。

但我們應認知，個人素質的優化，才能帶動整體人力資源的全面提昇，夥伴間再交互的切磋，就能借一力使百力，借一人用百人的加乘效果。但人的互動是相對的，自己的資源強，別人加諸自己身上的東西自然也會多，不費力的事就能水到渠成。

(50) 做自己

　　有部份夥伴在賣場中容易患得患失，遇到態度親切的商家，表現四平八穩，有攻有守；但一旦遇到商家不屑的神情時，就會亂了方寸，進退失據，所言無物，在氣勢上輸了一大截，暗然退場！會有如此大的落差，主要原在於心理素質的強弱導致，因人性上喜和顏悅色，不喜嚴肅怒目，但如何能淡化影響，自我的心理建設就很重要：

1. DS核心價值的建立【不、步、布、佈、部、簿】
2. 視而不見、充耳不聞的自我中心
3. 就當是一個不花錢訓練自己的好機會
4. 對方一定對許多業務員講過同樣的話，我們並非唯一。
5. 進門就當回家，門市就是親人，就算親人心情不好也是常有的事。

(51)「對方想聽什麼？」比「我想說什麼？」重要！

　　掃街初訪時，為能有效掌控賣場的情境，也為了留給對方深刻的印象，它是一場秀，一場能引起對方內心共鳴的秀，所以我們說的話會較多，但我們說的大都透過詢問的方式產生良性的互動，而詢問的問題則在於對方好回答且樂於回答的問題，如此對方好上口，我們則能見機行事。

　　所以我們初訪的重點應是儘量說對方想聽的話，而非完全我們自己想說的話。

(52)「我認為…..」與「準客戶認為.....」

　　許多夥伴對DS會有自己的一些看法與見解，有新意也有創意，認為運用在市場中應能為商家所接受的訴求，但真正進入市場時卻又狀況不斷，心力交疲挫折滿包，始終不知道原因何在！

　　雖然自己的看法很重要，但畢竟有主觀的因素在內；如能結合市場的資訊，也就是說以商家的思維為出發點，找出因應之

道，就能對症下藥，許多的問題當然就能找出答案。掃街是一個高度依賴市場經驗值的通路，透過商家客觀面的回應，方法及技巧就容易日益精進，水到渠成。

(53)關於「挫折」

有句話說：沒有皺紋的祖母最可怕，沒有挫折失敗的過去無法連結人生。愛默生對「挫折」的看法是：「發燒、肢體殘障、冷酷、無情的失望、失去財富、失去朋友，都像是一種無法彌補的損失，但卻展現出潛藏在所有事實下的治療力量。朋友、自己配偶、兄弟的死亡，所帶來的似乎都是痛苦，但這些痛苦扮演著指引者的角色；因為它會操縱著你生活方式的重大改變，終結幼稚和不成熟，打破一成不變的工作、家族或生活形態，並允許建立對人格成長有助益的新事物。」

所以當你遇到挫折時，你應該算算看你從挫折當中，可以得到多少收穫和資產，你將會發現你所得到的，比你所失去的還要多得多。

(54)要能「學」得好，並非「說」得好

市場實作的第二天，夥伴都會很緊張，見到我就說：「葛老師，我現在腦袋空空，待會在賣場我鐵定說不好，甚至會冷在現場，怎麼辦？」我說：「緊張是正常的現象，但我希望妳還是能放寬心去說，妳能說妳就儘管去說，如有詞窮的狀況，我會幫妳補詞，絕對讓妳無後顧之憂。要知道，今天的訓練，原本就是讓妳在賣場『語焉不詳、錯誤百出』，而我在妳旁邊觀察，是要知道什麼是妳的優點，什麼又是妳不足的地方。我在現場補詞只是讓妳知道，我們彼此訴求的差異，透過現場的比較，學習上才能真正到位。

此外，我會知道妳講不下去的「點」在哪裏？離開賣場後我會馬上跟妳細說分明！所以表現不好是正常，能錯誤百出，才知缺點何在，才有成長的空間，這也是我們實作目的。如果換個

角度，如果今天妳已經能滔滔不絕，那這兩天其實就不用花錢學習了；而且拜訪順利不代表沒有缺點，只是暫時沒被凸顯出來罷了，但相對成長的空間就小了！」

市場實作就是讓夥伴在錯誤中走出自己，找到自己可行的模式！

(55)撥弄保險的心弦

◆承受保險

1. 認知的衝擊

   社會的刻板印象 ／ 家人朋友的質疑 ／ 失敗的案例 ／ 角色的改變

2. 調整心情

   愛、責任、關懷 ／ 單純的環境 ／ 一分耕耘、一分收獲 ／ 揮灑的空間 ／ 逆向思考

3. 理念的培養

   合法的 ／ 專業的 ／ 理論的 ／ 學習的 ／ 挑戰的

4. 自我定位

職涯的規劃 ／ 理想的目標 ／ 學習的方向 ／ 累積人際資源

◆履踐保險

1. 接受挫折 ----- 成長的開始
2. 承擔壓力 ----- 培養工作韌性及耐力
3. 面對競爭 ----- 強化人力資源
4. 有效的時間管理 ----- 掌控工作步調
5. 落實K.A.S.H ----- 認清工作內涵
6. 創造影響力及魅力 ----接納眾人意見，體恤別人心情
7. 落實行動 ----- 釐定計劃，設定目標

◆體會保險

1. 了解人性的面向/2.客戶的回應/3.理賠的感受/4.社會評價的改變/5.融入團隊的樂趣/6.制度與福利/7.成就的差異/8.希

望的每一天/9.經得起考驗的未來

◆享受保險

　　1.穩健的未來/2.無法取代的人際資源/3.豐富的學養及管理技能/4.永無止盡的事業格局/5.休而不退的生活閒情

(56)銷售就是為了成交，不然要幹嘛！

　　業務員的時間是寶貴的，因為我們沒有底薪，所以必須在有限的時間內，創造時間的效益，提高時間的報酬，得到我們應有的回饋。

　　一秒鐘就如同沙漠中找到一滴水般彌足珍貴，所以正常的工作時間除了學習、會議、應有的活動外，其餘的時間都應該放在與銷售、增員相關的行動中，而且是目標導向，一切以數字為依歸。

　　「行動力」是一位業務員必備且必要的條件，但行動力並不代表只要出去跑就可以了。就像許多夥伴會跟我說：「老師，我跟你學DS就是訓練自己的膽識！」這話聽來好像沒錯，但如果只是浪費時間出去讓自己心臟一上一下撲通撲通跳兩下，就認為該做的都做了，好像對自己及別人都已交差完畢，殊不知時間像流沙般已在手中滑過，而白板上的數字依舊是「零」。

　　「成交」絕對是業務員的一帖良藥，挫折感高的時候，可先透過小小Case幫自己打打氣，不論是意外險、車險、旅平險都不錯，只要成交，你會發現身上的細胞就活了一部份，改變心情就能改變事情，逆境中朝順境挺進，也就能逐步擺脫業務的困境，當火力全開時，銳不可擋！

(57)「話術」不只是「話術」！

　　許多夥伴傳訊息給我說：「老師，你常PO銷售或是商品的話術，但我一直覺得業務員應以自然的方式去面對準客戶，針對對方的問題及需求提供保險專業，進一步探知購買點。但我覺得

你寫的話術又很吸引我，真想背下來去客戶家現學現賣！老師，話術在銷售過程中真的很重要嗎？」我說：「真的很重要！話術本身是我們專業及形象定位的一部分，脫口而出的字句對銷售有畫龍點睛的效果，如能背下來靈活地去運用，更有臨門一腳的功能，業務絕非自然而然地面對準客戶，我們學的『銷售步驟』是骨幹，但如何能讓彼此的面談有血有肉，話術的穿插絕對能增色不少！」

　　我們都知道，保險事業很在乎訓練的紮實度，也就是說業務員應有所準備地去面對準客戶，所以我們強調銷售流程、建議書的說明、促成的作業、需求分析、保單檢視…等訓練課程，以上這些都業務員必備的功課，也是不可或缺的知識。但保險市場是非常競爭的環境，如何能脫穎而出率先出線，適時加上一些面談時屬於自己的特色就顯得重要了，而話術的運用就是其中可高度發揮我們不同於別人的內涵，而且現場展現，神靈活現，讓整個銷售的過程宛如一場對方想看的秀，信任度也就會提升不少，此外熟練的話術運用在面談的過程中還有其他好處：

(1)因為話術熟練，言語能輕易吸引對方，我們就能掌控面談的主控權。

(2)因為熟練話術熟練，能不假思索脫口而出，我們更能輕鬆地觀察對方專注的神情與程度。

(3)因為話術熟練，面對對方提出的反對問題，我們很容易找到思考的空檔，迎刃而解。

(4)因為話術熟練，我們腦海中就能快速連結，觸類旁通舉一反三，增強反應力。

(5)因為話術熟練，口條順暢，我們肢體的語言也就能隨之起舞，益顯加乘的效果。

(6)因為話術熟練，促成時就能四兩撥千金的收網，讓彼此在輕鬆中笑談成交。

　　話術的運用有許多好處，但夥伴一定要能背下來，不假思索的說出來，才會有意想不到的幫助！

(58)認養「活動」

　　早些年在業務單位時，每到歲末策劃會報時，課程中總會有一時段會安排來年的通訊處活動，包括四季的研習會、高峰特攻隊、高峰回顧展、商品說明比賽、雙月的軟性活動、晉升及表揚大會、保戶回娘家聯誼會、讀書會、辯論會、DS特戰班、陌生增員班、功能小組（晨會小組、訓練組、新人問診夜訓）、新人銜接訓練、新春團拜、望年會…等，洋洋灑灑有二十幾個重要活動要辦，好戲一場接著一場，讓整年的活動熱鬧滾滾。

　　但每項活動的舉辦，都牽連到人力及財力，錢的部分不算太難，單位每月有主管公積金，但人力的安排卻是一大挑戰，但每項活動都很重要，算是通訊處的精神食糧，也是團隊向上提升不可或缺的運作機制。而處經理又不希望每個活動都是透過指定人選或推薦的方式產生，而是在策劃會報的課程中針對每一項活動的重要性及意義詳加說明，讓夥伴們更能了解此項活動對個人及團隊的幫助，最終透過夥伴們主動的「認養」，一一產生活動的主辦人選，幾乎是人人得獎，但因為是自願的性質，夥伴們在新的一年辦活動的時候，個個興致勃勃，熱情不減！

　　其中DS的特戰班及陌生增員班，是我當初很有興趣參與的兩個活動，接了活動後更是戰戰兢兢地籌劃，從宣導、企劃、招募、組織、運作模式、目標設定，總是費盡思量，尤其當夥伴掃街遇到狀況或挫折不斷時，想盡辦法排憂解難，絞盡腦汁重現活力，雖然過程中有時心力交疲，不時擔心害怕，但也因為有如此訓練的過程，讓自己在DS這一塊累積了不少經驗，對日後的教學更有心得。

　　夥伴們，成長的機會隨時都有，業務員應有主動出擊的戰力，更要有主動學習及付出的企圖心！

(59)客觀、主觀

　　「主觀」是自我的認定及看法，能幫助我們進行計劃及顯現

預期的目標，在執行計劃的過程中，「主觀」能集中心力，提高行動量能，如能多蓄正面思維，能有效擊敗客觀環境的阻礙。

然而，變化多端的卻是外在的變化，風吹草動，昨是而今非，尤其保險業務工作，競爭激烈，要能脫穎而出，洞悉客觀競爭的狀態及現實，才能讓我們如魚得水悠游其中。

我常說「初訪」是一場秀，要能在賣場中突顯自己，強化形象定位，讓對方在最短的時間內接受自己，成為我們的客戶。之所以如此，就是因為店訪是競爭的環境，每天都有許多夥伴穿梭在大街小巷拜訪，且商家背後都有服務的保險業務員，如果我們忽略這些競爭者，希望按步就班的進行，我們努力的佈局及關係的培養會被程咬金們啃食殆盡，連骨頭一根也不留給我們，為避免如此慘狀，在賣場的秀卻能讓3個月的關係透過3分鐘完成，讓競爭者無處可鑽無縫可插，最終的贏面就會站在我們這一邊。

所以說，多抬頭東張西望比埋頭苦幹效果好很多，但不可偏廢的是，我們必須永保主觀上奮戰的鬥志及挑戰不可能的使命感。

（60）角色

讓我一直願意在市場拼搏的原因之一，就是回歸到自己的角色。而「賣保險」或「尋找事業夥伴做保險」就是不變的角色，當角色清楚後，思緒就會單純，情緒會沈澱，眼前的目標清晰可見，義無反顧，行動力就爆發了。

（61）「魅力」人人可學！

眾人前所展現的個人魅力，其實是各項學習的綜合展現，雖不少個人特色，但更重要的是，能透過方法及技巧不斷地自我訓練。

以保險業務而言，就算自己有些先天條件，但如果只是隨手舞弄、天馬行空一番，準客戶很快就會看穿我們的把戲；如能按銷售步驟進行，掌握快慢進退應有的節奏，在步驟及節奏中慢

慢加入自己的味道，假以時日，「魅力」就會潛移默化的上身展現。

(62) 勝出！

　　店訪本是競爭的業務通路，不只現在如此，早些年就有許多保險夥伴樂在其中！我曾拜訪台北市安和路一家精品店，一進門遞完名片，我的話還沒講兩句，門市小姐看著我的名片就冒出一句話：「葛先生，你是我今天遇見進門拜訪的第四位業務員了，除了前面有一位是保全業務來之外，其他兩位都是你們保險業的業務員，今天到現在，我進門的客戶還沒有你們業務員多！」

「小姐，不好意思！工作性質很主動，很難待在辦公室，所以常要出來走跳走跳，不過前面三位妳都不要理他們，只理我就可以了，因為我絕對比他們要值得妳信任！」

「真的嗎？為什麼？」

「我打包票，前面三位絕對沒帶好康的來給妳！」

「有甚麼好康的？是贈品嗎？」

「一般贈品不夠看，帶實惠有用的東西才是最好的贈品！」

「就是妳要賣的保險商品嘛！你說得好像是甚麼了不得的禮物似的。」

「小姐，我先問一下，先前進門的三位業務員有帶見面禮給妳嗎？」

「其實他們都來去匆匆！第一位進門遞完保全的名片就出門了；第二位有講了兩句話，但語焉不詳吞吞吐吐的，有點講不下去，滿頭大汗也掉頭出門了；你的上一位是一位年輕的小姐，人很親切客氣，要我做一份理財問卷，我馬上填完後，她只說有機會會再過來拜訪，也轉身出門了！哪來的見面禮？」

「我有見面禮，而且我有兩個見面禮。第一是我的名片，多一張名片就多一份服務，妳的保單雖不是我經手，但妳的保單卻可透過我來服務，24小時隨傳隨到，不同公司的保單我一樣

服務到位。第二是我幫妳準備好的一份儲蓄計畫的DM，利率6%(2002年的預訂利率)，每個月發薪後，撥一點錢進來，當個長期的帳戶，複利滾存後，我們的財富就變大了，有甚麼東西比「錢」更讓人期待嚮往，我的DM內容相信絕對讓你嚮往期待，妳看這張DM的內容……」

(90秒後)

「葛先生，你不一樣！你跟前面幾位真得不一樣，光是你能停在我店裡5分鐘以上，我就覺得你有些底子了，你講的這張DM我不一定會買，但我一定會認真考慮的！」

「真的謝謝妳了，有考慮就如金馬獎入選了，但我的片子還有許多精彩的部分，過兩天我們可再共同欣賞欣賞！但今天還有行程，那我先告辭了！」

這位門市小姐在第二次複訪時，也順利購買每個月5,000元的商品，皆大歡喜！所以夥伴DS不用擔心市場的競爭，「競爭狀態」有時卻是市場的利多，因為市場會容易形成「商品」的共識，因為許多業務夥伴都會提到，眾星拱月，炒熱氣氛，商機就出現了。但我們要能展現技巧，掌控賣場，能表現出與眾不同的耐力與氣勢，脫穎而出的就會是自己。

第三章
店訪的實戰技巧【S】

(1)DS的「移情作用」

消費行為中有所謂「從眾」的心理，也就是消費者會非理性跟隨多數人的行為起舞，希望找到自己購買的安全感。最顯而意易見的就是股市散戶的「追高殺低」。此外，「移情」的效果也是有目共賭，所謂「移情」就是透過他人的購買行為，反射及強化在自己的購買意願上，過去幾年，許多商品透過名人或藝人代言，所創造的效果就不錯。而掃街跑店，也可善用「移情作用」，而且現學現賣，認同度更高。

前年底在台南永康區帶夥伴實作，拜訪一家診所，遇到一位年輕的莊醫生，成大醫學院畢業，與幾位醫生共同開了這家診所。言談間，態度親切，對我們介紹的商品頗能認同，算是不錯的準客戶。走出診所，橫過馬路，下面一家是護膚美容的沙龍，櫃台有兩位小姐，其中一位是很年輕的店長，但接觸後發覺她頗有一店之長的派頭，講起話來直接了當，當我們在說明商品時，我不經意地帶了一句：「剛才我們拜訪對街診所中的莊醫生，對我們的商品很能接受，認為是不錯的養老計劃，過兩天我們還要帶資料去詳談。」此話一出，店長居然說：「你說的年輕醫生，常經過我們騎樓，只是他們診所我沒進去過，你們也拜訪醫生喔？」「本來是拜訪櫃台的護士，剛好醫生在後頭，也照到面，我們就聊了一下。黃店長，剛才DM中還有一個重點……」接下來，只見店長看DM的神情更專注了，也主動提及購買的預算。

我想有如此不錯的效果，就是消費行為中移情效果的發酵，而且DS不用名人加持，只要多拜訪幾家店，就會隨時找到我們能善加利用的人或店，而且永遠新鮮不過時！

(2)口頭上的「肯定」很重要！

　　每當我在賣場中說明完商品DM，感覺對方已經為商品所吸引，我會在最後Ending時說一段話：

　　「林小姐，我想請教一個小問題，假設妳不買，我是說『假設』，妳會不會覺得我這個商品上面的數字還不錯？」

　　「聽起來是不錯，蠻吸引人的！」

　　「林小姐，妳的看法和前面我拜訪過的店家一樣，他們也都覺得不錯，難怪我們公司賣的特別，此商品已經是我們公司所有商品的NO.1了！我會幫妳準備一份建議書，有專屬妳的貼心數字，買不買沒關係！」

　　在賣場中如能先獲得對方「口頭」上對商品的肯定，我們會得知對方真正的接受及關注程度，如果答案是肯定的，再進一步要獲得對方心中的認同就不難，當然手動簽要保書的機會就會大增！

(3)熟記拜訪口訣

1.「如果可以！」資料已經幫妳準備好了！只要三分鐘就能讓這份契約生效。

2.「妳講的沒錯！」我完全能體會妳的想法！但個案畢竟不同，如能.........

3.「那太好了！」妳先前買的保單絕跡變恐龍了，如果現在還有，肯定從基隆廟口排到墾丁大街！

4.買不買沒關係，投不投資不重要！

5.我這裡有一張DM可以給您當作參考，「工作之餘」，可以去了解一下，如果有需要，您有我的名片，可以跟我聯絡！

6.你OK我OK！你不OK，我也不會強人所難；我們掃街跑店，絕不趕鴨子硬上架！

7.我這樣說明您了解嗎？

8.這張DM單薄寒酸了一點！如果可以，我會規劃完整貼心的建

議書讓您了解！

9. 明天同妳一樣的門市小姐有兩份建議書要送，我會先送建議書到您這邊來，明天下午四點半您應該有當班吧？

10. 心動不如行動，行動不如手動，只要三分鐘手動一動，我們就可讓這份計劃書今天就生效！

11. 工作性質比較主動，所以我就破門而入了！

12. 我們的工作很難待在辦公室，常要出來走動走動，今天很高興能遇見妳，大家見個面結個緣了！

13. 人生何處不相逢，相逢自是有緣，有緣千里來相會，再相會就能延續我們的緣份！

14. 有空出來喝杯咖啡，但不聊是非，聊聊彼此業務的心得！

15. 有一首歌叫「明天會更好」，所以有機會下次見面，相信緣份一定會更好！

16. 買在高興很重要，買在壓力就沒必要了！

17. 目前有三不政策：「不投資，不理財，不保障。」現在都以儲蓄養老的商品為主。

18. 韓信點兵，多多益善，沒有人嫌銀行帳戶少！

19. 現在許多人都已經習慣把「儲蓄險」當銀行定存單。

20. 股票有高低，基金看績效，只有保險不用擔心不用怕，而且不花時間不用腦力！

(4)「如果可以！」而非「可不可以？！」

1. 如果可以，一個月只要3,000元，一年3.6萬，六年只有21.6萬，一部車一半的價格都不到就存完了！

2. 風險的發生絕不會按計劃進行；如果可以，我們就應該當機立斷，做最好的準備！

3. 如果可以，我們何不讓這份儲蓄計劃今天就生效，財富就開始累積了！

4. 因為同妳一樣的門市小姐有兩份建議書要送，如果可以，我會先到妳這兒來，進一步讓妳了解！

5. 如果可以，我會準備一份專屬你的建議書，買不買沒關係！

6. 花錢容易存錢難；存錢雖難，但「化整為零」就不難。如果可以，我們一個月3,000元就可以定時定額成為「小資」了！

　　在賣場中我們絕對不問：「有沒有？」「要不要？」「好不好？」「行不行？」「可不可以？」因為對方的答案絕對是：「沒有！」「不要！」「不好！」「不行！」「不可以！」譬如說：「我這裡有一張DM可以給您參考，不知道可不可以利用三分鐘跟您說明一下？」對方通常都會一口回絕。

(5)自己喜歡很重要！

　　掃街跑店時，「商品」的說明是重要的訴求，也是拜訪流程中不可或缺的步驟。商品說明的好壞，直接影響賣場展現的成敗，但何種類型的商品才是我們最適當的選擇？我認為儲蓄、理財、還本、養老…等可累積財富的類型是我們「首選」外（店家開門生意，財源滾滾旺旺來，說生談死，聊疾病住院、意外再加6缺2，許多店家是忌諱的），我們自己喜歡的商品是最重要的！但有夥伴跟我說：「應該是客戶喜歡什麼，我們就賣什麼？」也有夥伴說：「我們要做『需求分析』，了解客戶真正的需要才能量身製作？」更有夥伴說：「老師，現在流行什麼我就賣什麼？」以上針對商品的看法其實都沒錯，也都是我們要留意的，是重要的順位確非首位，一項商品之所以能產生生命力，在賣場中能發揮出神入化的魅力，其關鍵在於我們自己內心喜歡這個商品。因為喜歡，我們會去深入研究商品的特色、話術、及利基；因為喜歡，我們會認同，也因為認同，商品會是「生活」的一部份，而非「工作」的一部份；也因為喜歡，我們自己的信心夠，很容易透過商品的感染力讓對方喜歡，強化了彼此的信任度。所以說，如能選擇自己喜歡的商品，商品本身就不再是商品，而是賣場中產生溝通，建立情感橋樑的法寶！

(6)「你講的沒錯！」（複訪常用語）

1.門：老實講，我回去算了一下，一年已經繳不少保費了！這張雖然不錯，我想還是延後一點時間再考慮！

葛：妳講的沒錯！購買保單本是量力而為，我也希望你能買的高興，繳的輕鬆！但好的商品有時候就是不等人，等我們準備好，商品也下市了。就像妳店內的衣服，只要是好貨，一定常缺貨，甚至換了季沒貨了。有時候，我們在能力範圍內能先擁有一部份，是不錯的折衷方法！

2.門：葛大哥你知道嗎？我有「學貸」再加「卡債」，還要負擔房租及生活開銷，這張對我太吃力了！

葛：妳講的沒錯！我也是這樣渡過來的，很能體會妳的狀況。債務當然要優先處理，但如果都在還債，生活及工作也少許多樂趣。如果我們能一邊還大債，又能一邊存小錢，我相信工作起來也比較帶勁，「財富的人生」比「負債的人生」好太多了！

3.門：葛先生，保險就是保險，存錢就是存錢，兩者不要混為一談，我喜歡單純一點！

葛：你講的沒錯！許多人的想法和你一樣，也包括我在內！但政府已經把目前金融及保險業弄到不分家了，金融六法修定後，銀行也可大量行銷保險的商品，目前一元的保費中就有一半是來自銀行。此一狀況若是十多年前，銀行算是不務正業了，但兩個產業合流是趨勢，當然我們保險業的優勢在服務系統，不論是保障還是儲蓄、養老商品，經紀人的服務品質才是重點，這一點銀行櫃台就辦不到！

(7)一樣的「三千元」，不同的感受！

商品是業務員的武器，要武器能發揮最大的戰力，其中之一的方法就是將「商品數字化」，我們如能將DM中生澀的、沒生命的數字透過不同情境的訴求，有效地放大，就能展現「數字」不同的魅力及創造完美的想像空間，讓DM中的數字躍然紙上，舞出美妙舞蹈！

　　我們是保險業務員，銷售的是無形商品，但在陌生拜訪時，對方與我們什麼關係都沒有，而我們手中的籌碼也不多，如何能扭轉賣場的主被、動關係，除了我們是賣場的調溫高手，也應是夢想及未來的製造者，而商品中的數字就是美夢的製造機。譬如說：「六年投資、終身致富，我們的儲蓄險當我們退休後 （範例--30歲女性，每年11萬，六年66萬，65歲退休），每年公司給3.6萬的還本金，約一個月3,000元的月退俸，不無小補，錦上添花，這3,000元在我們退休後，月宿一次五星級飯店或是吃它十次自助早餐，想想口水都會流下來，感覺不錯吧！」如此將數字投射在未來可實踐的夢想中，3,000元的效率就會放大許多！

　　但一樣的3,000元，如果說：「這3,000元可以在我們退休後，每個月拿去超商『悠遊卡』加值3,000元，感覺還不錯！」我想聽的人一定沒啥感覺，太沒有Fu了！

　　市場實作有一位夥伴曾如此描繪這3,000元，他說：「退休後，你老了！親朋好友的年齡也大了。這3,000元不錯用，每個月包兩次白包，剩下800元，剛好再多送一個花圈，算是最後的見面禮，感覺還不錯！」此話一出，只見對方兩眼一瞪，倒吸一口氣，手指大門，就開始破口大罵○○Ｘ再加○○Ｘ，聲聲不絕於耳！所以訴求中千萬不要把好事變成壞事，把美夢變惡夢！

(8)一招半式打天下

　　知道現在的人，可能是保單買多了，三折肱成良醫，他們對保險也都不陌生，有些人對商品的瞭解甚至比業務員還深入，而我們拜訪時，只不過是丟出一個引子，希望透過這個引子，在這個時機點，再度燃起商家對保險的注意力，是不是一定要買我們原來的那張DM也就不是那麼重要了！

　　這也是為什麼我們不要準備太多商品的原因；另一重要原因，如果真的我們公事包中沒有一樣商品對方有興趣，反過來想，你不也已經跟對方談了一段時間，這就代表對方對你是有初步信任度的，此時不妨提出保單整理的訴求，先以「擴大範圍」

的商品策略因應，然後透過整理、差異、比較、建議的過程，找出缺口，一網打盡。

所以，我還是強調，拜訪時的商品能愈單純愈好，我們只不過把商品當作媒介，透過商品把我們的專業與誠意傳達給對方，這才是我們拜訪的重點。

(9)抓到他想要的感覺

去年5月初在中壢SOGO商圈實作，我及夥伴進入一家鞋店，店內的裝潢新穎，應是開幕沒多久的新店，裡面的男店員很年輕，且一身帥氣時尚的穿著，頭上配個小帽，頗有男模的架勢。但當我遞完名片，表明來意後，對方的態度卻是冷冷的，且當時隔壁店正在裝修，聲響很大，講話很吃力，並不是很好的溝通環境。此時想法一變，不如右口袋的共同話題拿來運用一下，希望能把僵局打開，我說：「林先生，你的穿著很有特色，應是我們一路拜訪下來所有門市中先生小姐中最有品味的！」「真的嗎？」此時我見他眼睛一亮，知道機會來了，接著說：「你在大學是學這方面的嗎？」「謝謝！我看起來像大學畢業嗎？」「是啊！你應是板橋那間藝術大學畢業的！」「不！我只有高中畢業，我讀的是在陽明山大小S讀的那間。」「華岡藝校！」「對！我修戲劇，但我覺得趁年輕要創業，這是我自己開的第一家店，透過學校所學，我希望給進門的客人有不一樣時尚與藝術兼得的消費感受 ⋯⋯」

我及夥伴就在高分貝的施工聲中，與這位年輕的老闆對談了一會兒，中間我利用機會說明帶來商品DM，看得出對方興趣不小，應是不錯的準客戶。但這家店卻是我離開後最口乾舌燥的一家店，耳朵中尚有嗡嗡鑽牆之聲，聲聲椎心刺骨，感覺拜訪此家店卻用了五家店的氣力！

所以「觀察」是我們商家拜訪的重點，而觀察的首要即是對方的裝扮，畢竟人要衣裝，穿著打扮已是他個人特色的展現，如果能從此切入，往往會有意想不到的收獲！

(10)正式的穿著，就是最好的擋箭牌！

　　DS夥伴的穿著，不論男女，我都希望能更正式且傳統些。男夥伴較單純，西裝一套，走遍大江南北；女夥伴可以多些彈性，但視覺上千萬不要讓對方以為我們是來消費的。賣場中本是營業場所，他們也要買賣營生，如果你的穿著看起來不像業務員，對方很快就會進行「反推銷」，如此一來，我們的角色就混淆了，要再能訴求我們的商品，感覺就不對了。

　　我們的穿著樣式，就是拜訪時視覺形象上的定位。如果對方一眼就能知道我們是業務員，腦海中想的只會是如何拒絕我們的說詞，當下「反推銷」還來不及出口，我們很快地能掌握賣場的氣氛及銷售步驟的進行，這是透過對方的視覺，所設計好的隱藏性效果。此外，穿著的正式也表示對商家應有的尊重！

(11)有客人一樣可以拜訪

　　一般商店只要有客人，是不適合我們拜訪的；但有一些商店，卻是可行。而「生活工場」就是其中之一，原因有二：(1)賣場的文化是不主動招呼客人，櫃台的門市只負責結帳及詢問。(2)門市是「底薪制」非「獎金制」的給薪制度，也就是說他們是拿固定薪水的，所以賣場就算有客人，我們的拜訪對門市的影響不大。類似「生活工場」型態的商店還有不少，像「無印良品」「亞藝DVD租售」、「玫瑰、新格唱片」、「皇冠、花蝶漫畫」等店態都是不錯的市場。

(12)除一般商店外，不可錯失的其它地點：

1. 樓上或地下室的店
2. 巷、弄內(尤其是「弄」)的店
3. 新社區或新大樓下的店面
4. 新開幕或還在裝潢(可先記錄)的店
5. 大賣場(大潤發或家樂福)內的商店街

6. 屈臣氏的化粧品專櫃

7. 「謝絕推銷」的店

8. 捷運站的店(非地下街,每站通常只有1~2家店)

9. 大型商辦大樓內的店

10. 形成新商圈的店(捷運站附近)

11. 3C廣場中沿著四周牆壁開的店(櫃台不面對走道)

12. 騎樓下的店(外攤),且是長期固定設置的攤位

(13)店訪絕佳的拜訪時機

1. 大熱天、雨天,颱風天是業務員的天

2. 如果不打算休息,星期六、日下午時段不錯(會碰見老闆)

3. 停賣商品的前一、兩週

4. 新商品的嘗鮮期

5. 公司或政府有重大保險利多消息發佈

6. 社會上發生的重大事件(與風險或意外事件有關)

7. 門市人員每月5~10日的發薪週

8. 商家特賣或換季後一、兩週內

(14)店訪開門七件事

1. 微笑以對

2. 快步趨前

3. 說明來意-「小姐妳好!我是來做拜訪的!」

4. 介紹自己-「我姓葛,在○○人壽服務,因為工作性質　比較主動,所以我就破門而入了!」

5. 請教貴姓-「還沒請教小姐您貴姓?」

6. 肯定讚美-「真是陳、林滿天下,一路拜訪過來十幾家店,你可是第四位陳小姐。從妳的笑容中,感覺得出妳是最親切的一位,因為前面三位陳小姐都不理我,而且告訴妳一個小秘密,妳還是四位陳小姐中最漂亮的一位。」

7. 緩和抗拒-「因為我們的工作性質很難待在辦公室,必須常常

出來走動走動，今天走到這裡，很高興能遇見妳，大家碰個面結個緣了。林小姐應該買了保險，不知道買的是那一家保險公司的商品？」

(15)關鍵的商品力—「故事化的數字及對比」

好的商品說明要能將數字包裝在分享的保險故事中，才能達到事半功倍、臨門一腳的效果。下面我列舉幾個例子說明，夥伴就會知道差異在哪裡？

【範例一】

（無） 我們可以透過這份短年期的儲蓄專案，讓我們滿期之後能夠常常出國旅遊，達成環遊世界的夢想！

（有） 六年儲蓄、終身致富，每年存11萬，六年共存66萬，約一部國產車的價格，但六年後，車子剩不到10萬價值（尚不含六年的油錢及保養、車險、稅金等開銷），我們確能創造每兩年2.8萬的利得，不要說東南亞，來去夏威夷的機票錢都有了！而且一直拿就一直玩，一直玩還一直拿；玩到不想玩，再將所有的本金領回！

【範例二】

（無） 我們這個方案提供很好的養老規劃，能讓我們退休的生活品質更好，雖說我們不是軍、公、教，卻能享受月退俸般的愜意生活，真正因應未來高齡化社會的最佳選擇！

（有） 我們這個方案，當我們65歲退休時，每年3.6萬的還本金，等於每月3,000元的利得，不無小補，錦上添花，讓不是軍、公、教的我們，也能享受月退俸的生活小享受，真是人生快意之事！

【範例三】

（無） 我們都是上班族，如果按此計劃，六年後每年領一次還本

金，算是我們辛苦一年後的年終獎金也不錯，老闆就算不給，我們就當給自己加薪，而且存的錢一毛也不會減少！

（有） 我們都是上班族，如果按此計劃（本金100萬），六年後每月能幫自己加薪2,000元 ，而且加薪70年（30歲存），退休後都還有，不亦樂乎！如果當作年終獎金，每年有2.4萬，約一個月的固定年終獎金，就算老闆不給，我們公司給，不亦快哉！

以上的說明，夥伴就可知道數字帶來不同的商品影響力，但我們說明時應具實以報，不誇口，沒有不當的報酬承諾，才是我們業務的正途，也是事業細水長流的不二法門！

(16)「看」→「問」→「聽」→「說」

　　觀察對方的神情，能夠快速知道對方接受我們拜訪的強度，因為人的眼睛會說話，是閃爍還是專注，一看便知；無論好否？我們可透過左、右口袋的問題，透過詢問的方式，產生對話，了解對方對我們問題回應的程度，此時也正是彼此情感交流的開端，對方此時如能開始說一段話，我們必須靜靜的傾聽。

　　認真傾聽是要學習的，我們要學著在傾聽別人說話時，摒除內心所有雜念。這其實是一種犧牲，將我們自己延伸出去，把噪音和雜念一掃而空，真正進入說話者的世界，哪怕只有短短的幾分鐘。認真傾聽是以說話者的立場來「思考」，以說話者的立場來「感受」。這樣一種對說話者的強烈認同，是建立在同理心之上，必須進入說話者的思維，真正了解對方內心深處的想法。如此，在銷售上我們才能對症下藥，找到購買點；在增員作業上我們才會知道現在是否是增員對方的最佳時機與選才的判斷；在組織經營上我們才能全盤了解狀況，做出正確的決策。

　　最後才是我們的說明，但在賣場的說要言簡意賅，重點說明，但Ending的話（複訪的要求）一定帶到。

(17)「望」出業績

　　賣場中「觀察」是重要的，眼睛所見到的人、事、物都可能

是重要的訊息，舉凡店內的小孩、寵物…等，因是商家的最親與最愛，如能美言稱讚一番，鐵定會有不錯的效果！此外，商家於賣場中私人的陳列物，更需要我們眼觀四面，看出機會。

　　三重區有一家花店，佔地不小，賣場中花團錦簇美不勝收，各式各樣的鮮花目不暇給，進門拜訪可是視覺及嗅覺上的一大享受，後頭櫃台的老闆娘更是笑臉迎人，對業務員的造訪依舊態度親切，當我正準備進行業務訴求時，眼睛一瞄，櫃台後的牆壁上三張照片一下子吸引了我的目光，哇！那可是老闆（後來確認）跟過去三位總統的正式合照，心想這花店一定頗有來頭，當下沒有別的念頭，針對照片倒是跟老闆娘聊了許久，果不出其然，老闆就是新北市花藝協會的理事長，這家花店已經有二十多年的店齡，許多人都是慕名來這兒買花。後來老闆娘先是跟我買了一份「商業火險及公共意外責任險」，幾年後又跟我太太加買了小孩的終身增值的壽險；回頭想想，那三張照片太重要了！

　　所以我們在賣場中一定要留意對方私人的器物，譬如一張全家福或橫渡日月潭的照片，一部小摺鐵馬，櫃台上的小魚缸，獎杯、獎牌與獎狀，這些都是珍貴資訊，如能善加運作，就能在賣場中快速跟對方建立共同的話題，離成交可是跨前了一大步！

（18）動作慢3秒，說話多3秒！（關鍵的3秒）

　　賣場中的狀況真是千變萬化，他們的態度也是兩極化。有些商家親切友善，但許多卻又拒人千里加冷眼相待，真叫「如人飲水、冷暖自知」。

　　面對較不友善的商家，雖然要成為A級或B級準客戶的機率不高，但我都會設法留下一張商品DM才會離開，尤其從公事包中拿出DM的時候，我都會刻意慢一點，我會利用手在翻公事包找DM的動作，以拖延3秒才拿出來，但這3秒卻是關鍵時間，因為這類型的商家當我們拿DM出來，聽下去的意願都不高，所以「說明」要放在前，但時間不多，只有3秒；此時我的嘴巴不停歇，馬上帶上DM中最重要的特色，雖然只能多說短短的一句

話，但有可能就因此逆轉勝，對方聽DM的意願就出來了，三秒就會變三分鐘，三分鐘會變成三十分鐘了。以下是三秒鐘的話：

1. 這個商品目前已是公司第一名的熱門商品。

2. 最近賣的特別好，附近商家都已經成交好幾張了。

3. 一路拜訪下來，已經有3家店要求我們送進一步的資料過去。

(19)軟、硬不同，策略不同！

針對拜訪的店家，依照「人的年齡」我會有分成兩種。一種比較「軟」，一種比較「硬」；所謂「軟、硬」不過是指我們拜訪時自身的感受。比較「軟」的店泛指一眼望去窗明几淨，店態頗新，店內的門市不多，且與自己的年齡相若或是同性別，自己感覺要推門進去的意願大許多。反之，比較「硬」的店，可是一些店態老舊，招牌都已掉漆剝落，往店內一看，坐著一位白髮老先生或太太（應是老闆級的店），我們感覺要進去的意願不大。

當我們面對比較「硬」的店時，透過「產險」會是不錯的訴求。要知道，許多老闆可能並不是很在乎自己的生命風險或退休規劃，但卻非常在乎自己事業的風險管理，因為這家店是他多年來的心血及所有資產之所在，如能透過產險中的「商業火險」及「公共意外責任險」卻能保固這家店的永續經營，而且產險一年的保費並不貴，兩個商品各200萬的保障，每個月只有400～500元，是對方在短時間內就能接受的價格。如能透過產險的連結再導入壽險，我們就很快會有「老闆級」的壽險客戶。

(20)說明少三秒，收尾多三秒！(致勝的三秒)

在賣場中說明商品DM時最忌長篇大論、口沫橫飛，能在90秒之內說完是最理想，因為商家絕對沒有意願聽陌生人過長的業務訴求，「麥當勞」從點餐到出餐的標準作業是90秒內要完成，因為他們研究過一個人站著排隊等待餐點的耐心是90秒左右，而我們的拜訪雖然不似「麥當勞」的情形，但實務的經驗值

告訴我，說明商品能在90秒內完成的效果最佳。所以，我們針對商品的說明，應採「速戰速決」的策略，透過「歸納法」，將商品整理出1～3個重點即可！但重要的是，每個重點都要是引人入勝的小故事，而且中間要帶到數字、比較、譬喻穿插其中，瞬間才能展現商品致命的吸引力。

（21）賣場中的俏皮對話

1. 葛：林小姐，不知道妳的保單是不是買在我們公司？

   林：對耶！

   葛：林小姐，我們出來拜訪最高興能碰到保戶，公司交待碰到保戶一定要特別照顧，別家店只能待3分鐘，保戶的店一定要待30分鐘才能離開耶！不過，這是開玩笑的啦！

   林：嘻嘻，有點嚇到！

2. 葛：林小姐，不知道妳是不是我們公司的保戶？

   林：不是耶！我買在○○人壽，而且買好幾年了，有一張都快滿期了！

   葛：真要恭喜你了！早先年的商品利率高，報酬不錯！但可惜變恐龍絕跡了，如果現在還有，鐵定「基隆廟口」排隊到「墾丁大街」。但我們目前有一個方案也不錯，假以時日若再重出江湖，也一定也從台灣頭排到台灣尾，只不過到那時也沒有了。但目前可剛推出，熱烘烘的，接受度很高，我這裡有一張DM，工作之餘可以去了解一下……

3. 葛：林小姐，不知道妳一年要繳多少保費？

   林：一個月就要2萬！保費都已經繳到天花板，毛巾都擠不出水了，我想我不需要了！

   葛：嗯！的確不少，一年就要24萬，根據我檢視保單的經驗，其中一定有一大部份是儲蓄存錢的，如果真是如此，那也代表透過保險幫妳存了不少比現在市場利率高許多財產，所以妳繳的保費沒有不見，反而帳戶跟TIDA一樣，變大變長了！公司目前也有一個小儲蓄方案，經過一段時間後，類似

TIDA有放大的效果。這裡有一張DM，工作之餘可以去了解一下……

4.葛：陳小姐，妳看起來很年輕，保單是自己還是父母親幫妳準備的？

陳：都是我自己買的！

葛：那妳命不好！前面的小姐都是父母親幫她們買的（俏皮話）！但沒關係，妳將來的命很好，因為錢都在妳自己身上，想怎麼用就怎麼用！

5.葛：陳小姐，不知道妳買得是那一家保險公司的保單？

陳：在○○人壽，而且買幾年了！

葛：好討厭呦！一路拜訪下來大都是買妳們○○人壽的！（俏皮話）我們公司只能算是第二名，不過恭喜妳買到的是好的保險公司，當然我們也不錯，可說好上加好！

　　雖然俏皮話不是那麼正經八百，但只要不流於低俗不堪，在賣場中卻有「關鍵語」的效果。因為我們如此一說，賣場中的氣氛頓時間會歡樂不少！只要我們能促使對方笑臉以對，我們自己的緊張情緒就會下降，信心一來，講話口條都會順暢不少。「俏皮話」的運用，也可採「反話、對比」的方式最見效果，除能凸顯對方的「好」與「不同」外，對方對我們的印象會深刻，如再能莞爾一笑，好事就更近了！

(22)賣場中的墊片

　　我們拜訪時，進門遞完名片後，如果發覺對方面有難色，我會主動的補一段話：「林小姐，我們這裡會不會常有業務員來拜訪！」「對啊！幾乎每天都有，都快被煩死了！」我會採取兩種不同的回應內容：

1.「真不好意思！今天多我這位不速之客！所以我有一個外號叫「討厭鬼」，進門就會影響妳們做生意了！不過我絕對不同於前面的業務員，之前的業務只是「過客」！我可是「經過

請客」，我這理有一份健康期刊還不錯，有空可看看，是不錯的資訊，所以我說前面業務員就不用理了，只要理我就好了！」

2.「其實我們業務員也不是每家店都會進去拜訪，如果妳的店三不五時有業務員來拜訪，也就代表妳們店給人的感覺是親切溫馨的；也因為如此，就會有更多的消費者會進來消費，所以不用妳說，妳們家的生意一定不錯，尤其是妳在店中服務的時候！」

通常如此一說，對方大都會一改難色，甚至笑顏逐開！接下來的「話」我們就好接了。

(23)銷售的兩張王牌 —「稀少性」與「尊貴性」

商品的「稀少性」與「尊貴性」都是在滿足消費者購買的心理面，如能將人心中的渴望發揮到淋漓盡致，買賣自然順理成章！所以俗話說：「物以稀為貴！」從古至今，凡多有善用者，生意絕對是源源不絕，財源滾滾旺旺來，真不知成就多少富商巨賈！

1. 稀少代表「不多」。能適時的擁有商品，可是千載難逢的機會！市面上一般商品的「限時搶購、逾時不候」，都是在運用此一心理。股市投資人的「追高」及基金的限量、檔期的操作，都是透過「稀少性」的原理。而多年來保險商品的停售效應，更是屢試不爽，戰果輝煌！

2. 尊貴代表「不同」。要知道人的內心深處絕對要的跟別人不一樣，甚至位高一等，才能凸顯自己與眾不同。所以此一商品一定能在比較的消費心態中，滿足個人尊榮的心！我們搭飛機有頭等艙及經濟艙也是肇因於此。所以我在店訪時常會跟對方說：「陳小姐，這個專案可是一般商家的專屬，算是店舖的VIP級的，有一些配套的辦法，上一季買的商家都沒有，此時出現真是難能可貴！」

銷售心理是一門頗令人玩味的學問，可論述的也極多，但適時

善用「不多」與「不同」的技巧，就能有臨門一腳的效果！

(24)「譬喻」、「重複」的運用是銷售上重要的技巧

1. 我們的儲蓄一月最低3千元，一年3.6萬，六年21.6萬，只有一部國產車1/3的價格；車子六年後所剩無幾，我們財富確不斷增加！【譬喻→產生比較】

2. 現在年終就是「拿獎金買獎金」的好時機，我們的方案除六年為自己存了一桶金外，接下來每年都會有一個月的年終獎金！更棒的是，退休後我們公司每年照發一個月的年終獎金。【譬喻→產生比較】

3. 六年之後每兩年可領回有2.8萬，我們可以一直玩一直領，一直領一直玩，玩到不想玩，再把所有的本金領回來！【重複→加強語氣】

4. 我們的「本金」會不斷長大，一直增加，一直增加，到退休已經增加到原始本金的兩倍！【重複→加強語氣】

(25)我常說跑DS要有「五到」

當我們進門後首先要懂得觀察，了解周遭的事物及對方的神情(眼到)，接下來的溝通與對話要能順暢(口到)，如果對方覺得我們的「秀」感覺不錯，心中就會接受我們，彼此之間感情開始交流(心到)，此時對方的回應我們能傾聽(耳到)，適當提供解決方案，如此要能簽約(手到)就不難了！

(26)賣場中常用的轉折用語 (潤滑劑)

1. 門：我們不接受業務員拜訪！（門市將名片退回）
   葛：這裡會不會常有業務員來拜訪？
   門：很多，幾乎每天都有耶！
   葛：不好意思！今天多我一位不速之客，因為我們的工作比較主動，在辦公室是沒業績的，所以常要出來走動走動，今天剛好拜訪到這區，很高興能認識你，大家見個面結個緣了，

不知道您是不是我們公司的保戶？

（「結緣」之說會讓對方覺得我們很親切，場面也會輕鬆許多。）

2. 門：這張DM我留下來，如果有需要我會跟你聯絡！

葛：謝謝你！不過根據我過去拜訪的經驗，從來沒有人跟我聯絡過。真的！連一通電話也沒有，我想你可能也不會，有時想一想自己也蠻孤單無聊的；不過，你不要誤會，我們是服務業，如果等你跟我聯絡，我的服務怠慢了，「主動」很重要，我會主動帶一份資料，比較貼心的數字給妳，但買不買沒關係！

3. 門：葛先生，老實說我有許多親戚及店內的客戶在做保險，如果有需要我會跟他們聯絡。

葛：買保險當然要支持親戚或客戶，因為他們一定會幫我們的保單仔細地量身製作，面面俱到，萬無一失，做最好的風險規劃，提供優質的售後服務。其實我也有一樣的服務熱忱，尤其你的保單分屬不同的保險公司，如果能多一位經紀人服務，就會多一份「補強效果」，就像粉刷牆壁，多一層塗料感覺就是不同！

4. 門：葛先生！你已經是今天進來的第四位業務員了，我真的不需要了！

葛：真不好意思！前一家店也說我是第三位拜訪的業務員，好像我都比別的業務員晚一點，沒關係！我明天一定是第一位來，讓妳覺得新鮮一點！不過今天來的前三位以後都不要理他們，只要理我就好了！

（輕鬆、幽默的說法會讓賣場的氣氛和緩，只要對方一笑，溝通對話就容易了）

5. 門：葛先生你來正好，我們的衣服換季特賣中，你可以試試？

葛：真的看起來款式不錯，但因為我客戶的店也剛好換季，前兩　天我已經在他那而買了三、四件，不過妳這邊的花樣好像

比較好看，「下回」可要先來你這邊走走！

(27)「你看這裡！」（書面資金引導用語）

1. 葛：林小姐，你看這裡！6年投資、終身致富，真的是女孩子
   很好的私房錢專案…
2. 葛：林小姐，你看這裡！要保資料都幫妳準備好了，只要我們
   手動一動，三分鐘就可以讓我們開始累積財富…
3. 葛：林小姐，你看這裡！這是這個月其他店門市小姐跟我買的
   的資料，今年這個商品賣得嚇嚇叫…
4. 葛：林小姐，你看這裡！螢光筆的部份寫的很清楚，退休的時
   候我們每年可領回…

　　「你看這裡！」是我拜訪時常用的口語，也是說明資料時
很好的潤滑劑，一方面很容易將文字的東西透過簡單的一句話輕
易帶出業務的訴求，尤其是在「促成」的當下，容易脫口的一句
話，確有「一句千金」的效果！其次，「你看這裡！」會強化對
方的注意力，在成交的當口，具有對焦議題鎖住思維的集中效
果！

(28)反對問題的處理巧門！

【同理心】
➤口訣：「許多人的想法和你一樣，也包括我在內！」
➤原因：透過「眾人」的意見認同，是準客戶降低對自己心防的
有效用語；此外，再加上我們個人的支持，相信對方的拒絕購買
的心理強度應會下降不少！
➤範例
門：「葛先生！老實說，2%多的商品真叫我買不下手，我們做生
意錢都在轉，這樣的報酬太小兒科了！
葛：「張老闆，這家店在你手上一定會成為百年老店，聽得出你
做生意有料有貨。其實，許多人的想法和你一樣，也包括我在
內！2%的報酬太不起眼了，無法將低本求好利，但如果我們的

儲蓄險能成為您生意資金調度上的幫手，就能發揮事業經營『互補』的效果，畢竟做生意賺錢有時得靠『時機』，但『時機』稍縱即逝，此時我們本錢的多寡會成為賺多賺少的關鍵，而我們的商品就是最佳的補品，絕對有臨門一腳的效益！」

（29）退休後，每月3,000元能幹什麼？

　　範例：蔡小姐25歲，投資（六年期儲蓄險）每月1萬，年存12萬，本金72萬，而60歲（退休）時每年領每月3,000元的還本金（增值金）480次（100歲），再拿回2倍的本金144萬。

1. 每月享受12次下午茶，浪漫風情隨時有。
2. 每月享受11次刷刷鍋，鍋中自有顏如玉。
3. 每月享受10次星級飯店的中、西式自助早餐。
4. 每月觀看9次院線電影，變形金剛、美國隊長不缺席！
5. 每月大啖8次吃到飽的羊肉爐或薑母鴨。
6. 每月購買7本書再加3張CD。
7. 每月現場6次球賽或演唱會吶喊加嘶吼。
8. 每月浪漫5次腳底按摩外加一次全身SPA。
9. 每月加值4次悠悠卡，每週750元，超商變我家！
10. 每月品嘗3次王品牛排，客客唇齒留香！
11. 每月加油2次各60公升，愛車環島跑一回！
12. 每月瘋狂1次大賣場，一車子貨品裝到滿；或每月1次租車出遊去，好山好水全家樂：或每月1次迴轉壽司，100盤疊起到我腰，吃到很有成就感：或……

（30）青春少年是樣樣紅！（善用時間的優勢）

　　年輕或學生族群若想幫自己存一筆錢，預算可以不用太高，每個月2,000～3,000元是很適合的數字，但我會建議可將「年期」拉長一點，因為年輕的本錢就是「時間效應」，透過時間我們就能輕易拉高累積財富的空間；保險的儲蓄險不只要有強迫存錢的功能，還要能發揮年輕到養老期的長時間的效果。也就是

說年輕族群6年後存到的一筆錢，跟20年後存到的一筆錢價值不同，因為6年後還不到30歲，大家都還在職場賣力賺錢，錢還是軟的，可多可少都沒問題，因為年輕就是本錢。但20年後累積的一筆錢就很重要，因為我們正面對中年後的生活挑戰高峰期，家庭、孩子、事業、健康⋯等都需要我們能有穩定的收入及財富來因應，所以那時的錢是硬的，一分錢就一分錢，果真錙銖必較！

年期拉長還有一個好處，當下我們的預算就能降低到我們目前收入中可支付的額度，所以就算是工讀生、社會新鮮人都可透過戰線的延長，一樣讓未來充滿期待。一個月存一萬，6年共存72萬；與一個月存3,000元，20年存了72萬的本金是相同的，但對年輕族群來說，後者卻能開始累積財富！

(31)賣場中第二多的反對問題應答

門：葛先生，沒關係！你的DM我一定會仔細看過，如果有需要，我有你的名片我會跟你聯絡！

葛：妳小姐！謝謝妳剛才聽我將商品說明完，但根據我過去多年許多家的陌生拜訪經驗，我真的蠻孤單無聊的，從來沒有一位先生小姐會跟我聯絡；真的，一位都沒有，我想可能也包含妳在內！

門：不一定啊！如有需要就會聯絡你。（通常門市此時都會尷尬的笑一笑）

葛：陳小姐！剛才那番話，你不要在意，我們是業務員，主動服務是我們的業務精神，如果要等妳跟我們聯絡，我們的服務品質就出問題了，所以過兩天我會主動帶一份建議書給妳參考，買不買沒關係，先心動爾後再行動都可以！

(32)店訪的後勤作業（記錄）

透過「名片」或「店卡」管理即可。我們只要在A級或B級的準客戶名片或店卡上記錄，如果對方名片、店卡都沒有，我們

要幫對方準備一張空白名片。

　　名片管理的好處是：

1. 不佔空間好攜帶。

2. 上面已經有一些對方的基本資料。（姓名、店名、地址、電話）。

3. 反面空白處可填寫其它的資訊。（小名、拜訪的時間、年齡、等級、背景、購買保單的狀況、對商品的看法、提出的反對問題、對方人格特質的簡單描述、複訪的次數...等），如果一張不夠寫，我們只要再補一張空白名片釘在後面填寫即可。

　　所以我們只要透過名片夾（A級準客戶及B級準客戶）就能將DS的客戶管理的很有條理。此外，在我們「一初三複」後沒買的準客戶，如果覺得對方對我們很信任，彼此溝通也很有話聊，我們介紹的商品對方也很喜歡，只因當下有諸多原因無法購買，針對此類型的準客戶，我們就當是陌生市場中建立的緣故準客戶，這類準客戶我們也要準備一本名片夾，方便我們中、長期的經營。

(33)原一平的銷售技巧

推銷前的準備工作

1. 事前調查準保戶

2. 在與對方正式碰面之前，掌握對方各種詳細的資料，以描繪出對方的形象。

3. 針對準客戶的形象，決定自己的因應之道。

4. 準客戶卡的記錄隨時完成下列二件事：

　　(A)檢討準客戶的內容，加以修正或補充

　　(B)修正自己的姿態更能接近準客戶

訪問準客戶的技巧

1. 重視外表服飾

2. 以「幽默」拉開序幕

3. 以「讚美」為開場白

談話的技巧

1. 寒喧

2. 傾聽

提高談話能力的八要訣

1. 不要獨佔任何一次談話

2. 明確地聽出對方談話的重點

3. 適時表達你的意見

4. 肯定對方的談話價值

5. 必須準備豐富的話題

6. 以全身說出內心的話

7. 留意對方的眼神

8. 出有魅力的聲音說

(34)三「見」高下！

　　賣場中的狀況瞬息萬變，問題百出，商家拒絕的說法也千奇百怪，某日在西門商圈實作，拜訪一位年輕的門市小姐，遞完名片說明來意後，對方很委婉地說：「因為收入減少，先前保費負擔太高，我最近才停掉你們的家的商品，再買保險會有點困難，我想我不需要了！」我頓時了3秒鐘，馬上採取三「見」策略：

1. 見招拆招—「黃小姐，如果公司的商品造成妳的繳費困擾，非我樂見！但前幾年買的保險商品便宜很多，現在也停售了。如果還沒超過兩年，隨時可辦複效，保障畢竟是重要的。」

2. 見機行事—「謝謝你的提醒，我的保險業務員也有跟我說，我會考慮的！」「那就好！畢竟最近意外事件不少，昨天捷運中山站又出現狀況了，如果常搭捷運上下班，有保險較無後顧之憂！其實今天來拜訪也非談保險的，『存錢』這一部份

最近商家詢問度很高，妳知道是什麼原因？」

3. 見風轉舵—「不知道耶！」「最近希臘政府倒債，搞到全世界人心惶惶，希臘人民也跟著過苦日子，老百姓每天都只有60歐元過日子，才2,000新台幣，出席宴會紅包都不夠，真個面子掃地！而我們台灣的狀況，看各縣負債就知道了！老實講，妳還年輕，當面對30年後的勞保退休給付，拿不拿到錢都是問題？！所以說，透過自己年輕有能力的時候多存一些，總是有備無患，這就是我最近賣得不錯的原因！」「你說的有點道理！」「我這裡有一張DM，工作之餘，你可參考一下……」

（35）「詢問」的技巧！

賣場中對方有不講話的權利，我們有講話的義務，要能產生有效的對話，「詢問」是主要的技法，一般詢問法可分「封閉式」及「開放式」的運用，主要是依對方接受的我們拜訪的程度，使用不同方式：

1. 接受程度高，較親切，採開放式。
2. 接受程度低，較抗拒，採封閉式。

以下對話可參考：

◆ 較抗拒

「林小姐，聽得出來妳的保險應該買了好幾年了？」

「對啊！」

「那恭禧妳了，妳買的保單絕跡變恐龍了，買到賺到，一年的保費應該有5萬以上？」

「對啊！」

「那太好了！買到存到，以後退休絕對是好野人俱樂部的一員」

較抗拒的商家話不多，我們採二選一的較封閉的詢問，一樣能達成對話加溫的效果。

◆ 較親切

「林小姐的保單不知道買多久了?」

「很久了,都快滿期了。現在的保險都太貴了!就算有一點錢都買不下手了,你看我這裡還有幾張DM,我比較過,差太多了!」

「妳講得沒錯,真的差很多,而且差很大,如果現在還有,一定要用妳當初買的2倍價才能買到一樣內容的商品,但生活往後過,時間是向後走,但未來的日子,利率卻可能愈走更低,而現在2.25%應是以後的高利率了!」

「聽你這樣說,好像也有道理,難怪我的同事前幾個月也存了一些錢在保險公司。」

(36) 流暢度

市場實作時,曾遇到一位老闆娘人很練達,剛開始交鋒就撂了一句話:「這位先先,我很忙而且忙得很,你長話短說,愈快愈好,我沒時間聽妳長篇大論!」「真不好意思!白紙黑字較快,這DM賣得很好,這是我們公司第一名的商品,妳看這裡………」

我用急快的速度說明DM,兩片嘴皮一刻也不停歇,像機關槍連珠彈般脫口而出,足足用3分鐘一口氣將DM說完,想想光是商品話術就用20條,而老闆娘中間居然插不進一句話,聽完後,用眼瞄了我一下說:「想不到你說話速度比我還快,你算是來我店中停留時間最久的業務員了,前面的業務員連商品都沒拿就出門了,你剛提的商品內容,我沒聽清楚,你說存這筆錢可當退休給付,你的意思是……」

「沒問題,我身旁的夥伴明天下午會再帶一份資料給您過目,您可再考慮考慮!」

賣場中口條的順暢不僅代表專業的形象,也是重要的攻擊武器,善用表達的流暢度就能提高商家對我們信任度。

(37) 業務要有「感」

1. 透過觀察、動作、測試知道彼此「感覺」的遠近。
2. 「感情」的增溫要能肯定、欣賞、讚美。
3. 善用情緒的高低點，「感動」心靈深處的起伏。
4. 經驗及技法強化了業務的體會，「感受」愈深，進步愈快。
5. 「感觸」是自我對業務心靈的洗凍　，對心理素質的提昇有幫助。
6. 回顧過往，點滴心頭，「感恩」知足，珍惜擁有。
7. 「感激」　利己之人，永續服務，化真誠為利他。
8. 「感念」眾人的協助，主管的輔導與培養。

　　「感」字為咸+心，也就是說「都是心＝感」，所以說業務要能用心為上，才能心心相印。

(38)雨天拜訪小細節

1. 我們的傘應要放在大門外，不應帶入賣場中。
2. 如有載帽，進入賣場內帽子要脫掉。
3. 不要穿雨衣或風衣進行拜訪。
4. 隨身帶一條乾毛巾。
5. 公事包內放一雙乾襪子。

(39)心法

　　賣場中有效的對戰策略就是不斷地解除彼此間的心防，降低對我們的戒心。所以賣場中是高度運作心理作戰，而要能攻心至上正中心坎，除心法的運作外，首要於自我心理素質的強化，唯有銅牆鐵壁的心境，才能在賣場中飛簷走壁。而「心法」的運用在兩個方向：
1. 心理建設，也就是陌生拜訪核心價值的培養，不論是事業的願景，自我的期許，勇於挑戰…等都是。
2. 心理戰術的運用，有效方法有六：
　①肯定、欣賞、讚美的心理加溫

　②攻其無備、出其不意的奇襲效果

　③問題回應的自我評價塑造

　④商品說明的心境引導

　⑤複訪促成的真情探知

　⑥降低心防解除戒心的測試用語

(40)商品話術的「相對比較」

1.繳費期間6年1.8%，繳費期滿66年2.2%

2.繳費期間6年比銀行多半碼，繳費期滿66年比銀行多4碼

3.繳費期間6年年年玩國內，繳費期滿66年年年玩國外

4.在未來銀行定存利率「固定」鐵比「浮動」好；且「固　定　三年」鐵比「固定一年」好。而同樣的成本我們能固定60年2.2%。

5.現在綁約存6年，未來履約領回66年

(41)舉手之勞，勝過千言萬語！

　　店訪離開商家大門時，有時會發現郵件放在門下的地板上，推門時很容易發覺，當下我都會拾起回頭拿給門市。雖然這是一個小動作，但對方在感謝之餘，可能就有不同神情或回應，轉機會變商機。所以一個貼心的舉動，會提高對方對我們形象的定位，舉手之勞，勝過千言萬語。

(42)話題的切換與連結

「陳小姐，這個商品是公司目前第一名的商品，最近許多定存族都開始轉存到這個帳戶。我有一張DM可提供當參考，工作之餘可以去了解一下，妳看…」

「你不用拿了，我在忙，現在沒有興趣聽這個！」

【切換話題】

　　「有影響到工作，真的不好意思！老實說，看得出妳這裡

的生意應該不錯，窗明几淨，賣場陳設很大方，我的感覺就很Nice，應該會很忙碌，前面幾家店的生意，就沒有妳這裡好。」

「謝謝金口，現在工作忙一點以較好，時間也過得快一些。」

【話題連結】

「如妳所說，工作真要忙一點比較好，上一家店就清閒多了，我在店內20分鐘連一個客人都沒有，所以聊了一會。她有問一個問題，在銀行有三年期定存要續存，是固定還是機動好?，我說，當然是固定好，因為利率朝下走。對了，陳小姐妳在銀行有定存嗎?」

「有一點!」

「我們的定存比銀行多4碼，而且2.2%固定60年，不多說了，重點就在這張DM上，陳小姐妳看這裡…」

(43)過年前生意不錯且可拜訪的商家

1. 髮廊(2F、100元快剪、家庭式)
2. 小型的汽車保養廠
3. 新東陽、老行家、天仁茗茶
4. 羽絨衣專賣店
5. 傳統市場內的雜糧行、年貨店
6. 家具店

(44)「聲音」對焦

賣場中如縱深太長或眼見門市在忙內務，進門後我會稍提高音量，希望透過聲音馬上吸引對方的注意，然後快步趨前再拿出名片介紹自己，譬如我會說：「小姐，我是來拜訪的!」如對方有抬頭或開始眼睛注視自己，我們可接下來正式的對話。

(45)收放自如、進退得宜【節奏的掌控】

1.步驟靠「前後」

賣場中靠「垂直的步驟」進行業務的訴求，透過起、承、轉、合四個階段達成在店內拜訪目標，我們只要按部就班，一洞接著一洞走，由「前」往「後」挺進，最終五家店會有一家店能成為我們的準客戶。

2.觀察靠「左右」

除垂直的步驟外，如能再運用「節奏的掌控」，如虎添翼相得益彰，1/5的比例就會再向上提升，而節奏的掌控為望、聞、問、切四字的運用。

而「望」就是觀察，也就是透過我們的眼睛「左右」掃描能見到的資訊，其中人、事、物是觀察重點。「人」指的是小人，也就是小孩，尤其在寒暑假期間，巷、弄中許多自己開店當老闆的店，會將小孩帶在賣場中，而小孩絕對是父母親的最愛，所以只要是男孩一定像王子，女孩絕對是美麗的公主。而「事」指的是陳列，當然我們觀察非對方陳列的商品，而是注意櫃台附近陳列屬於個人的物件，譬如說，全家福的照片，橫渡日月潭的資格文件，路跑的紀念品，這些都是對方的喜好，也是難得的基本資料，不用我們開口問，就能在對話中增加不少素材。「物」指的是寵物，賣場中許多商家會帶著自己心愛的寵物放身邊照顧，其中毛小孩最多，而養小魚的也不少，如能說一說講一講再問一問，寵物卻能拉近彼此的距離。

3.感覺有「遠近」

通常是在「聞」的階段，此一部分是我們掌握賣場節奏的關鍵技巧。我先解釋「感覺」兩字，感覺非直覺，而是我們透過觀察對方的神情，呈現的動作及我們的測試後，一個綜合的判斷而得到的「感覺」，感覺我們與對方距離的「遠近」，而遠近之別卻有我們不同的策略運用，分「業務訴求的快慢」及「講話速度

的急緩」。

4.訴求有「快慢」

當我們感覺與對方的距離愈來愈近，我們業務訴求的速度就要快，快到都可能把要保書拿出來讓對方簽；但反之，感覺遠了，對方的抗拒強了，我們必須退一步，採取「話題的切換」因應。

5.講話有「急緩」

也就是講話速度的急緩，如感覺與對方的距離近了，我們講話的速度可以慢一些，因為對方已經專注在彼此的對談，對話的內容就要說清楚講明白，尤其商品的部份可慢慢地說，將話術全盤托出，看家本領賣力演出，進一步讓對方感受商品的好處。但如果感覺有距離了，當下也是我們展現DS功夫的時機，講話的速度就要開始加快，話不停歇，像機關槍連發子彈般強攻猛打。何也？因為對方隨時會有反制的言語會插進來，所以「話急」就是在處理當下的情境，希望賣場的主導權依舊在我們的口中，但我們也不可能一直霹靂啪啦的講下去，要不然上氣不接下氣，我們撐不了多久。而因應知道就是「話題的切換」。

6.話題要「切換」

如果賣場中的對話都算順利，我們就指運用左口袋的問題即可，過程中只要針對對方的回應加以美言一番，就會產生加溫的效果。但如前所言，「感覺」遠了，我們說話的速度就會快許多，但不可能一直快下去，而右口袋「共同的話題」就能派上用場，透過一、兩個對方容易上口的問題，期使對方能侃侃而談，緩和賣場中的氣氛，如發覺對方的神情已能淡定下來，言語中能抒發己見，一派輕鬆怡然自得之狀，我們適時再將回到左口袋的業務問題，繼續進行原來的步驟。

7.停留有「長短」

而「長短」所指就是在賣場中留時間的長短，通常是在起、

承、轉、合的「合」的階段，也是望、聞、問、切中「切」的判斷，重點在於最終準客戶的判定，如對方一切OK，我們可在賣場中多待幾分鐘，閒聊一番，再尋找一些背景資料。但如對方無動於衷，我們也就不用浪費太多時間在賣場中，走為上策。

(46)六字訣

【觀察、動作、測試】是判定
【輕鬆、自然、順暢】是互動
【數字、比較、譬喻】是說明
【肯定、欣賞、讚美】是加溫
【快慢、急緩、收放】是節奏
【堅持、堅持、堅持】是行動

(47)看見新月曆

2016登場了，賣場中也會汰舊換新，商家會懸掛新年度的月曆。夥伴只要四周一望，即會知道對方購買保單的保險公司，可就此話題進行互動。

商家掛的非保險公司的月曆，也可詢及原保險業務員是否有提供？如果沒有，且賣場中彼此互動不錯，是可經營的準客戶，下次的造訪時，可攜一份月曆當贈品，對方的感受絕對不同。

(48)賣場的「刺激」效應

「刺激」具有強心針的效果，加上「比較」的心態，很能產生連鎖的效果。這種狀況容易發生在門市人員多的店，例如髮廊、美甲、化粧保養品專賣、手機專賣。譬如說：「陳小姐，其實這個商品不買可惜了！最近主動詢問的人不少，而且我自己在這商圈就賣不少，隔壁街一樣的設計師就在上星期買了一張，其他設計師也有興趣想了解一下，都想利用年終獎金的一部份為未來打算一下。但我發覺，妳們店的生意似乎好很多，人進人出的，未來發展可期，存一張應沒太大問題！」

(49)店訪「四階段」的反對問題

1.「身份」的反對問題

主觀或刻板印象的認定，不願接受業務員的拜訪，譬如說：「公司有規定，謝絕推銷！」，當下只要說明業務主動拜訪的性質，強調3分鐘停留賣場的規定，見招拆招即可。

2.「對話」的反對問題

是指在詢問的過程中，對方回應的拒絕話語。這些話有真有假，譬如說：「買很多了，沒錢再買了！」「我有專人服務了！」「錢不夠花，我短期內不需要了！」以上這些回答，我會建議夥伴能適時回應，而回答的內容要合情合理。透過如此，展開對話機制，提昇信任度。

3.「商品」的反對問題

是指商品內容的拒絕，譬如：「拿回的太少了！」「2.25%的報酬太低了！」「期間繳不出來怎麼辦？」此類問題，我們輔以市場資訊及未來社會變化的說明，如有書面資料會更理想。

4.「促成」的反對問題

通常發生在複訪作業，因為是屬Close的階段，對方的問題也趨近於真實的狀況。此時，在賣場中我們以退為進，不躁進，只要訴求「再次見面」即可，有效再進行二複或三複，透過見面「次數」拉近關係，創造下一次購買的機會。

(50)眼神的第一次交會

　　賣場中，當我們介紹自己遞完名片後，彼此眼神的交會即是心理對戰的開始，當四目接觸時，對方的心理狀態也在瞬間讓我們知道，我們會知道對方接受拜訪的程度。

　　如是面帶親切，眼神中能注視自己，沒無奈及不屑的眼光，是最理想的情況。但多數的情況並非如此，甚且有些人眼白會開

始增加或是眼露凶像，當下著實會讓人渾身不自在，往往有向後轉的念頭，最終黯然而退。

其實，此時最是我們最要堅持下去的時候，因為對戰開始了，而最能擋住此情境的武器是就我們的「氣勢」，而氣勢的展現可以是臉部表情及肢體的變化，但我較常用的方法是講話音量的微放大，且快速順暢的先說出一段話，企圖將對方氣勢壓下來，再看對方的反應。

(51)借「題」發揮

賣場中話題的運用，也不完全是在對方身上，其實我們身上的東西就可與對方產生話題，而且對方一定樂於回應我們。譬如，我腳上的鞋 是「阿瘦」的，我戴的眼鏡是「寶島」的，我的襯衫是「G2000」的，舉凡這些拜訪，我都會抬抬腳，摘下眼鏡，開始引導話題，進行對話，而對方的態度都還不錯，業務的訴求就有事半功倍的效果。但賣場中，我們決不因銷售而消費。

(52)刻意的認知錯誤

與陌生人對話，雖然我們竭盡所能千呼萬喚，但對方如果一直沉默不語，就算我們功夫再好，也是白盡力氣。但透過適當地詢問卻是開啟對方話語的好方法，我們可透過「共同話題」的運用，刻意製造認知錯誤達成對話及營造賣場氣氛的好方法，以下有段對話，夥伴可參考之！

葛：「陳小姐，妳很年輕，應是學校才畢業不久？」

陳：「對！」

葛：「那你在學校學主修甚麼？」

陳：「觀光系！」

葛：「妳學觀光的！那妳在這裡幹嘛，你應該去幹導遊？」

陳：「誰說學觀光就一定要幹導遊！我在這裡工作也很愉快，而且老闆對我也很好，現在外頭天氣很熱，幹導遊也很辛苦！」

葛：「沒錯！就像我學管理，也半路出家從事保險事業，一做

二十幾年，早已生根立命了！」

陳：「其實我許多同學都跟我一樣也不在觀光業，畢竟所學與興趣不一定能當飯吃，人要隨遇而安。」

葛：「陳小姐，妳的想法很豁達，我想我們是同一類的人。妳說的沒錯，所學與興趣不一定能當飯吃，但鐵定有工作有收入後，就一定有飯可吃。我這裡有一份可當終身鐵飯碗的儲蓄計畫，工作之餘，你可了解一下⋯⋯」

(53)外熟內生，牛排式的商圈規劃

店訪就是每天都在面對不熟悉或不確定的環境，不斷在面對陌生環境所造成心理上的衝擊，但我們沒有其他的選擇，當下必須要突破人性上的障礙，完成既定的目標。

但要完成目標，這中間有一項可運用的好方法，就是在不熟悉的環境中找到比較熟悉的標的，如常去的商圈或常逛的街、道。採取由外而內，由「熟」環境到接觸「生」的人，再慢慢擴大其他商圈的拜訪，最後引導到自己能掌控的賣場環境。

(54)破門前的小動作

會緊張是掃街跑店時正常的心理反應，除心理素質要夠外，我自己通常會在推門前來一次深呼吸，讓自己吐納吐納，一方面有更多的氧氣進入心腦，活化思維，也可強化自己的反應力。此外，情緒也會平緩一些，再大的陣仗也能面對處理。

如有夥伴同行，進行交叉拜訪的過程中，同伴的一聲「加油」或是一個握拳的手勢，都是幫助自己能延續拜訪量的好方法。

(55)對著「鏡子」大聲背誦

能將活術或資料在賣場中全盤托出的法寶，就是自己能面對鏡子大聲背出來，而且訓練自己要在限定時間內背完，如此的要求有幾個好處：

1. 看著自己說話更有臨場的感受。
2. 大聲的背誦，可運用丹田之力，提高說話的品質，也強化語言的魅力。
3. 可不斷修正自己的神情與動作，呈現出最自然的神態。其實，我們有時最怕面對自己，如能突破心防，挑出自己的缺點，修正改進，無形中也增強也自己的心理素質。

（56）月初

　　月初是一般商家的發薪日，通常門市人員的手頭會寬一些。在複訪作業時，時機及時間點很重要，而月初的時間就是複訪每月都能掌握的好時機。

（57）「問答」比「問話」好；「問話」比「問卷」更有利對話！

　　有問有答才能溝通，所以賣場中對方的回應，是我們要掌握的機會。正向的回應，我們錦上添花；負面的回應，我們力挽狂瀾，化危機為轉機，展現誠意，贏得肯定及好的評價。所以，賣場中善於「處理問題」是拜訪順利與否的　鍵因素。

　　此外，都是在「問」，問話比問卷在賣場更能進行有效的溝通，畢竟口語能展現說話的藝術，亦能帶動肢體語言，手足舞蹈加上口若懸河，情境頓時不同，如此能鎖住對方的眼神，對方的心境由抗拒轉淡定，由淡定變欣賞，對我們的安全感會提高，當然商品的說明會有溫度。

（58）賣場中講話的技巧

1. 話要流暢，能像與老朋友聊天般自然。
2. 聲音要略大，不需吶喊嘶吼，但氣要足，對方能聽得清楚，不然對方氣勢會蓋過我們。
3. 語調有高低，句句能分明，抑揚頓挫不可少。
4. 肯定、讚美之詞要面帶笑容，義正詞嚴面露專業，說明商品

充滿希望,共同話題能真誠回應,「促成」之時話語堅定。而「讀報」是自我訓練講話的好方法。讀到逗號及句號停一秒,讀到形容詞多半秒,喜樂之事音調上場,哀傷之事略為低沈,有數字之詞多強調,重複用語要加強音量,重要「動詞」聲音要有力量,如此每天反複練習20分鐘,也利用機會念給別人聽,假以時日,你也會是講話高手。

(59)相較於～ (「比較」的口語用法)

葛:「我們目前的商品「相較於」之前的保單利率真的沒得比,但「相較於」往後的預定利率,卻有失之毫釐差之千里的好處,畢竟時間是向後看,日子也是往後過,現在就是千金難買早知道的時機,何況市場利率往後更會向美、日靠近,如果美日是零碼,我們現在就有9碼(一碼0.25%),「相較於」未來都能有效地對抗通膨!」

(60)掃街的玩法

1.【競賽法】…拜訪的件數、拜訪的家數、成交的比例。
2.【成就法】…拜訪的步數、名片的使用量、準客戶的名單量。
3.【挑戰法】…不同種類的店、許多店員的店、老闆的店。
4.【同行不結伴法】…交叉拜訪。
5.【苦中作樂法】…抽籤拜訪。
6.【博弈法】…請喝咖啡飲料。

(61)遞「名片」

店訪時遞「名片」是我們入門後標準的動作。這是對商家應有的尊重,也會讓對方安心。名片不只代表自己,在初訪時名片上公司的抬頭比我們自己名字重要多了,因為公司有知名度,認同度高,就算不認識自己,知道公司名稱也有可會創造一些話題,能延伸在賣場的對話長度。所以陌生市場一張保單的成交有

三力:「公司力」、「個人力」、「商品力」,缺一不可!

(62)眼睛會說話

賣場中對方嘴巴講的話,80%是假話;但對方眼睛講的話,80%是真話。

➤真心真意是眼神,

➤真情流露是眼淚,

➤真誠相待是眼光,

➤真正明瞭是眼珠,

➤真象清楚是眼力。

賣場中要能一眼定江山!

(63)切換話題

賣場中的「節奏掌控」是門值得探討的技巧,也是值得玩味的藝術。在對話的過程中,我會觀察對方的神情與動作,如果覺得對方有距離感或出現不耐煩的神態,我會馬上變換話題,由左口袋的硬話題很快切換到右口袋的軟話題,再將對方的回應加加溫,如對方態度稍有緩和,再「不經意」馬上切回原左口袋的硬話題,左右交錯運用,以利業務訴求。

而話題的切換速度要「快」,讓對方無心理準備,也沒時間思考,窮於應付,我們就能引導方向,營造氣氛,而節奏的急緩、快慢、長短就能隨心所欲了!

左口袋的硬問題也要不斷透過對方的回應與予軟化,而肯定、欣賞、讚美是不錯的軟化劑。如此一來,左、右烘托之下,賣場氣氛就出來了!而接下介紹的商品就如同熱騰騰的佳肴,而非無氣無味的冷菜。

賣場中切換到右口袋的軟問題,可分人、事、物三個方向分開分次使用:

【人】:穿着、打扮、興趣、嗜好、年齡。

【事】:求學的過程,成長的背景,當父母的辛苦,當子女的無

奈，保單的服務狀況。

【物】：店內的陳設、牆上的照片、地上的寵物、賣場的環境、生意的狀況。

　　一次拿一個問題，但要交錯使用，讓對方感受不同的方向，使問題有新鮮度，而非在同一領域繞圈。

　　切換話題之所以要「快」，除希望透過軟問題快速拉近距離緩和賣場氣氛外，還有另一個功能，就是透過話題的改變，讓對方的思緒一直圍繞在我的問題之中，窮於應付也無暇他顧，無形中也就壓縮腦海中拒絕我們的念頭，少了念頭，口頭上就一下子表達不出來，但耳朵卻一直在接受我們左右口袋交錯出的訊息，對方在不知不覺中又被我們引導回業務的話題，而此時對方「拒絕」的想法也已經拋諸腦後，淡忘而不自知，在對戰中終將棄械投降。

(64)形象的定位

　　掃街拜訪時，我們推門而入後的第一印象很重要，而第一印象卻是由「一硬二軟」所塑成。

　　「一硬」指的是正式的穿着，主要是讓對方知道我們就是業務員，是來「賣東西」而非「來消費」的，對方瞬間腦中所想的只是如何拒絕我們，而非想如何賣東西給我們。讓話題始終圍繞在我們這一邊。

　　「二軟」是指推門後的動作而言；一是走路要快，一定要展現業務員的氣勢，如果氣足勢強，對方就容易氣虛勢弱，對戰時有先發制人的效果，要不然我們很容易被對方牽著走，拜訪很快就會斷羽而歸。

　　另一個軟體是「說話的聲音」。實作時，許多夥伴可能是因為信心不足，講話的都太小聲了。要知道，說話音調有抑揚頓挫高低起伏，我們才能展現語言的藝術，掌握賣場的情境，而且肢體的動作也能隨音起舞。但聲音不用吼但要清晰明亮，加上流暢的口條，形象定位出來了。

所以形象的定位，絕非外形、年齡與打扮，而是 快走、聲要亮、穿正式的組合。

(65)口條與口訣

與陌生人接觸，要能達成一定的進展，口條的順暢為一不可或缺的技巧，除了讓對方能在短期內對我們有不同的評價，更重要是透過話不停歇一氣呵成的展現，能在賣場中快速取得主導的優勢，而且流暢的口條也能適時化解可能出現的拒絕問題。

而口條要能順暢與「口訣」的運作密不可分，賣場中不假思索脫口而出的口訣是轉接話題的好方法，不論在拜訪的步驟及節奏的掌控上有畫龍點睛的效果。譬如促成時一句：「心動不如行動，行動不如手動。」就能很輕易表達我們的訴求。

(66)「共同話題」的實務運用

葛：陳小姐單身還是已結婚？

陳：已結婚了！

葛：我看妳這麼年輕，應該還在新婚？

陳：你開玩笑！我已經是兩個孩子的媽。

葛：老實講，真看不出來。但孩子應還小，一男一女嗎？

陳：你猜的好準。

葛：我很羨慕妳，我想要個女兒，但這輩子可能沒辦法了！

陳：噢！

葛：但我另外透過保險養了一個保險女兒，因為我知道女兒貼心會孝順我，所以我的保險女兒在我退休時每個月都會給我一筆，我覺得不錯，我有一張DM，妳也可了解一下！

(67)創造出的「飢餓感」！

人餓吃什麼都香，不論美珍佳肴還是粗菜淡飯，入口絕對都是山珍海味唇齒留香，因為飢餓創造需求，需求大則滿足感就

高！

　　所以，業務的重點在於準客戶需求度的掌握。但問題是，不見得每位準客戶隨時都有高度的需求；也就是說，準客戶不可能隨時都是處在飢餓的狀態。所以我們必須要能創造出準客戶的需求感，而其中以「新的觀點」或是「難得的時機」為技巧，不斷刺激準客戶的味蕾，希望能再添一碗飯或多點一道菜，吃飽後一樣回味無窮。譬如：

(1)希臘的倒債風波

(2)縣政府的負債累累

(3)四大基金未來的危機

(4)國聯準會2016上半年可能不升息

(5)股市的震盪

(6)全世界高齡化的老年疾病問題

(7)安養照顧的隱憂

(8)護士荒導致的醫療品質下降

(9)少子化讓國內的生產人口一直下降

(10)銀行的利率已經趕不上物價的通貨膨脹

(11)台灣離婚率高所引發未來獨居照顧的問題

(12)HTC所衍生出的產業競爭危機

(68)一樣的三分鐘，卻有不同的時間效應！

　　在賣場中如對方稍有抗拒，我通常會說：「林小姐，我們公司規定我們出來拜訪在賣場中只能停留三分鐘180秒就要離開，深怕影響妳們的工作！」這段話的重點在於「三分鐘」的說法，因為三分鐘對彼此的感受是不同的。

　　商家每天十小時的工作量，三分鐘是很短的時間；而我們擁有的三分鐘卻是會很黃金時間，能訴求的時間其實很充裕，其中商品要能說清楚的時間90秒就夠了，而180秒更能讓我們走完整個拜訪流程。

第四章
培養良好的拜訪習慣【H】

(1)都是「習慣」在作祟

人是習慣的動物，人會因某一種內、外狀況的變化，先透過組織系統的自然機制去適應它，再將身心投射其中，快速的適應與調整，依然能展現出常態的舉止，但卻能讓自己面對更大的挑戰與刺激！

當過兵的夥伴應該清楚，在那段被操被整的阿兵哥歲月，出操上課沒天沒日，度日如度年，每天生活在高度的恐懼中，尤其三個月的新兵訓練，分分秒秒都不知道下一秒鐘會發生什麼狀況，也不知道班長會不會隨時找自己麻煩，半夜睡覺聽到哨音響，驚魂還未定，一分鐘後全副武裝連集合場集合，手忙腳亂，滿頭大汗，裝備不全者，伏地挺身100下。現在回頭想想，真不知當時是如何度過那三年軍中歲月！我想，這應是我們已經「習慣」那樣緊張的生活了。

雖然「緊張」與「輕鬆」可是天差地別的心情感受，但變成「習慣緊張」與「習慣輕鬆」心境就會差不大；但前者卻讓身為業務員的我們完成許多不可能的任務，而後者卻使我們變得平庸無奇，這結果差很大。

(2)正港的業務員！

真正的推銷家，平日生活嚴謹，並且極重視時間管理，業績方能穩定，準客戶也源源不斷。就拿原一平來說，他每日一定嚴守十訪，出門及入門也很準時。有一次拜訪返回時遲到很久，按電鈴後太太並不立即開門，用意是要讓原一平好好反省，為何今天遲了回來。有鑑於此，一般在錄用推銷新人及拔擢人才時，對晚睡晚起及有酗酒賭博之惡習者往往盡量摒絕，因為從來沒有生

活紀律差及染惡習的人，在長遠的推銷戰場上能成為常勝將軍。

（3）業務的無奈！

相信夥伴們都有被準客戶「放鴿子」的經驗。我自己多年來就有數不清的次數，甚至曾被同一個人爽約三次，早期準客戶爽約還會電話通知一下，近幾年連聲音都免了，臨時一通簡訊或LINE就交差完畢了。面對準客戶的爽約，我們業務員早就習以為常，但問題是接下來的行程如何安排？如果回辦公室可要一點時間，就算再安排一次約會，也可能會接不上檔，因為朋友們也不見得有時間能馬上見面。在進入保險業的前兩年，真會為這黃金時段但不知所措的時間乾著急，甚至心頭一冷，算了，今天就休息一天罷！自己的率性加上人的墮性，我馬上現身在黑暗的角落（電影院、家中的棉被、網咖），反正明天又是好漢一條。

碰到以上的狀況，能夠就近在商圈掃掃街卻是不錯的安排，2小時我們可拜訪10～15家店，建立2～3位準客戶，總比躲到黑暗的角落強多了！而自己也會覺得充實自在，雖然Caes沒成，但終就是得意的一天！

（4）主動！

一個大學社團的新生歡迎會上，幹部依例請新生們「自我介紹」。

當一女生被點名站起來時，她羞怯地說：「我叫李○萍，很高興來參加這個社團……我比較害羞，但我是很好相處的人，希望大家多來找我玩！」接著，輪到另一女生，她說：「大家好，我叫吳○卿……我的個性比較內向，不過我也是很好相處的人……希望大家常來找我聊天！」接下來，輪到一男生，他說：「大家好，我叫陳○誠，我有很多優點，相信大家跟我相處久了，就會知道，希望以後大家多來發掘我的優點……」

在旁的一男學長聽到這裡，實在按捺不住，站起來說：「喂，拜託你們不要一直說『我很好相處，希望多來找我玩』、

『我有很多優點，請大家多來發掘』？我們都是大學生了，我們要學習『主動』關心照顧別人，而不是坐在那邊，只會等別人來關心你、照顧你啊！」學長這麼一說，許多女生都紅著臉、低著頭。學長接著又說：「你們要搞清楚，沒有人天生有義務要對我們好，而是我們要主動去關心、照顧人，才會交到好朋友！所以，你們要記得，『朋友』和『爸媽』不同，是不會自己從天上掉下來的！」

(5)面對競爭！

「店訪」已是競爭的通路，跑過的夥伴都有一種體會，無論大街還是小巷，絕對有保險夥伴留下的足跡，甚且許多商圈的下午時段，走在路上都可能碰到同業，可說熱鬧滾滾，目不暇給。

其實，在許多情況下，競爭是好事，短兵相接也能是賣場中的不倒翁，就算多人角逐，一樣能雀屏中選：

1. 競爭代表是公平的環境，沒人有特權或特別關係可以一勞永逸；只要全副武裝，就算槍林彈雨，一視同仁。
2. 競爭也代表必須精進，因為你要與別的掃街業務員不一樣，或是你要夠格能打敗對方背後的保險業務員，你必須展現內蘊，一展風華，讓對方最終屬意於你。
3. 競爭代表「學習力」的提升，唯有不斷地的吸收新知，強化熟練度，才能立於不敗之地。
4. 競爭強化團隊的整合，如是DS團隊的運作，力量絕對大於一個人孤軍奮戰。

(6)DS初學者的一門功課

店訪初期因經驗還不夠，隨機應變的能力較弱，現場的反應常會鈍鈍卡卡的，唯一能補強的方法就是「強記」演練資料及商品話術，要能訓練自己隨時隨地不假思索地脫口而出說。因為是不經大腦的說話，卻能讓我們的大腦有空間及時間去思索，想想如何改變賣場情境，觀察對方的神情及動作，找出對話中的商機。

　　總之，「熟練」是DS基本的要求，但人人可行也人人可為，是補經驗不足的特效藥。但強記的要求不僅是自己默念或是背給別人聽，而是在短時間內一句不差的侃侃而述，而且是在吵雜的環境中面對許多人大聲地朗誦出來。如此才是真正的「強記」。

（7）把握

想知道「一整年」的價值，就去問被當過的學生！
想知道「一個月」的價值，就去問曾經早產的母親！
想知道「一禮拜」的價值，就去問周刊的編輯！
想知道「一小時」的價值，就去問在等待見面的情侶！
想知道「一分鐘」的價值，就去問剛錯過火車的人！
想知道「一秒鐘」的價值，就去問剛閃過一場車禍的人！
想知道「百分之一秒」的價值，就去問奧運的銀牌得主！
　　珍惜你所擁有的每一刻時間，昨日已成過往雲煙，而明日仍遙不可期，只有「今天」才是老天爺送的最珍貴禮物！

（8）業務員的營養早餐─【晨會】

　　一日之計在於晨，早晨也是人類生物時鐘最好的起點，身為業務員除常態的業務工作要進行外，平日的學習是重要的，子曰：「學而不思則罔，思而不學則殆！」學、思、行並進，才能讓自己不斷向上提升，超越自我。

　　但我們並非有時間及體力每天熬夜苦讀，而單位「晨會」的課程就是最佳的學習場所，無論是分享、專題、研討還是訊息傳達，都能新增我們業務的元氣，能量飽飽，自然出門攻城掠池不在話下！

　　我們常說：「業務要贏在起跑點！」晨會就是贏的起點，除幫助我們掌握時間的運用，也是一切新的開始，昨日總總已如過往雲煙，今日總總卻又充滿期待與希望。所以，晨會絕對是一頓豐富的早餐，每天都有不同的品項可嘗，而我們有時也能身兼主廚，端出你最拿手的佳餚，分享給單位的每位夥伴。

第四篇

有效的複訪作業

　　商家第一次的拜訪為「初訪」，而二次後的拜訪為「複訪」。然而許多夥伴在初訪時有模有樣，但在複訪時卻兵敗山倒，最終飲恨街頭。而最常見的感受是，初次見面熱情如火，再次見面冷若冰霜，而且每見一次面更冷一次，有如寒流來襲。我自己在複訪時也曾碰過商家跟我說：「葛先生，麻煩你不要再來了！你再來我就要通報了。」「你要通報？」「對！我要打電話報警，叫警察請你出門。」「有這麼嚴重嗎？」「有！嚴重到看到你就好像看到鬼一樣，你再不走我真的要報警了！」如此處境，不要說成交遙遙無期，就算要能成為長期經營的準客戶，亦是緣木求魚！

　　我們不能一直卡在複訪不利的漩渦中，要突破複訪的障礙，應有一套標準的作業流程，只要按步驟進行，步步小心謹慎，透過一點時間及見面的次數，循序漸進的讓對方能接受我們。所以，複訪作業非如初訪般是一場個人的「實境秀」，我們不再需要展現自己，因為此時對方考慮購買保單的因素已不完全在我們的身上，畢竟買保險最終是要掏錢的，商家必須考慮自身的身體狀況、未來的財務分配或是保單的需求程度…等，各有不同面向的考量，變化還大得很，我常說：「複訪有三變，險種會變，年期會變，預算會變；此外，不買、不要算是最大的變化。」

　　雖說複訪的過程中千變萬化，我們能運用的策略也不少，但「以不變應萬變，在不變中發現變化。」是我認為有效的方法及運作原則，因為我們面對的A或B級準客戶，絕非同一人，而且相交熟識的程度都不高，我們很難一下就能面對個別狀況對症下藥，但業務通路都有大數法則，經過多年DS班的實證，如能依標準化的流程去執行，初期（前三個月）只要擁有20位A或B級的準客戶就會有一位成交的客戶，佔準客戶比例的5%，而一年後的準客戶成交率會達8%，再加上陌生緣故化的效應，再可提高到10%的準客戶成交率（非拜訪家數的成交率），經細算之後，已能達陌生開發的經濟效益，接下來我們先看如何「以不變應萬變」？

第一章
以不變應萬變

（一）434作業

　　第一個「4」代表「一初三複」，成為我們A級或B級的準客戶，一定要一次的初訪及三次的複訪，合計四次拜訪才算作業完畢。因為根據許多行銷專長的研究，與陌生人見一次面的成交率是5%，第二次面是10%，第三次面是20%，但見四次面的成交率卻能跨越50%達到80%，因為第四次面是一張保單成交最成熟的階段，但我們也聽過一句話：「一鼓作氣，再而衰，三而竭！」往往過程中見不到三次面就打退堂鼓了，無法堅持下去，殊不知下一次見面卻有機會絕處逢生。而我自己與陌生客戶也是見第4次面成交率最高，所以我們如能多堅持一下，效率絕對不同。「一初三複」間隔的時間為3天、7天、10天，加總20天約三星期後，我們會知道對方購買的決定。而3 ／ 7 ／ 10的安排可有前後一、兩天的彈性，但其中A級準客戶第一次的複訪，應馬上在第二天就進行。許多夥伴會問我：「老師，為什麼不是3/3/3或3/2/1？」我說：「如果是3/3/3或3/2/1的安排，對方在時間的感受上是有壓力的，「吃緊弄破碗」非我所願。20天的時間對我們而言值得等待；而商家亦覺自然從容許多。」

　　而434作業中間的3就是指複訪後的三種結果：

(1)買了。皆大歡喜，將客戶歸檔。成功率是5%，只要建立20位準客戶就應有1位會成交。

(2)不買。而且冷透了，就如前面所提，看見我們冷若冰霜。這種狀況就代表是要淘汰的準客戶。約占原準客戶數的55%。也就是說，20位準客戶中約有11位是要放棄的。對於要淘汰的準客戶(A級變C級，B級變C級)，夥伴一定能捨得放棄，這是我們應要永遠絕緣的準客戶，不要心想已經花了一些

時間在他們身上，不如放長線釣大魚，慢慢地經營，搞不好那天真會開花接果。其實，這類準客戶要成為客戶不是不可能，但我們可能要付出漫漫歲月，以時間效益來看，不若我們重新在新市場中找新的準客戶，20天後就可能看到結果。

（3）不買。但互動還不錯，談得來也不會冷眼相待，在賣場中相談甚歡，但每次造訪，對方就是會找一些理由藉口不買保險。這類型的準客戶約占原準客戶數的4成，20位準客戶中約有8位是屬於此類，是我們可長期經營的緣故化準客戶，未來有四件事可訴求，而這四事件就是434作業中最後的「4」：

（1）公司新商品DM寄發的名單

這叫死馬當活馬醫，人經過一段時間，物換星移時空環境會改變，故事發生，事故也會發生，真會此一時彼一時，收到新的商品DM，可能會燃起對方對保險新的需求。而寄發的DM左上方可貼上一張「立可貼」，除寒暄問候的話，可將新商品的特點用50字歸納出兩個重點，透過手寫的便條紙，對方一定會過目，如果有興趣，就會再了解DM的內容，之後再透過電話聯絡，了解對方的看法。

（2）可當準增員對象

因為相處還不錯，氣味相投，未來如店內的工作有變化，就有可能成為事業夥伴，這叫不簽要保書，可簽合約書，一兼二顧。其實一般的商家，無論是老闆還是門市人員，因賣場空間的狹小，長時間處於其中，加上工作時數長，很容易有工作環境的壓迫感，我認識的許多商家，後來不再開店或當店員，原因不在於生意不好，而只是純粹想換工作環境，台北有一通訊單位，其中有好幾主管就是當初商家的門市小姐，後來換跑道來從事保險業。

（3）透過「空中」常保互動

雖然不常見面，但要對方隨時覺得我們就在他的身邊，感受我們的熱情，也維持應有的溫度，而「空中」指的是FB、

　　LINE或是E_MAIL，隨時把我們工作上的表現呈現出來。

（4）三不五時再見一次面。

　　三不五時非指三、五週，而是指3～5個月再去看看對方，我們重新遞一張新的名片，如有升級的名片會更好。其實在三複過程中，之所以最後沒跟我們買保險，其中最大的原因是對我們的信任度不夠，但又不好講出口，但此時的名片代表我們在保險業是玩真的，自然內心信任度不同，成交的機率就高了。複訪作業不用打電話，直接去就對了，對方也習慣我們神出鬼沒了，出奇不意也具奇襲的效果，以我之有備攻其無備，會有意想不到的效果。

（二）三複的注意事項

　　首先，在進行一複及二複時，我們心理要有共識，對方在此階段成交的機率不高，雖然建議書要說明，促成的動作不可少，但主要的目的都是希望能取得再次見面的機會。當然也希望透過這兩次的見面，增進彼此情感的交流，也努力多蒐集背景資料，了解對方對保險的想法及觀點，有利我們專業面的訴求。

　　複訪作業中「建議書」的說明很重要，這是對方決定要不要買的主要因素。好的建議書說明絕對是透過整理好的話術引導，鋪成一個讓人心動的故事，我們口沫橫飛，對方聽的津津有味，開始能聞到商品的花香味。然而，說明時間不宜過長（2～3分鐘即可），但過程中能多透過「詢問」的方式去了解對方對我們說明的關注力，且不時要多美化商品的銷售狀況，譬如說：「說真的，上回與林小姐見面後，好運連連，我一連賣了好幾張出去，妳算是我在這個商圈的貴人了。林小姐，建議書第一頁的部份不知道有什麼地方不清楚？或是與上回DM中的內容有不同之處？」

　　先前有夥伴問：「老師，在三複作業時，我們是否都要帶一樣的建議書？」「都要帶，除非對方針對商品有其他的看法，因為先前的建議書不見得對方還放在店內，多準備一份不是難事，

但在賣場中卻是有備無患，白紙黑字好談多了。」「那老師，建議書上的預算跟DM上都相同嗎？」「應會降低在一般的行情內，如是保障的商品應是每月1,000元～3,000元之間，儲蓄還本的商品每月3,000元～5,000元之間，這是陌生人容易接受的預算範圍，除非對方有指定預算金額。」「那年期呢？」「原DM上的年期即可，對方不提我們就不改變。」

針對「建議書」還有一些重點要注意：

設計重點

1. 張數不宜過多(以不超過5張為原則)
2. 保障數字以整數為準(例如200萬，不要設計為199萬)
3. 儘量避免4字出現(例如保障400萬，生存還本每年4萬)
4. 保障商品主附比約7:3或6:4為準，特殊案例除外。
5. 附約規劃儘量面面俱到，理賠時較不易發生問題。
6. 設計內容符合準客戶預算。
7. 兼顧商品流行性，摒除較冷門商品。

裝訂重點

1. 有公司封面，訂書針部份需以膠布掩蓋。
2. 建議書及空白要保書同時放入L型封套，感覺較正式。
3. 建議書重點內容可用淡色螢光筆標示，以利說明，但勿用紅色。

說明重點

1. 以筆引導，非以手指引導。
2. 說明時目光不時注視對方，了解對方專注狀況。
3. 說明時對方適時反對問題須立處理，以利時效。
4. 保單特點部份扼要說明即可。
5. 重點內容可尋求對方肯定。
6. 言談舉止要有自信，語調抑揚頓挫有節奏感。
7. 非對方主動提及問題，勿劃蛇添足。
8. 每一頁說明完時，問及對方意見。

9. 準客戶有問題時，使其暢所欲言，勿打斷說話。

10. 說明結束時，務必有促成動作。

　　而建議書的製作，除原本電腦列印的資料外，不妨多加夾一、兩張輔助資料，可增強建議書廣告的功能！準備協助「促成」的書面資料如下：

1. 成交DS客戶的要保書影本。（要得到對方的允諾，相關個要蓋掉）。

2. 通訊處內同事相同商品成交的訊息。（有高額的單子會更理想）

3. 媒體的報導

4. 公司的公告或商品捷報

5. 網路下載的訊息

（三）「以退為進」的促成

　　三複作業中很重要的一點，就是每次的複訪都要訴求「促成」，然而對方大部份不會允諾，尤其在一複及二複，且對方絕對會有反對購買的理由及藉口，此時我們暫不處理，配合對方的說法，勿需太堅持，只要求有再一次見面的機會。

　　促成時我常講一段話：「心動不如行動，行動不如手動；只要我們手動一動，三分鐘後就開始累積財富了！資料都準備好了，如果可以，我們現在就可以辦一下手續！」此時我們不說話，靜觀對方的回應，如有反對問題，我們以退為進，不步步進逼，但說出再次見面的要求：「沒關係！決定不在一時，如果有些問題要考慮清楚，當然是最好。我下週一還會來這條街辦簽約，再過來看看有什麼問題！」我們退一步不強勢訴求，但進一步能再次見面，原因在於「見面」才是真目的。與陌生見面的「次數」是在觸碰對方在賣場中不同時間的「心情」，因為她們也是業務性質的工作，今天生意的好壞會影響她們對待我們的態度，如能兩者正面得遇，心情好業績佳，成交就不是難事了。其實，許多人的消費是隨機的，依自處的環境及感覺而改變，而購

買慾在無形中提高了。如女孩子逛街，就常發生這種狀況，大包小包的拎回家，高興之餘，荷包也失血不少。

要知道店訪的促成與緣故的促成不同，我們如果在賣場中有點趕鴨子硬上架，很容易就打草驚蛇。因為彼此還不是很熟悉，如果我們的咄咄逼人，對方一句：「葛先生，我不買可以了吧！」前面的心血將功虧一簣！

三複作業的第三複是我們火力最強的一次複訪，希望能畢其功於一役，當下的堅持很重要，但如對方依舊對壽險商品敬謝不敏，我們應適時退而求其次，主動訴求強制險、車險、火險或信用卡等其他商品，費用不高但每年必繳，如能先連上線，改變關係，再去深化關係，開始進行緣故化的作業。

此外，「促成」過程中，心情輕鬆很重要，互動的過程中千萬不要讓對方感覺我們的急燥，我們應以有恃無恐的態度去面對商家，說起話來不徐不急，一付買不買沒關係的自若感。有許多夥伴會問我：「老師，你都是怎麼Close的？」我說：「不難，但首先自己的得失心不要太重，如果你看上去胸有成竹的態勢，你已經無形中影響對方的決定。」再能加上下面兩段話，樹上的蘋果就會慢慢變紅了：

(1) 如果是保障型的商品，我會說：「陳小姐，我們只是一般人，風險來時，自助不如他助，他助不如大家助！我們公司就是『大家助』，妳是自然人，我們公司是法人，法人的力量大很多，如果可以，我們何不讓這份建議書今天就生效，馬上讓我們擁有不同的身價或一生中多一個法人來保護自己。」

(2) 如果是儲蓄型的商品，我會說：「陳小姐，今天出來我看過黃曆，今天可是投資的黃道吉日，現在就是儲蓄的良辰吉時；心動不如行動，行動不如手動！只要我們手動一動，今天就是我們賺錢的開始，喔！對了（這裡像演戲般），我們還有一份資料要填，資料已經在我手邊，如果可以，三分鐘手動一動就可以完成了！」

　　上面我常用的回答，有些商家就會對我笑著說：「葛先生，聽起來你們公司不只是『大家助』還會『大家樂』，買了都很快樂！」或是「葛先生，為什麼你的黃曆跟我家的不一樣？」成交盡在「談笑」間！

（四）複訪的時間及家數安排

　　當日如有初訪，複訪家數不要超過5家。因為在複訪時我們多付出一些心力，也有促成的訴求，停留時間會比初訪要長，所以家數不宜太多，以保持我們複訪的品質。如果當天只做複訪，最多8家即可。無論是5家還是8家，並非每家店都能順利進行複訪，正常應有60%的複訪率；也就是說，只要能有3～5家能進行拜訪即可。如果複訪時有客人在，就先到別家店複訪或在附近進行初訪，一會兒再回頭拜訪。根據網路資訊，平均一家店全天大概只有30%時間有客人，有空檔的時間應該很多。又如拜訪到一半有客人進門，我們先離開賣場，在外面騎樓下等一下；萬一複訪的對象不當班，我們就拜訪其他的門市，當作初訪的對象。

　　複訪理想的時間最好能在PM4:00～PM8:30之間，因為這段時間是她們生意的黃金時間，開市有賺錢，心情自然不同，門市80%都是女性，「心情好壞」會主導對方當下購買保單的意願。所以，有關複訪時間的安排，是考慮商家的營業狀況及準客戶的情緒波動，雖然可能在拜訪中常會被進門的消費者所影響，但人潮就是錢潮，生意上門財源滾滾，無論是老闆還是門市喜上眉梢笑不合攏，面對我們的拜訪，相信態度也會和氣不少，俗話說：「有錢好辦事！」購買保單的機會就會大增。

　　複訪時間應在PM8:30以前結束，太晚拜訪，商家會有安全顧慮；此外，PM8:30以後也通常是當日結算業績的時間，會忙於紙上或是電腦作業，應無暇他顧。

　　但也有商圈只能於下午2:00～4:00進行複訪，「夜市」的型態就是如此，晚間人潮是一波接一波，想找個空檔進門都有困難。而傳統市場旁的小商店，PM5:00之後會陸續關門，也應早一

點時間進行複訪。

（五）先初後複

　　「先初後複」是指下午先進行初訪然後複訪。這順序夥伴一定要遵守，其實掃街我們靠「氣力」而非「力氣」，因為人人都有力氣，但拜訪的家數確不相同，其中最大的原因是有些人氣長，但有些人氣短。何也？很重要的原因是每個面對挫折感的承受力不同，而「複訪」所帶來期望值與失望值的落差最大，也會直接打擊士氣，所以先一鼓作氣完成初訪作業，行有餘力，再進行複訪，萬一全軍覆沒，但初訪量卻能維持住，時間也不會浪費掉。

（六）勿忘初訪的量能

　　DS只有三個階段，初訪→複訪→成交。雖然複訪離成交近了，但永遠不要忘記DS的活水→初訪量；其實，帶DS班的經驗中，我較重視夥伴的初訪量，因為能穩定拜訪的源頭，之後的複訪或成交就只是或然率了。所以在DS班上我總是耳提面命的強調初訪量能的重要性。要能有穩定的初訪量，我們應採「星期總量核算」的方式，設定每週固定的拜訪量，而每週合宜的量能應在20～50家之間，如是12週一季的量能應會在300～500家之間，這些是長期進行拜訪的量能，不要太多，也不能太少。但夥伴在DS的初期，可能會出現一種狀況，雖然努力拜訪，但就是久久出不了一張單子，果是急煞人也。我們要知道，每個人在拜訪上的際遇都不同，我記得在台南實作時，有一位夥伴三天就成交的第一張單子，而且自己還統計前三個月的成交率是38取1，果是DS的天生好手，但她也承認自己的運氣不錯。但人人並非都是幸運兒，如拜訪超過100家店還沒成交，也不必憂心忡忡，有可能Case姍姍來遲，只要我們持續拜訪，後面絕對有一串葡萄般的Case等著我們。但如果拜訪200家以上還沒成交，可能是拜訪過程中有環節出了問題，先靜下心來，自我檢視拜訪的流程，努力

找出問題；如有拜訪的錄音檔，請主管或同事聽聽，提供一些意見，尋求解套的方案。

　　還有一個狀況要注意，夥伴在進行店訪的第三～四週會是一個撞牆期。一方面初訪的衝動與好奇會下降，而複訪可能會陷入膠著狀態，雙重夾擊之下，許多夥伴就心疲力軟了！所以無論如何，這個階段我們硬著頭皮都要撐下來，尤其是三次複訪的過程，一定要能堅持到底！

（七）複訪時的步驟

　　如同初訪般，複訪依舊可以按起、承、轉、合四步驟進行：

　　【起】一　寒喧（先聊共同話題，製造加溫效果）

　　【承】一　推廣（提供市場資訊及強調銷售狀況）

　　【轉】一　說明（建議書解說及反對問題處理）

　　【合】一　促成（促使決定，如是一、二複訪要求再次見面）

　　以下是兩篇不同商品的複訪演練資料，透過步驟的安排，夥伴會很清楚起、承、轉、合的運用：

（1）「短期儲蓄險」複訪演練資料

葛：林小姐妳好，○○人壽葛京寧還認識嗎？

門：當然認識，那天你跟我聊很多退休規劃的話題，今天你來也該看看我這裡賣的鞋子，樣式很新，相信一定有你喜歡的款式。

葛：來妳店裏，跟妳聊天真的很高興，尤其林小姐妳今天看起來精神弈弈，容光煥發，相信妳今天鞋子一定賣得不錯，不過上個星期才在客戶店裏選了兩雙鞋子，不過與妳店裏的鞋子相比，的確遜色了一點，下回買鞋一定到妳店裏買。林小姐，我發覺妳今天的髮型不同耶！上回來是飛流直下三千尺，這回變成大波浪了，好看好看！

門：葛先生，妳過獎了！有幾款鞋有特價，賣得不錯，還是可以

275

看一看嘛？

葛：好啊！不過因為上回有跟妳提到的方案，已經幫妳設計好了，我想還是先利用三分鐘的時間跟妳做個說明。

以上為【起】

門：目前景氣不好，聽聽看可以，不過目前真的買不起。

葛：沒關係，選購商品總是深思熟慮後的決定，買起來才會恆久。但這個商品不同，透過數字它真是魅力無窮，報酬穩定，讓妳在賺錢不容易的環境下，每一分錢都能做最有效的運用，尤其目前景氣不好，才應做中、長期的投資，提供穩定的效益，如果目前景氣大好，林小姐的錢應該放在股市，而我也不建議放在保險公司，也就是說，投資保險公司的錢，就是要讓妳的錢很保險，去對抗景氣，如果林小姐妳能接受這個觀念，相信在我介紹建議書之前，妳已經在觀念上購買了本商品，差的只是我的說明及妳的行動而已。何況聽說這個月銀行又要降息了，降降降連三降，再降下去，未來的日子真要自求多福了！

門：能怎麼辦？趁年輕多賺點錢才是王道。

以上為【承】

葛：妳講的沒錯！趁年輕真要多賺錢，但能賺到存到才是王道中的王道。我手中的建議書就能買到賺到又存到的方案（同時翻開建議書），妳看建議書的第一頁，有關預期的投資報酬表說明得很清楚，我們的投資最大的特色就是只存6年，而且預定利率比銀行的定存多3～4碼，如果以後銀行持續向零利率靠近，我們的固定利率就算高利率了，何況我們還提供壽險保障。更重要的是，林小姐妳看螢光筆的部份，這個儲蓄計劃很有彈性，妳可選擇6年後就開始領利息，也可選擇退休時可以拿月退俸，雖然不多每月幾千元而已，但不無小補，錦上添花，每個月都可去五星級飯店吃10次早餐，想想也不錯，而且活到老領到老，不想領時再拿回本金的兩倍。林小姐，不錯吧？

門：上回你跟我提，我就覺得報酬不錯，但儲蓄現在對我而言，並沒有這麼強的急迫性。

葛：陳小姐，時機很重要，你知道嗎？我自己所有買儲蓄險的客戶，到現在沒有不感謝我的，因為他們買到一張或多張一輩子高預定利率的儲蓄險，有的客戶還開玩笑地跟我說，有機會叫保險公司賠本也是一生少見，許多客戶還跟我說：「葛先生，當初有聽你的建議，當下決定投資，要不然我看我那些錢也不知到那裡去了，也不會現在開始在領還本金了。」所以機會來了，就要當機立斷，以免將來後悔，何況妳看這篇媒體報導，許多定存族都轉存保險公司6年期的儲蓄險，所以目前很熱賣，但也不知道這個商品能撐到什麼時候？林小姐，我這樣解釋妳能了解嗎？

門：我也有聽他們在說，但目前每年保費已經不少，而這個投資又要多準備一筆錢？

以上為【轉】

葛：林小姐妳放心，錢不會不見，只是換了一個帳戶。今天出來我看過黃曆，今天可是投資的黃道吉日，現在更是儲蓄的良辰吉時，心動不如行動，行動不如手動，何不讓今天就是我們累積財富的開始，資料已經在我手邊，如果可以，三分鐘手動一動就可以完成了？（之後千萬不要開口，待對方回應）

門：你說的對，反正錢不會不見，不過就是左口袋換右口袋，葛先生你說的數字可不能騙人喔！

葛：妳放心，保單上載明的很清楚，我們現在很快辦一下要保手續。

以上為【合】

(2)「長期看護險」複訪演練資料

葛：陳小姐妳好！我們又見面了，真可謂一回生，二回熟。這次見到妳感覺就像看到老朋友般親切。剛才進門看見客人大包小包出門，可見你們店生意很旺，相信妳絕對是這家店的台

柱！來，喝杯熱咖啡提提神。

門：謝謝你！葛先生，你太客氣了，還帶飲料來。

以上為【起】

葛：大家都在業務線上，也都能體會工作的辛苦，雖然妳不像我一直在外面到處跑，但是面對來店客人的服務態度，是我所佩服及要學習的。上回見面也提到會提供一份建議書讓妳了解！（公事包取建議書）

門：原來妳還是要賣保險給我！

葛：如果要賣的保險是妳所需要的保險，我一定當仁不讓，因為我確定建議書內的商品能夠讓妳的保單更完整周延，妳希望妳的保單有缺口嗎？

門：我想這不是缺不缺口的問題，而是我有沒有能力支付的問題！

葛：有沒有預算沒關係。首先我強調 「長期看護險」是目前「保險公會」唯一有透過媒體廣告的商品，也是政府不斷呼籲我們要提早準備的商品。這是未來高齡化的社會如何能讓自己活的更有尊嚴的適當安排（以下建議書說明）

以上為【承】

葛：陳小姐，妳看這裡，我們的《長期看護險》有三大特色：

第一、除長期看護外，還涵蓋殘廢扶助及失能給付，一舉三得！金額都在表中，給付的涵蓋面很廣，絕對是未來趨勢的商品。

第二、我們的長期看護險「一保送四保」，給付「保費」後能有「保本、保值、保障、保尊嚴」的四合一功能！其中我認為「保尊嚴」是最重要的，可能是做業務的關係，我接觸過不少人，也看過不少家庭，但坦白說，人年紀大時，賺錢能力一下滑，生活的現實去屢見不鮮，能擋得住現實的非錢不可，所以錢非萬能，但沒錢卻又萬萬不能！陳小姐，我這樣說妳能認同嗎？

門：頗有同感！我有親人有如此不幸的遭遇。

葛：第三、我特別提提《失智症》，《失智症》就是我們俗稱
　　的《老年痴呆症》，病期平均為8～10年，每年最低照顧的
　　費用約40～50萬（自行照顧），也就是說，萬一得到此病，
　　應有的花費在400萬元左右，算是一筆龐大的開銷。而估算
　　未來65歲人口中，四人中就有一人會罹患此病；也就是說，
　　年輕夫妻各自的父母長輩中可能會有其中一人罹患此病，如
　　是夫與妻又都沒兄弟姐妹（少子化），這對夫妻的家庭中就會
　　無形中增加400萬要支付的費用，以夫妻年薪100萬計算，
　　要4年不吃不喝才能因應照顧支出，如果家中還有子女要教
　　養，負擔之重可想而之。所以，為了不讓我們的下一代負擔
　　太重，自力救濟很重要，我常說：『靠官官倒，靠自己保最
　　好。』簡單的說，我們每月約4,000元的預算就能解決以上
　　的問題！林小姐，不知道以上說明有甚麼不清楚的地方？
　　以上為【轉】

門：你的說明很清楚，也覺得不錯，但一年要增加3萬多元的預
　　算，我可能現在沒辦法！

葛：的確！現在會吃力一些，但未來收入多了，繳費也就輕鬆多
　　了！但我們的身體隨著歲月卻在每下愈況，當然對醫療的需
　　求愈來愈強，要能保持一定的生活品質，現在開始準備是必
　　要的！如果現在還年輕沒下決定，中、老年有錢想買，身體
　　狀況及時機都不一定會站在我們這一邊！

門：你說的也沒錯！就當加一張定存單。

葛：這張一定會比妳其它的定存單有價值，因為它是「財富＋尊
　　嚴的帳戶」。

門：好一個 「財富＋尊嚴的帳戶」！葛先生，我用「信用卡」
　　繳款可以嗎？

葛：當然可以！要保資料準備好了，三分鐘就能完成手續。
　　以上為【合】

第二章
在不變中發現變化

　　前面所提是「不便應萬變」，然而複訪過程中變化莫測，感覺到細微的差異或不同，就有可能會帶出商機。接下來要訴求的是複訪中變化的因應及處理，我稱在「不變中發現變化」，而第一個會出現的變化為：

（一）商品需求的改變

　　複訪作業的開始亦是我們提供保險專業領域的開端，如能透過需求分析或保單健診，對方購買的保單才是最適切的規劃。但以目前的市場狀況而言，其實許多人已不只一張保單在手，甚至有些人對保險的了解並不不亞於業務員，這叫三折肱成良醫，買多了也就了然於胸。我有一位在板橋江子翠的客戶，是一間珠寶店的老闆娘，早先進行複訪作業時就對我說：「葛先生，我買了許多保險，而且所有保單的資料都在我的電腦中，每年的繳費時間及商品內容我都有研究過，老實說，妳先前給的DM是存錢的，但我已經買了許多，我將我珠寶店賺到的錢早就放在保險公司了，但我研究了一下，我的防癌險多年未變動了，最近許多藝人因癌症而住院了，過去許多藝人因癌症而過世了，你們公司目前的癌症險怎麼賣？」結果最後這位老闆娘花了2萬多元買了一張防癌險，真可謂複訪中有三變：「險種會變、年期會變、預算會變。」但正常的情況，許多商家對自己購買的保險商品大都懵懵懂懂一知半解，如果在一、二複時的互動還不錯，但對方對原商品真的興趣不大，我們可主動提及保單的需求分析或健診，開始透過專業及服務去建立信任度，進而抽絲剝繭，找到缺口。

　　所以，初訪所提供的ＤＭ只是我們拜訪時的「窗口」，主要目的是重新燃起對方對保險的需求，但最終是否購買原DM上的商

品，則不一而足。我自己的經驗，透過三複的過程中，有一半左右的準客戶會改變商品。

(二)心情會不同

門市人員一方面要強化上門客人的購買意願，又要擔心客人不上門的業績壓力，如果碰上天氣不佳，往往眉頭深鎖笑顏難開，一天中心情的起伏可不小。所以前面有提及，複訪的時間為什麼要在商家人潮多的時段，原因也在於此。

複訪作業中，之所以對方的態度會有很大的改變，並非完全是因為我們拜訪所致，也有可能是自己或賣場內的因素所引起。但不論原因為何？只要這回的複訪，感覺對方的心情還不錯，在業務的訴求上應加快腳步，期能在一、二複時就成交。但相反地，對方的態度很冷有敵意，完全不同初訪時的接納度，當下複訪的流程可照走，但過程中只要對方有強烈的拒絕言語或動作，我會馬上停止訴求，試圖先回到輕鬆的共同話題，如果再熱不起來，就必須結束本次的複訪，改日再來。

複訪過程中，尤其是在第一次的複訪，許多夥伴會因對方態度的丕變而落荒而逃，影響所及，二複及三複驟然停止。面對以上的狀況，夥伴在心境上一定要能hold住，我鼓勵自己能勇往直前的想法就是：「最壞不過如此，不會比上次再壞了！對方是人，不是神也不是魔鬼；進去出來也不會少一塊肉，既然沒有損失，何懼之有？」事實證明許多商家的態度真的會緩和許多，雖然互動冷冷的，我們的心境倒是平和不少。有一話講：「不打不相識！」在賣場中不只不會打架，感情倒是增溫的很快。

複訪作業除SOP除的流程外，也是考驗拜訪續航力的階段，因為在過程中我們不只一次要看對方嫌惡的臉色，接受對方拒人於千里之外的動作，我們還得無動於衷笑臉以對，這是心理素質最需強化的階段。而我自己常將如此的過程當作是訓練，因為這是課堂中學不到的訓練，因為在課堂中沒有一位講師會用如此的態度對待自己。我們知道，「市場」本是一間教室，但這種課程

不花錢還可以賺錢，何樂不為也何苦不為！雖然市場中千奇百怪，好的壞的我們都得吃下去，你若能吃下去的愈多，修成正果後，心理建設就像銅牆鐵壁一般，DS就能呼風喚雨橫掃千軍！

（三）真的反對問題出現了

只有在促成時，接近真實的反對問題才會出籠，只要是拒絕問題的出現，對我們都是利多，因為這是難得的資訊，我們可透過專業的分析及探討，幫對方找出解決的方案，就算一時無法處理而無法成交，經過一段時間後，峰迴路轉後可能就會是我們的機會。我有一位客戶，當初因資金有困難，最終沒跟我買保險，但對方有提到半年後10萬定存單會到期，事經五個月，我再去找她時，就主動提及定存單到期的狀況，雖然唐突了一些，對方也有點驚訝，但因有了資金後盾，要簽約就順理成章了。類似的狀況不少，曾有一位老闆就對我說：「葛先生，一年後我原有保單會到期，屆時一定會跟你買一張。」這句話我銘記在心，再拜訪時，果真二話不說，順利簽下單子。

（四）關係開始不同了

人本一回生二回熟，陌生人見面沒有三分情，但總有一分情，多見幾次面，關係自然不同了。試問，與陌生人見一次面兩小時關係深，還是三次見面合計兩小時關係深？大家都知道答案是後者，何況在賣場中我們也無法一次待上兩小時不走，所以多見面的好處也在於此。在永和中正路有一位淨水器店的老闆，第二次見面時就跟我買了一張自己店的產險，但隨著見面的次數多了，每次到店內總是奉茶泡咖啡，彼此天南地北相談甚歡，後來也加買了太太及小女兒的保單，而店內的門市小姐也在老闆的加持及催促下，成為我的客戶，果真關係不同好處多！

關係愈能深化，還有一個好處，就是要增員對方成為事業夥伴的機會大增。

（五）基本資料要掌握

複訪時我們慢慢會發覺許多商家不為人知的一面，其中成為保單孤兒的不在少數，有幾位客戶後來跟我買保險，直言不諱就是想找一位保險經紀人，好幫自己的保單提供後續的服務。

此外，複訪時個人及家庭資料也可能隨時會有一些變化，早些年有一位在西門商圈的客戶，當時已是一位小小孩的媽，想幫自己存一筆私房錢，第二次複訪時就簽了一張10年期的儲蓄險，當下我也利用機會訴求小孩子的保單，果真上天保佑，第二天一早對方來電：「葛先生，妳今天下午三點有空到我店裡來一趟嗎？我老公會來，妳說的小孩保單我們一起討論討論。」經過討論後，當下立馬孩子買了兩張保單，一張保障，一張三年還本的儲蓄險，而那張還本的儲蓄險可是一年20多萬的保費，連中三元，讓我興奮不已。後來送保單時才知道，客戶的婆家剛有一筆百萬資金進了丈夫的戶頭，說是要幫金孫準備教育費的頭期款。

所以說，基本資料的訴求與時機的結合，就會是成交的契機。蒐集基本資料後一定要在當天紀錄下來，舉凡見面所談的內容及提供的訊息，對方的人格特質，我都會詳盡的記錄下來，提供下回見面「話題」的運用。在賣場中溝通的守則就是：「永遠只先談屬於對方個人或對方想聽的話題。」因為對能打開話匣子，我們就有機會在話語中找到商機；也就是說，我們能在一般的「話題」中，透過「問題」的安排，創造保險的「議題」，下面有段對話，夥伴可參考之：

葛：「陳小姐，上回來拜訪時，聽說你是台南人？台南是府城，
　　文化氣息重，而且傳統小吃一級棒！」

陳：「沒錯！我們台南小吃無論是擔仔麵、鹹粥、牛肉湯還是肉
　　粽都比台北好吃多了，在台北工作這幾年，最回味的就是家
　　鄉的小吃。」

葛：「去年底我也去台南玩了一趟，奇美博物館很壯觀值得一
　　遊，但還是小吃回味無窮，古早味唇齒留香，赤崁樓正對面

的魚羹很鮮有海味。但很不幸今年初地牛翻身，傷亡不少，真是人有旦夕禍福！你家人都還平安嗎？」

陳：「都沒事，我們家在台南市的西區，離災區有一段距離。」

葛：「那就好！像我住在永和四十五年老公寓的二樓，萬一地震一來，低樓層的風險就很大，這回台南的地震讓我有點怕怕！」

陳：「那我怎麼辦？我不是會更慘，我租的房子在四樓，我們大樓有十二層，這壓下來還有命嗎？」

葛：「你大樓屋齡多久？」

陳：「至少有有二十年了！」

葛：「但你應不會永久住在那裏？」

陳：「但地震隨時會來！」

葛：「如果放心不下，可在我今天帶來的商品建議書中加購一些意外險即可！」

陳：「那你們意外險的費用怎麼算？」

以上的對話，就是「話題」→「問題」→「議題」的運用。

（六）購買對象改變了

複訪常會正打歪着，我成交的DS客戶中就有幾位非我原本接觸的商家，而是這些商家的親人，其中姊妹或姊弟的狀況最多，通常姐姐是門市，往往希望自己的妹妹或弟弟存點錢，也有幾位是子女幫父母親規劃的，但如果是父、母親希望介紹保單給子女，通常都不了了之。

賣場中常有旁敲側擊的機會，我們若能主動帶到一句話：「妳目前不需要沒關係，但如有兄弟姊妹倒可推薦介紹？」我們的一句話，可能會啟發對方的想法，意外的驚喜隨處可見。

第五篇

訓練的要角
〈演練資料及話術〉

第一章
短期儲蓄險

(一)短期儲蓄險話術(A)

前兩星期台北的一場「實作」,拜訪一位服飾店的張小姐,對我們介紹的短年期儲蓄險很有興趣,交談中得知她目前34歲單身,已出社會工作5年,因明年計劃結婚,開始想幫自己存一點錢,希望未來的生活能更穩健!在DM收尾時我說了一句:「張小姐,我們的商品可是辛苦存6年,但享受60年!」她突然眼睛一亮對我說:「那60年中我可享受什麼?」雖然我將先前說過的「話術」又說了一遍,但對方的眼神好像對我說:「葛先生,應該還有其它的吧?」然而,店中我能說的也止於此。事後,我將商品再研究了一下,以下夥伴可當參考!

推薦商品:《六年期儲蓄險》每月1萬,年存12萬,本金72萬,而後每年領回(增值)1.5萬到100歲,再拿回本金72萬。

話術運用:

➤六年後每年領回1.5萬,可享受(A)手機一隻(B)東南亞旅遊一趟

1年換新手機加上1年出國玩,共60次(年)的生活享受,期間換30支(60÷2項)的各牌新手機;出國30次,玩遍東南亞所有國家,按摩按到腳發麻,SPA做到全身滑!(或)

➤六年後每2年領回3萬,可享受(A)筆電一台(B)夏威夷來回機票

2年換一台新筆電加上2年去一次夏威夷,共30次的生活享受,期間換15台(30÷2項)的最新筆電;浪漫夏威夷來去15次,恐龍灣 變我家,陽光、沙灘、比基尼在後院!(或)

➢六年後每3年領回4.5萬，可享受(A)60吋電影一台(B)名牌皮包一只

　　3年換一台60吋新電視加上3年換一個新包包，共20次的生活享受，期間換10台(20÷2項)的新電視，”世足””奧運”看到爽；10個名牌包，體面大方心頭爽！(或)

➢六年後每4年領回6萬，可享受(A)125CC機車一台(B)歐洲8日遊

　　4年換一台新機車加上4年歐州玩一趟，共15次的生活享受，期間買8台(15÷2項，進位)的新機車，基隆廟口玩到墾丁大街；7次踏遍歐盟的每個角落！

➢六年後每5年領回7.5萬，可享受(A)國產車的頭期款(B)寒、暑假各一次全家4天3夜國內高檔民宿之旅

　　5年換新車(頭期款)加上5年高檔民宿之旅，共12次的生活享受，期間可從容換6輛(12÷2項)新車，開新車帶全家12次(寒、暑各6次)上山又下海，看盡好山好水好人情！

　　我們商品的特色包含食、衣、住、行、育、樂，尚有本金72萬可隨時領回或應急之用，真是可實踐的計劃，也真叫人怦然心動！

(二)短期儲蓄險話術(B)

(1)6年時間的真很短，東京奧運結束後一年我們就存完了！但往後卻能享受15～20次親臨各國奧運現場的痛快旅程！

(2)誰都愛「年終獎金」！我們只存6年就公司就開始發「年終獎金」一個月(年存12萬，六年計72萬，每年領1.5萬～1.8萬還本金)，而且經得起時間的考驗，不因公司經營或社會事件(食安)而停發。不僅如此，退休後我們年年照發年終獎金，真是活到老，領到老！

(3)養兒二十年孝順沒半年，保險養六年孝敬六十年！

(4)買在兒孫，用在吾身；用完吾身，留給兒孫，三代共享老少同樂。

(5)我們只存六年到2022，卻能一直享受到22世紀。

(6)透過年輕有能力賺錢的黃金歲月，一定要將一部份的錢留到
自己年紀大賺錢能力弱的歲月！

(7)我想目前沒人敢大聲保證說，明年銀行的定存還是目前水
準；但我們從現在就能保証我們的預定利率2.2%～2.75%不
變到終身。

(8)年輕沒有錢，萬萬皆有可能；退休沒有錢，萬萬肯定不能！

(9)年輕時，今朝有酒今朝醉，千金散盡還復來；到了退休，今
朝有酒別人醉，千金散盡不會來！

(10)我們目前銷售有三不政策：「不投資、不理財、不保
障！」現在都以「儲蓄養老」的商品為主，在未來「養老」
與「保障」對人生規劃一樣重要！

(11)早先保險多為20年期，但我們只有6年；6年後我們開始領
錢，但舊保單還在繳保費，感覺絕對不同！

(12)每月存三千，一年存3.6萬真的不難！只要一年少買三件衣
服、兩雙鞋子、一個皮包就能存下來了！

(13)儲蓄6年後，除能享受複利滾存的效應，而且一輩子錢是
活的；購屋6年後，房子會隨時間增值，但錢並非能隨時提
領，而年紀愈大「現金」愈重要！

(14)銀行六年給你一筆錢，我們公司六年後給你一輩子的錢，
我相信大多數的人會喜歡一輩子的錢！

(15)錢放銀行「安全、可靠」，放我們公司多三個字「安全，
可靠，抗通澎」。

(16)　20年前100萬錢放銀行，利息一個月一萬；現在100萬元
放銀行，利息一個月一千，變十分之一，如何養老？

(17)國人平均希望58歲退休，但平均年齡已到82歲，女性更高
達85歲，這20～30年養老期，「健康、財富」最重要！身體
可以自己保養，退休金可是現在就要開始準備。

(18)女性賺錢的高峰期是20～50歲，期間容易受家庭及環境因素
的影響而中止，如果能透過年輕有能力賺錢的階段，多幫自

　　己以後存一點私房錢是重要的！

(19)如果現在25歲，透過我們短期的儲蓄(六年存100萬)，在退休(60歲)的時候卻擁有每月約4,000～5,000元的月退俸，不無小補，錦上添花，本金還增加！

(20)錢存在小孩身上也不錯，長大結婚後，每年拿還本金，相信兒媳婦、女婿對我們的感覺都會不同！

(21)妳我都不是軍、公、教，透過這份儲蓄卻可在退休時增加一筆月退俸，真正享受金錢自主的生活樂趣！

(22)我們的儲蓄是沒有任何風險的，不像股票高高低低，也沒有基金過去幾年的慘痛經驗！

(23)短期儲蓄，卻可創造短、中、長期的效應；我們可以選擇六年後每年一筆還本金出國玩，一直玩一直玩，玩到不想玩，再當作養老金，一直領一直領，領到不想領，再給下一代領。只有我們這張可以「世襲制」，而且保三代有錢！

(24)靠親親跑，靠官官倒、靠自己存最好！

(25)一人工作賺錢30年(30～60歲)，卻要「養」老(父母)、中(自己/老伴)、青(第一代)、少(第二代)60年(30～90歲)，真要存點錢墊底！

(26)少年不努力(賺錢)，老大徒傷悲(沒錢花)！

(27)人生最終是「黑白」還是「彩色」，端看現在開始「存」了沒！

(28)一個月五千，一年六萬，六年36萬，只有一部車一半的價格；車子6年後所剩無幾，但我們正在開始看漲，而且發威幾十年！

(29)我們是很好的資金庫，而且是2.25%增值的資金庫；股票行情來時，透過我們的資金能加碼獲利，平時養「金」如養地，富有一輩子！

(30)強迫綁約存6年，富足輕鬆60年！

(三)六年期快速還本儲蓄險話術(C)

《六年期2.2%，年存12萬，繳費期間每年還本金1.8%，繳費期滿每年還本金2.2%，滿期解約金72～75萬》

(1) 快速還本，年初存，年尾領，12個月滿就開始領錢，不用等6年、10年、20年。

(2) 如是存在「小一」的孩子身上，小學畢業2022前就存完了，但可領錢到22世紀，多神奇啊！

(3) 繳費期間每年領回元2,160～12,960玩開始玩國內，繳費期滿每年15,840元玩國外，一直玩一直領，一直領再一直玩，不吃本金，玩到不想玩，再將所有本金領回當養老金。

(4) 繳費期滿每年15,840元，東南走透透；兩年31,680元，來去浪漫夏威夷不花錢；每三年48,600元，歐洲機票錢都有了。

(5) 30～65歲已領回半桶金55.4萬，65歲退休後每年15,840元的月退金，平均每月1,320元，就當每月一次加菜金，吃到不想吃，再拿73萬解約金買一部哈雷機車。

(6) 假設30歲開始存6年，剛好20年後50歲就累積一桶金100萬，但銀行定存要到65歲才有100萬，差了15年的時間。（解約金73萬+6年繳費期間還本金4.53萬+14年每年15,840元的還本金22.17萬）

(7) 一存三好，好吃、好玩、好用，人生會大好！（吃大餐，玩國外，用養老）

(四)儲蓄險「促成」的15條話術

(1) 我們的短期儲蓄險就類似銀行的定存單，只要六年到2022年止，卻一直可享受到22世紀，多爽啊！今天就是擁有「跨世紀定存單」的好機會！

(2) 下一秒的事都很難講，畢竟躺在棺材不都是老年人的權利！但我們上一秒有決定自身保障，讓家人無後顧之憂的權利！

（3）妳說妳有錢放定存，而且好多年了，老實講這是不容易的「好習慣」！相信當初銀行能有定存單，內心一定喜悅的！如今我們的計劃能創造的財富更多，相信更能滿足所需，延續我們的好習慣！

（4）千金難買早知道，如果利率長期走「空」一路探低，現在就是存錢的高點，也就是「早知道」的良機。

（5）妳看這些簽約要保書影本，都是這個月才跟我買的商家客戶，而且就是我介紹給妳一樣的商品，大家都是識貨高手，所以我賣的很有信心，妳買下來一定安心！

（6）企業會因某一事件，瞬間瓦解，人去樓空，經營風險沒得救！人也會因某一事故，人倒財空，只有保險卻能讓我們起死回生，東山再起！

（7）幾次見面下來，妳雖然提出了不少拒絕買的問題，但我肯定妳內心對我們商品是有想法的，因為妳有想過才會提問，如果不想買，對我這個陌生人而言，應該是一句話都沒有。俗話說：「心想事成。」何不讓今天就是「事成」的開始？

（8）今天出來我看過黃曆，今天可是投資的黃道吉日，現在更是儲蓄的良辰吉時！

（9）機會來了，就要當機立斷，以免將來後悔，何況這個商品真不知道能撐到什麼時候？

（10）心動不如行動，行動不如手動，何不讓今天就是我們累積財富的開始，資料已經在我手邊，三分鐘就可以完成了？

（11）如果妳已經在觀念上認同了本商品，剩下的只是接受它而已！要接受也不難，就像到銀行存定存一樣單純！

（12）自助不如他助，他助不如大家助！我們的保險就是平時投資一點錢，需要幫忙時成千上萬的人「大家助」！

（13）我們是自然人，力量單薄，今天何不透過法人(保險公司)來解決個人及家庭風險的問題？

（14）妳對購買保險的決定，除有自己的看法外，還要考慮家人（尤其是下一代）的未來狀況，如果在未來本商品對他們是有

幫助，就算個人的意願不高，站在他們的立場與角度可能會有不同效益！

(15)強迫別人決定一件事是不對的！但強迫自己決定一件事，當下有點痛苦，但未來絕對有美好的回饋！我們的儲蓄險就是希望妳能強迫自己現在存一些錢放到未來，讓退休生活無後顧之憂！

(五)「短期儲蓄險」演練資料(20～30歲)

葛：小姐妳好！我姓葛，在○○人壽服務，這是我的名片，耽誤妳的工作時間非常抱歉！因為工作性質比較主動，所以就破門而入了，還沒請教小姐您貴姓？

以上為【起】

門：我姓林，你有什麼事嗎？

葛：陳、林滿天下，不過今天是林、陳滿天下，一路拜訪十幾家店下來，妳是第三位林小姐，而且妳是三位中最親切的，前面兩位都不理我。不知道林小姐是不是我們公司的保戶？

門：不是，我買在○○人壽，而且幾年下來買了好幾張了，繳保費已經到能力上限了，我想我不需要了。

葛：哦！林小姐相當有保險觀念，而且購買保單的保險公司口碑及形象都很好！非常值得長期擁有。不過我今天來並非推銷保險，老實講我已經四、五年不賣保障型的商品了，目前都以儲蓄養老的商品為主，林小姐妳知道嗎，在未來儲蓄養老跟保障對人生規劃一樣重要，妳本身有開始規劃嗎？

門：有啊！父母親有幫我買了，我現在只要每個月固定拿錢回家就可以了。

葛：聽妳這句話就知道妳夠年輕，妳知道父母親幫妳規劃的儲蓄內容嗎？

門：不清楚耶，我只負責每月繳錢而已。

葛：妳出社會工作後有幫自己在銀行存點錢嗎？

門：我是22K，也是月光族，現在什麼東西都要漲價，生活開銷

很大，那有餘錢存錢？

葛：從過去到現在沒錢沒關係，但從現在到未來，隨著妳的工作經驗及年資，妳的收入會愈來愈多；而我們的儲蓄也是從現在開始，但只要六年，卻享有終身的報酬，妳知道嗎？公司推出來之後大受歡迎，許多的定存族都開始轉存我們這個商品。真的很抱歉！公司規定我們不能在賣場停留太久，我這裡有一份DM可提供給妳當作參考，工作之餘，可以去了解一下，如果有需要，妳有我的名片，可以跟我聯絡。

　以上為【承】

門：好啊！

葛：（將DM拿來出來，直接說明）

葛：六年投資終身致富，是女孩子很好的私房錢專案，每年存11萬，六年共存66萬，從此以後成本不再增加，卻擁有三大好處：

（1）透過會複利計算法，我們要比銀行定存早十五年擁有一桶金（100萬）。

（2）短期投資卻能創造短、中、長期的效益，妳可選擇6年後每兩年領回2.8萬，環球世界不是夢；如果不想出去玩，也可選擇在退休時每年3.6萬的月退俸，活到老領到老，本金還增加一倍，變成132萬。

（3）我們的儲蓄沒有任何風險，不像股票高高低低，也不會有基金過去幾年的慘痛經驗，可說是保本保息對抗通膨的安心投資。

　我這樣說明，林小姐清楚嗎？

　以上為【轉】

門：應該可以，但我還是要再研究研究。

葛：這張DM單薄寒酸了一點。如果可以，我會幫妳準備一份專屬妳的計劃書，買不買沒關係，妳OK我OK，妳不OK我也不會強人所難，林小姐明天下午有當班吧？

門：但你來我不一定會在。

葛：沒關係的。因為同妳一樣門市小姐有二份建議書要送，如果妳不在我就把資料交給另一位同事保管，妳看這樣可以嗎？

門：好吧！

葛：對了！忘記跟妳討教一張名片？

門：這是我的名片。

葛：嗯！名字很好聽，而且妳看起來很年輕，應該是八年級生。老實跟妳講妳還是三位林小姐中最漂亮的！

門：謝謝。

葛：不耽誤時間了，林小姐那我們明天見！拜拜！

門：拜拜！

以上為【合】

（六）「短期儲蓄險」演練資料（30～50歲）

葛：小姐妳好！我姓葛，在○○人壽服務，這是我的名片，耽誤妳的工作時間非常抱歉！因為業務性質比較主動，所以就破門而入了，看得出有影響工作，真不好意思！還沒請教小姐您貴姓？

以上為【起】

門：我姓張，你有什麼事嗎？

葛：真巧！一路拜訪十幾家店下來，妳可是第三位張小姐，而且妳是三位中最親切的，前面兩位都不理我。不知道張小姐買的是哪一家保險公司的保單？

門：我買在○○人壽，而且幾年下來買了好幾張了，繳保費已經到能力上限，毛巾的水都擠不出來了，我想我不需要了。

葛：張小姐相當有保險觀念，而且買的保險公司口碑和形象都很好，前面有幾位門市買的都跟妳是同一家公司的。張小姐，妳的保單買多久了？

門：有十幾年了，有一張都快滿期了！

葛：那要恭禧妳了！妳當初買的可是高預定利率的商品，這種保單早絕跡變恐龍了，如果現在還有，肯定從基隆廟口排到墾

丁大街！張小姐，那妳一年的保費是多少？

門：期間陸陸續續還買了一些，算算每月兩萬元跑不掉。

葛：那更要恭禧妳了！其中大部份應是存下來了，妳未來應是「好野人俱樂部」的一員。除保險外，妳在銀行有存點錢當定存嗎？

門：有啊！

葛：那太好了！四個字「安全可靠」。不瞞妳講，我自己也 有50萬放銀行定存，每個人都應在銀行有些現金部位，難怪現在銀行是錢滿為患，但妳會不會覺得銀行的利率低了一些？

門：真的！只有1%多，而且每次換約利率就低一次，到銀行都高興不起來，還好我不是靠利息過活！

葛：其實，未來會更低，低到跟美國、日本一樣趨近於「零利率」，但不久的未來卻是我們人生中退休養老的階段，那時候有錢才最有價值，但如何能把現在的錢留到那時候，而且能產生不錯的報酬，我這裡有一個專案(DM)不錯，公司推出來後大受歡迎，工作之餘，妳可以去了解一下，如果有需要，妳有我的名片，可以跟我聯絡。

　　以上為【承】

門：好啊！

葛：（將DM拿來出來，直接說明）

葛：六年投資終身致富，是女孩子很好的私房錢專案，因為只要存六卻可選擇三種不同財富：

(1)到期解約，除本金66萬不變外，再加2萬利息。

(2)可選擇到期後，每兩年領2.8萬的旅遊基金，一直玩一直領；一直領再一直玩，玩到不想玩再把本金全部拿回來。

(3) 也可選擇在退休時每年3.6萬的還本金，活到老領到老，妳我都不是軍、公、教，但我們卻可透過本方案享受小小月退俸的待遇，每月3千元，不無小補錦上添花，屆時每月到五星飯店吃十次早餐，感覺還不賴！享受豐富的早餐時，我們的本金已增加一倍，變成132萬。

綜合而言，存六年，享受60年；銀行六年給妳一筆錢，我們六年
　　給妳一輩子的錢。張小姐，妳喜歡一筆錢還是一輩子的錢？

門：當然是一輩子的錢！

以上為【轉】

葛：張小姐，我再請教妳一個小問題，這個方案假設妳沒買，我
　　是說假設妳不投資，妳會不會覺得經過我說明過，上面的數
　　字還不錯？

門：是還不錯！

葛：難怪這個月我賣的不錯，光這個商圈最近就成交了好幾張。
　　不過這張DM單薄寒酸了一點，我會幫妳準備一份專屬妳的規
　　劃書，比較貼心的數字給妳，買不買沒關係，妳OK我OK，
　　妳不OK我也不會強人所難，掃街跑店絕不趕鴨子硬上架，
　　買在高興很重要，買在壓力就沒必要了！林小姐明天下午
　　4:00有在店內當班吧？

門：有啊！葛先生你帶資料來沒關係，但我不一定會跟你買！。

葛：沒關係的。因為明天同妳一樣門市小姐有二份建議書要送，
　　但我會先到你這邊來！

門：好吧！

葛：對了！忘記跟妳討教一張名片或店卡了，方便我們回公司好
　　交差？

門：這是我的名片。

葛：嗯！張小姐妳看起來很年輕，膚色又好，一直笑臉迎人，卻
　　一點皺紋也沒有，應該是七年級生？

門：葛先生，你真會說話！把七年級減一年級，就剛好是我的年
　　紀了。

　葛：真看不出來，哪天一定要告訴我妳的養生之道！不耽誤
時間了，張小姐那我們明天見！拜拜！

　門：拜拜！

　以上為【合】

（七）「短期儲蓄險」複訪演練資料

葛：林小姐妳好，○○人壽葛京寧還認識嗎？

門：當然認識，那天你跟我聊很多退休規劃的話題，今天你來也該看看我這裡賣的鞋子，樣式很新，相信一定有你喜歡的款式。

葛：來妳店裏，跟妳聊天真的很高興，尤其林小姐妳今天看起來精神弈弈，容光煥發，相信妳今天鞋子一定賣得不錯，不過上個星期才在客戶店裏選了兩雙鞋子，不過與妳店裏的鞋子相比，的確遜色了一點，下回買鞋一定到妳店裏買。林小姐，我發覺妳今天的髮型不同耶！上回來是飛流直下三千尺，這回變成大波浪了，好看好看！

門：葛先生，妳過獎了！有幾款鞋有特價，賣得不錯，還是可以看一看嘛？

葛：好啊！不過因為上回有跟妳提到的方案，已經幫妳設計好了，我想還是先利用三分鐘的時間跟妳做個說明。

　　以上為【起】

門：目前景氣不好，聽聽看可以，不過目前真的買不起。

葛：沒關係，選購商品總是深思熟慮後的決定，買起來才會恆久。但這個商品不同，透過數字它真是魅力無窮，報酬穩定，讓妳在賺錢不容易的環境下，每一分錢都能做最有效的運用，尤其目前景氣不好，才應做中、長期的投資，提供穩定的效益，如果目前景氣大好，林小姐的錢應該放在股市，而我也不建議放在保險公司，也就是說，投資保險公司的錢，就是要讓妳的錢很保險，去對抗景氣，如果林小姐妳能接受這個觀念，相信在我介紹建議書之前，妳已經在觀念上購買了本商品，差的只是我的說明及妳的行動而已。何況聽說這個月銀行又要降息了，降降降連三降，再降下去，未來的日子真要自求多福了！

門：能怎麼辦？趁年輕多賺點錢才是王道。

以上為【承】

葛：妳講的沒錯！趁年輕真要多賺錢，但能賺到存到才是王道中的王道。我手中的建議書就能買到賺到又存到的方案（同時翻開建議書），妳看建議書的第一頁，有關預期的投資報酬表說明得很清楚，我們的投資最大的特色就是只存6年，如果以後銀行持續向零利率靠近，我們的固定利率就算高利率了，何況我們還提供壽險保障。更重要的是，林小姐妳看螢光筆的部份，這個儲蓄計劃很有彈性，妳可選擇6年後就開始領利息，也可選擇退休時可以拿月退俸，雖然不多每月幾千元而已，但不無小補，錦上添花，每個月都可去五星級飯店吃10次早餐，想想也不錯，而且活到老領到老，不想領時再拿回本金的兩倍。林小姐，不錯吧？

門：上回你跟我提，我就覺得報酬不錯，但儲蓄現在對我而言，並沒有這麼強的急迫性。

葛：陳小姐，時機很重要，你知道嗎？我自己所有買儲蓄險的客戶，到現在沒有不感謝我的，因為他們買到一張或多張一輩子高預定利率的儲蓄險，有的客戶還開玩笑地跟我說，有機會叫保險公司賠本也是一生少見，許多客戶還跟我說：「葛先生，當初有聽你的建議，當下決定投資，要不然我看我那些錢也不知到那裡去了，也不會現在開始在領還本金了。」所以機會來了，就要當機立斷，以免將來後悔，何況妳看這篇媒體報導，許多定存族都轉存保險公司6年期的儲蓄險，所以目前很熱賣，但也不知道這個商品能撐到什麼時候？林小姐，我這樣解釋妳能了解嗎？

以上為【轉】

門：我也有聽他們在說，但目前每年保費已經不少，而這個投資又要多準備一筆錢？

葛：林小姐妳放心，錢不會不見，只是換了一個帳戶。今天出來我看過黃曆，今天可是投資的黃道吉日，現在更是儲蓄的良辰吉時，心動不如行動，行動不如手動，何不讓今天就是我

們累積財富的開始，資料已經在我手邊，如果可以，三分鐘
手動一動就可以完成了？（之後千萬不要開口，待對方回應）

門：你說的對，反正錢不會不見，不過就是左口袋換右口袋，葛
先生你說的數字可不能騙人喔！

葛：妳放心，保單上載明的很清楚，我們現在很快辦一下要保手
續。

　　　　以上為【合】

　　　【以上演練資料同275~277頁】

第二章
長期照顧險

一、「長期照顧險」我知我見

（一）背景
（1）高齡化的社會
（2）費用負擔問題
（3）需長期照顧的人愈來愈多，台灣目前有30萬人，但安養機購的病床少於5萬床。
（4）降低照顧者的身、心壓力
（5）少子化的現象，未來獨居老人愈來愈普遍

（二）造成陷入「長期照顧狀態」之重要病因？
（1）神精系統的疾病：如脊椎受傷
（2）循環系統的疾病：如高血壓、糖尿病。
（3）老年癡呆症（老年失智症）
（4）中風
（5）意外傷害
（6）類風濕性關節炎

（三）投保「長期照顧險」的十個理由
（1）預備慢性疾病及退化疾病的威脅
（2）為無法根治而需要長期醫療的費用做準備
（3）當失去老伴，晚景淒涼，無人照顧
（4）減輕子女照顧的精神及金錢壓力
（5）避免照顧自己的家人先累倒
（6）彌補住院醫療的不足
（7）擁有優質療養的設施

(8)健保不給付出院後的費用

(9)讓自給安心療養

(10)不致變成被遺棄的老人

(四)「老年癡呆症」

(1)又稱「老年失智症」，乃是指腦部的老化現象，也就是腦部
　　組織本身日漸萎縮，智力減低，致使獨自生活有困難的狀態
　　而言。

(2)一般常說的「老年癡呆症」，最常見是「阿滋海默氏症」，
　　約佔60%以上，這是一種腦子快速退化的疾病，年紀越大，
　　發生率越高。根據美國醫學研究單位的研究，65歲以上的老
　　年人，10%患有此症，85歲以上罹病率則高達45%。

(3)另一種常見的「失智症」是「多發性腦梗塞失智症」。這是
　　因腦部微小血管液循環不良且多次阻塞，因而導致腦細胞死
　　亡所造成，常見於高血壓控制不良的病人。

(五)何謂「阿滋海默氏症」？

(1)1906年德國精神學家「阿滋海默」發現。

(2)「阿滋海默氏症」的發生原因，被認為是大腦皮質的全體萎
　　縮及老年性變化，隨著年齡的增長，腦部的重量會逐漸減
　　少，以顯微鏡來觀察老人的腦部時，可看到被稱為老年斑的
　　小小斑點出現，以及神經細胞產生原纖維(漩渦般)的變化。
　　這種變化如果出現於初老期的老人腦部，就會引起機能障
　　礙。

(六)美國統計數據(阿滋海默氏症)

(1)大約200～400萬人有「阿滋海默氏症」。

(2)每年大約有25萬美國人被診斷有「阿滋海默氏症」。

(3)需要照顧「阿滋海默氏症」病人的配偶、親屬和朋友，大約
　　有270萬人。

(4)接受居家照顧的「阿滋海默氏症」病人而言，照顧的家人平

均每年要花費12,500美元。（不包含因此而喪失的薪資）

(5)就住在安養院或護理之家的「阿滋海默氏症」病人，平均每年的花費是42,000美元。

(6)從診斷出「阿滋海默氏症」到死亡為止，每人的照顧平均會花費174,000美元。

(七)根據調查，國內長期照顧每月費用如下：

居家式	自行照顧		15,000～30,000元
	專人照顧	白天	30,000～40,000元
		24小時	60,000～70,000元
社區式	日間照顧15,000～18,000元 （不含交通、特殊器材、家人照顧成本）		
機購氏	立案療養床		25,000元
	未立案療養床		12,000～30,000元
	護理之家		30,000～40,000元

二、「長期照顧」銷售話術(A)

(1)過去想不起、現在記不得、站著流口水、坐著打瞌睡、躺著睡不著。

(2)「保本、保值、保障、保尊嚴」四合一功能

(3)老不可怕、窮不可怕、病不可怕、死也不可怕。怕的是又老又窮又病又不死。

(4)「目睭金金人傷重，千萬傢伙不夠用，暝日拖磨失尊嚴，子孫怨嘆眾人嫌，量早準備安全網，人生快樂最輕鬆。」（台語唸）

(5)開立「尊嚴基金帳戶」

(6)「躺著不動」有兩種。能呼吸的比不能呼吸的更是家人金錢及精神的負擔！

(7)「創世基金會」一位難求，就可知道社會的角落中，有許多

　　　　人需要長期照顧，且代表都有費用負擔的現實問題！

(8)「長期照顧」照顧的不只是自己，也讓下一代的生活能正常化，無後顧之憂的打拼人生！

(9)病久無孝子，躺久無親情！自立自強靠「長期照顧」！

(10)「失智」是高齡化社會的文明病，我們可以失去IQ，但EQ永遠不會失去，善用人生經驗的EQ，照顧自己一輩子！

(11)生、老、病、死是人生命的歷程，但一生中我們的病很多，現在老的時間又很長，能讓老、病無憂只有「保險」能辦到，而其中「長期照顧」是能一兼二顧的完善安排！

(12)「長」年生病很辛苦，「期」待有人來照顧，「看」來看去無人助，「護」士醫生沒法度，「重」視社會文明病，「要」有保險給守住。

(13)「殘」廢身弱心更苦，「扶」持一生累家屬，「險」象環生需他助「必」須適時來關注，「備」用安心多好處。

(14)我看「少子高齡化」後的長期照顧

　　「失智症」的病期平均8～10年，每年最低照顧的費用約40～50萬(自行照顧)，也就是說，萬一得到此病，應有的花費在400萬元左右，雖只有美國統計數字的一半，但也算一筆龐大的開銷。而估算未來65歲人口中，四人中就有一人會罹患此病；也就是說，年輕夫妻各自的父母長輩中可能會有其中一人罹患此病，如是夫與妻又都沒兄弟姐妹(少子化)，而長輩早期也沒透過保險規或資金避此項風險，這對夫妻的家庭中就會無形中增加400萬要支付的費用，以夫妻年薪100萬計算，要4年不吃不喝才能因應支出，如果家中還有子女要照顧，負擔之重可想而之。

　　　　如此看來，「少子高齡化」就是少少有人來孝養，高高在上卻無望。唉！自求多福。

三、「長期照顧險」演練資料(50歲)

【案例背景】：陳太太50歲，目前認職公家機關，家庭生活無

慮，身體健康再過幾年就要退休了，但總是擔心退休後的生活狀況與品質。

葛：陳太太妳看起來紅光滿面，精神很好！想必最近一定有什麼開心的事發生。

陳：妳還真會觀察。老實說，最近我與我先生做了一次全身健康檢查，報告前兩天出來了，除了我先生血壓高一點外，我們的身體狀況都很好！

葛：那真要恭禧妳了！其實健康才是人生最大的財富。妳提到這，我才想起我前兩天參觀了一個社福機構～「創世基金會」，陳太太妳聽過嗎？

陳：電視有報導過，好像都是一些植物人或是需長期照顧的病患的收養機構，那些人很可憐耶！

葛：沒錯！陳太太幫個忙，如果妳有多的或不用的發票，我給妳一個地址，可以寄過去。因為基金會需要龐大的照顧病患的照顧費用，而發票是他們非常重要的財源之一。

陳：沒問題！舉手之勞。

葛：其實人年紀一大，身體的問題也多，就像車子一樣，零件用久了，也有故障的時候，但最怕最重要的引擎壞掉了，車子動都不能動。陳太太妳應該聽過有一種病叫「老年失智症」或俗稱「老年癡呆症」，就是人身上重要的腦退化了，而且快速退化。到最後產生意識障礙且方向不清，食衣生活起居，皆要他人幫忙，我們還這樣形容他們：「過去想不起，現在記不得，說話流口水，坐著打瞌睡，躺著睡不著。」雖然不雅，但很貼切，在「創世基金會」就有許多這種案例，前美國總統雷根也是因此病過世的，而且台灣地區65歲以上，發生率為2%，但85歲以上則高達15%，比例真的很高。

陳：你不要嚇我！

葛：依美國的統據數字，全球有65%的人未來需要長期照顧，當然這其中也包含中風、血壓、糖尿病、意外事件----等在內。

陳：你們有這一類型的商品能處理嗎？

葛：我們叫「長期照顧險」，我替陳太太介紹一下。（一分鐘商品介紹）

陳：還不錯，可以考慮！

葛：那我明天帶一份陳太太的規劃書來給妳，幫妳做一個更仔細的分析。

四、「長期照顧險」演練資料（15歲）

【案例背景】：陳太太有一子(小明)，生性好動，常在學校發生小的意外傷害，最近才透過保單辦理出險。

葛：陳太太妳好！下週連續假期有沒有安排到那裏去玩？

陳：沒有耶！有時間的話，可能帶孩子到台北近郊走走。葛先生你呢？

葛：孩子要「指考」，也就在家理看看書，休息休息！不過假日出門安全是最重要的，外面車輛多，意外事故也多！像我一位客戶的親弟弟，兩年前春節大年初五，開車帶著女友到桃園六福村去玩，在北橫路上，突然迎面一部來車失控逆道而行，瞬時之間，兩車迎面擦撞，擋風玻璃整個震碎，女友當場臉上血流如注，而我客戶的弟弟更嚴重，在駕駛座內當場撞昏了過去，但以後沒有再醒來過，雖保住了性命，但成了植物人，而他當時只有21歲，又沒保險。近兩年來，家人不僅散盡錢財去照顧他，也搞得大家身心俱疲，尤其他媽媽，眼看撫養二十一年的兒子，竟落得如此下場，真嘆上天弄人，而且還不知要照顧到多久。所以我認為，快不快樂出門不重要，能夠平安回家就是幸福！

陳：你為什麼沒賣保險給他弟弟？

葛：有跟他講過啊！但始終沒有見到面。

陳：那真是一種沉重的身心與錢財的負擔。

葛：妳說得沒錯，其實我們公司也有專保如此狀況的商品，我們叫做「長期照顧險」，就是為了怕因疾病或意外不幸需長

期臥病在床，凡事皆須它人扶持時的照顧基金，而且按月給付。例如我剛才講的例子，此時家人就可以每月領取2萬的照顧金一直到病好為止，若不幸身故，家人尚可領取100萬保險金，真可達保本、保值、保障、保尊嚴等功能。早些年王曉明的例子妳一定知道，從17歲到往生，都幾十年了，如果有這筆照顧金，相信她父母親到現在都可以好好活著，有一句廣告詞說：「肝不好，人生是黑白的。」我認為：「一人癱瘓，全家癱瘓，全家的人生都是黑白的！」我這裏有一份簡介，讓妳進一步了解此商品。（一分鐘DM說明）

陳：感覺還不錯的商品！

葛：其實這商品在美國賣得很好，每年保費收入就有30多億美金，合台幣1,000多億。尤其是小明這個階段更應投保。

陳：小明買要多少錢？

葛：會比大人便宜許多了，應在每月3,000元左右，詳細的資料我明天會帶來進一步說明。

五、「長期照顧險」初訪演練資料

葛：小姐妳好！我是來拜訪的，我姓葛，在○○人壽服務，這是我的名片，因為工作性質很主動，走到哪裡就拜訪到哪裡，看到門我就破門而入了，還沒請教小姐您貴姓？

以上為【起】

陳：喔！是保險公司的，我們不接受拜訪！

葛：真的不好意思！公司也規定我們拜訪不能超過三分鐘，180秒一定要離開，就是深怕影響你們做生意。但我們的工作又很主動，很難一直待在辦公室，常要出來走跳走跳，今天走到這，大家見個面結個緣，不知道妳怎麼稱呼？

陳：我姓陳，最近常有業務員來拜訪，煩都煩死了！

葛：不好意思！今天多我這位討厭鬼來打擾妳。不過今天真巧，一路拜訪過來，妳可是第三位陳小姐，妳比較親切，還會跟我說話，其他兩位都不理我耶！不知道陳小姐是不是我們公

司的保戶？

陳：保險買夠多了，預算滿了，不要再提買保險了！

葛：顯然陳小姐的保障及資產配置都很完善了，而且聽得出來，投保都應該有一段時間，不知道大都是買在哪家保險公司？

陳：大部分在○○人壽，有些都超過十年了！

葛：恭禧陳小姐，你買的保單絕跡變恐龍了，十年前買的保單預定利率高，如果現在還有，鐵定要用現在的保費乘上2，才能買到妳手中的商品，這些保單可當傳家之寶了！

陳：我的保險業務員也是這樣講，要我一定要繼續繳下去，但每年保費繳得也很辛苦！

葛：苦盡甘來，先苦後樂！陳小姐，政府最近有立法通過「長服法」，明年也就是106年就要上路了，妳有注意這條新聞嗎？

陳：電視有說，但很模糊，「長服法」是不是保障我們需要他人照顧時的保險？

葛：「長服法」是「長期照顧服務法」的簡稱，只是提供萬一失能達6個月以上的照顧照顧人員及場所的規範，並非是「長期照顧保險法」，此法目前立法院還沒通過，要能兩法並進，我們國家的長期照顧制度才會更完整，但我們保險公司早已有「長期照顧保險」，而且政府這幾年還不斷透過宣傳要我們老百姓提早準備。陳小姐妳知道嗎，台灣老化的速度好快好快，且統計每天新增60個失能及失智患者，換算每年就有22,000人，而且事實是，年紀愈大罹患的機率就愈高，提早準備是有需要的？

陳：那等政府「長期照顧保險法」通過就好了，哪裡還需要再額外購買？

葛：「話是不錯！但我們都知道，政府目前實施的健保及勞保都只是基礎，照顧廣但不厚，原因皆與財源有關，所以需要我們透過商業保險去提升品質，相信長期照顧的狀況也會是如此。何況，往往美意與事實之間總是不如人意。這樣好了，

　　我這裡有一張DM妳可以拿去參考，工作之餘可以了解一下，如果有需要，你有我的名片，可以跟我聯絡！

　　以上為【承】

　　陳：好吧！」

葛：陳小姐，妳看這裡，我們的《長期照顧險》有三大特色：

　　第一、除長期照顧外，還涵蓋殘廢扶助及失能給付，一舉三得！

　　第二、我們的長期照顧險的最大好處，只要一旦日常生活完全需他人照顧，公司就馬上給付每月2萬元，而且是月月給付，一直給付到病好為止！而2萬元的給付，已達家人自行照顧的能力。

　　第三、「失智」是高齡化社會的文明病，我們可以失去IQ，但EQ永遠不會失去，善用人生經驗的EQ，照顧自己一輩子！所以，「長期照顧」照顧的不只是自己，也讓下一代的生活能正常化，無後顧之憂的打拼人生！簡單地說，長期照顧就是：「長」年生病很辛苦，「期」待有人來照顧，「看」來看去無人助，「護」士醫生沒法度，「重」視社會文明病，「要」有保險給守住！

　　我這樣說明陳小姐了解嗎？

　　以上為【轉】

陳：有點複雜，我要消化消化！

葛：那白紙黑字就會簡單許多，如果可以，我明天會帶一份專屬妳的建議書，買不買沒關係，妳OK我OK，妳不OK我也不會強人所難，只是一份貼心的資料給妳參考。陳小姐明天下午有當班嗎？

陳：明天輪休，後天有在！

葛：剛剛好，前面有位門市小姐對「長期照顧險」也有興趣，她希望我後天能去一趟，我下午會先到妳這邊來，資料妳可參考參考！

陳：葛先生，你不要抱太大希望，我只是想了解細節而已！

葛：我說過，能見面就是一種緣份，我珍惜緣份，其他的部分自
　　然就好。不過，我到現在才發現，妳的氣色很好，而且看起
　　來很年輕，應是7年級生喔？！

陳：我小孩都快小學畢業了，我是6年3班的。

葛：那妳保養的真好，臉上真見不到歲月的痕跡。不好意思！停
　　留的時間早超過三分鐘了，我方便討教一張名片或是店卡，
　　回公司好交差。

陳：沒名片，店卡在前面櫃子上，自己拿就可以了！

葛：陳小姐，那我們後天見了，拜拜！

陳：拜拜！

　　以上為【合】

六、「長期照顧險」複訪演練資料

葛：陳小姐妳好!我們又見面了，真可謂一回生，二回熟。這次
　　見到妳感覺就像看到老朋友般親切。剛才進門看見客人大包
　　小包出門，可見你們店生意很旺，相信妳絕對是這家店的台
　　柱！來，喝杯熱咖啡提提神。

門：謝謝你！葛先生，你太客氣了，還帶飲料來。

　　以上為【起】

葛：大家都在業務線上，也都能體會工作的辛苦，雖然妳不像我
　　一直在外面到處跑，但是面對來店客人的服務態度，是我所
　　佩服及要學習的。上回見面也提到會提供一份建議書讓妳了
　　解！（公事包取建議書）

門：原來妳還是要賣保險給我！

葛：如果要賣的保險是妳所需要的保險，我一定當仁不讓，因為
　　我確定建議書內的商品能夠讓妳的保單更完整周延，妳希望
　　妳的保單有缺口嗎？

門：我想這不是缺不缺口的問題，而是我有沒有能力支付的問
　　題！

葛：有沒有預算沒關係。首先我強調「長期照顧險」是目前「保

險公會」唯一有透過媒體廣告的商品，也是政府不斷呼籲我們要提早準備的商品。這是未來高齡化的社會如何能讓自己活的更有尊嚴的適當安排，值得聽聽看！

（以下建議書說明）

以上為【承】

葛：陳小姐，妳看這裡，我們的《長期照顧險》有三大特色～

第一、除長期照顧外，還涵蓋殘廢扶助及失能給付，一舉三得！金額都在表中，給付的涵蓋面很廣，絕對是未來趨勢的商品。

第二、我們的長期照顧險「一保送四保」，給付「保費」後能有「保本、保值、保障、保尊嚴」的四合一功能！其中我認為「保尊嚴」是最重要的，可能是做業務的關係，我接觸過不少人，也看過不少家庭，但坦白說，人年紀大時，賺錢能力一下滑，生活的現實去屢見不鮮，能擋得住現實的非錢不可，所以錢非萬能，但沒錢卻又萬萬不能！陳小姐，我這樣說妳能認同嗎？

門：頗有同感！我有親人有如此不幸的遭遇。

葛：第三、我特別提提《失智症》，《失智症》就是我們俗稱的《老年痴呆症》，病期平均為8～10年，每年最低照顧的費用約40～50萬（自行照顧），也就是說，萬一得到此病，應有的花費在400萬元左右，算是一筆龐大的開銷。而估算未來65歲人口中，四人中就有一人會罹患此病；也就是說，年輕夫妻各自的父母長輩中可能會有其中一人罹患此病，如是夫與妻又都沒兄弟姐妹（少子化），這對夫妻的家庭中就會無形中增加400萬要支付的費用，以夫妻年薪100萬計算，要4年不吃不喝才能因應照顧支出，如果家中還有子女要教養，負擔之重可想而之。所以，為了不讓我們的下一代負擔太重，自力救濟很重要，我常說：『靠官官倒，靠自己保最好。』簡單的說，我們每月約4,000元的預算就能解決以上的問題！陳小姐，不知道以上說明有甚麼不清楚的地方？

以上為【轉】

門：你的說明很清楚，也覺得不錯，但一年要增加3萬多元的預算，我現在沒辦法！

葛：的確！現在會吃力一些，但未來收入多了，繳費也就輕鬆多了！但我們的身體隨著歲月卻在每下愈況，當然對醫療的需求愈來愈強，要能保持一定的生活品質，現在開始準備是必要的！如果現在還年輕沒下決定，中、老年有錢想買，身體狀況及時機都不一定會站在我們這一邊！

門：你說的也沒錯！就當加一張定存單。

葛：這張一定會比妳其它的定存單有價值，因為它是「財富＋尊嚴的帳戶」。

門：好一個「財富＋尊嚴的帳戶」！葛先生，我用「信用卡」繳款可以嗎？

葛：當然可以！要保資料準備好了，三分鐘就能完成手續。

以上為【合】

【以上演練資料同277~279頁】

第三章
意外險

一、〈意外險〉銷售話術

(1)水火無情，颱風無眼，地震無警，有意外險有保庇！

(2)人不分男女老幼，地不分東南西北，台灣不大，天災一來，命運皆然！

(3)走路會跌倒，騎車會摔滑，開車被追撞，飛機會下海，坐車掉山谷，意外發生，無處不在，無所不在！

(4)風險係數最高的是「意外狀況」，光交通事故每年就有20萬件，平均每天近550件。

(5)最便宜的也是「意外險」，100萬意外險1,000元計，對比為1,000倍，平均每天不到3元，只有公車票價的1/5。

(6)過去十幾年，一般壽險不斷漲價，只有「意外險」不漲反跌。

(7)「天有不測風雲，人有旦夕禍福！」只有意外發生，旦夕不保！

(8)疾病可預防，養老可規劃，但都不急於一時！但意外的發生，下一秒都有可能讓生命起大變化！

(9)唯一讓我們今天出門回不了家，看不見明天太陽的，就是意外的發生！

(10)意外險是所有保險商品中理賠最沒爭議的！

(11)1,000萬意外險一年10,000元，十年共計10萬元；意外發生，卻可安家二十年，讓家庭每月有4萬多的生活費！

(12)國內外旅遊、出差、辦公、經商、留學、外派…等風險，一張意外險就可搞定！

(13)十大死亡原因中「意外身故」排第六，平均每1小時18分鐘

身故一人。

(14) 上山容易，下水不難；山難溺水，飛來橫禍，自己傻眼，老天閉眼，父母紅眼！

(15) 不怕一萬，就怕萬一；故事已知，事故難料；意外意外，意料之外！你準備好了嗎？

(16) 傷害只要達「全殘」標準，就100%全額給付；不僅如此，尚理賠不同傷害程度的殘廢狀況！

(17) 躺在棺材中的，可不是老年人的專利！

(18) 政府規定的汽機車強制險只能算是「半套」意外險，額度不夠，範圍不寬，加上我們全方位的意外險，才能安心上路！

(19) 「意外」乃是外來突發性的原因所造成的身體傷害，而生活中外來突發性的狀況太多太多了，其中「無意識中」的意外風險也不少，因為睡覺都有可能會摔下床，落枕更是常見！

(20) 可遇見的天災(颱風來襲，雨水暴漲)，我們躲不掉，意外險卻可以讓我們無後顧之憂！

二、意外險演練資料

葛：小姐妳好！我姓葛，在○○人壽服務，這是我的名片，耽誤妳的工作時間非常抱歉！因為工作性質比較主動，所以就破門而入了，還沒請教小姐您貴姓？

門：我姓黃，你有什麼事嗎？

葛：真巧！一路拜訪下來，妳可是第三位黃小姐，而且妳是三位中最親切的，前面兩位都不理我。不知道黃小姐買的是那一家保險公司的保單？

門：我買在○○人壽，而且幾年下來買了好幾張了，繳保費已經到能力上限了，我想我不需要了。

葛：哦！黃小姐相當有保險觀念，而且購買保單的保險公司口碑及形象都很好！非常值得長期擁有。不過我今天來有三不政

策，一不賣壽險，二不談投資，三不叫妳存錢；老實說，我目前是以日常生活中風險係數最高的「意外險」為主，畢竟意外的狀況隨處可見，且意外險保費低，理賠最沒爭議，黃小姐妳的意外險保額有多少？

門：不知道耶！父母親有幫我買了，我現在只要每個月固定拿錢回家就可以了。

葛：聽妳這句話就知道妳夠年輕，妳上班騎機車嗎？

門：我是公車族，肉包鐵太危險了！

葛：的確！我自己許多機車族的客戶，除了強制險之外都會再增加意外險的保障；要知道，疾病可以預防，養老可以規劃，但都不急於一時；但意外的發生，下一秒鐘都有可能讓生命起大變化，算是真正的生活必備品。真的很抱歉！公司規定我們不能在賣場停留太久，我這裡有一份DM可提供給妳當作參考，工作之餘，可以去了解一下，如果有需要，妳有我的名片，可以跟我聯絡。

門：好啊！

葛：(將DM拿來出來，直接說明)

葛：100萬的意外險，每年只要1,600元左右的保費，卻享有下面三大好處～

一. 1～3職業等級統一費率，第三年起保額增加一倍為200萬，但保費不變，平均每天不到5元，只有公車票價的1/3。

二. 期間若非意外身故，公司退還所繳交保費。

三. 過去十幾年壽險商品不斷漲價，只有意外險不漲反跌，現在賺錢不容易，錢應該花在便宜又需要的商品上。我這樣說明，黃小姐清楚嗎？

門：那我的工作是第幾類？

葛：是第二類，但算一類最便宜的價格。

門：哦！

葛：這張DM單薄寒酸了一點，我會幫妳準備一份專屬妳的計劃書，買不買沒關係，妳OK我OK！妳不OK我也不會強人所

　　難，黃小姐明天應該有上班吧？

門：但你來我不一定會在。

葛：沒關係的。因為同妳一樣的門市小姐有二份建議書要送，如果妳不在我就把資料交給妳同事保管，妳看這樣可以嗎？

門：好吧！

葛：對了！忘記跟妳討教一張名片？

門：這是我的名片。

葛：嗯！名字很好聽，而且妳看起來很年輕，應該是八年級生，而且妳是我今天拜訪中，最賞心悅目畫面最美的門市小姐！

門：謝謝！我81年的。

葛：果然不出所料！不耽誤時間了，黃小姐那我們明天見。拜拜！

門：拜拜！

第四章
商業火險及公共意外、汽機車強制險

一、〈公共意外及商業火險〉銷售話術

(1) 我今天來不是要賣保險，而是要談我們這家店的經營風險，這與產險中的「商業火險」及「公共意外責任險」有關，所以要談的是「貨」而不是「人」，而店內的貨物卻是我們事業的心血。

(2) 目前十家商店中，一半已經投保「商業火險」，算是開店必備的規劃項目之一，請問老闆之前有沒有接觸過這方面的資訊？、

(3) 「公共意外責任險」就是保護消費者在店內的安全，也將經營者的風險降至最低，讓雇主能安心無後顧之憂的經營事業。政府已經規定一些特別行業要強制投保，代表此類商品會愈來愈受到社會重視！

(4) 今天來拜訪主要是談產物險的部份，尤其是保我們店內最主要的貨物，有許多老闆對這一部份很重視，主要不是擔心自己的店會引起火災，而是怕受到其他店的波及，萬一延燒起來，沒有一家可幸免。

(5) 「商業火險」加「公共意外責任險」其實並不貴，合計四百萬以上的保障，規劃一年也不過四、五千元，換算每個月差不多四百元，是非常划得來的投資，況且還是兩個商品，有夠便宜。

(6) 我們的商品組合，完全針對「商店」而設計的，是商店的專屬品，只要賣場合計不超過100坪，就連賣場樓上、下的倉庫，都在我們保障的範圍。

(7)「產險」跟「壽險」不同，因有效時間較短，一年一約，所以商品的忠誠度普遍都不高，換約的情況很正常，如果您對目前的已買商品不滿意，屆時都可換掉，還有按規定比例的保費可退回，而且不會造成類似壽險保費上的損失。

(8)「商業火險」及「公共意外險」的規劃，就是買一個在工作累完一天後，能夠安心回家休息的權利。每家店營業的時間長短不依，我們晚上10：00打烊，但有些店還正在營業，如快炒店、夜店、PUB、SPA按摩、養身館…等都是，他們出事我們遭殃！

(9)火險一般分兩種，住家買的叫「住宅火險」，而我們開店做生意買的叫「商業火險」或叫「財產火險」，兩者不能混為一談。尤其老闆你的店面是自己的，非承租的，就要特別注意，如果有辦銀行貸款，要留意火險買的是住宅的，還是商業的。根據我的經驗，許多老闆手上的火險單都是錯誤的，之前就處理過許多件，要知道商品不對萬一發生理賠，是無法有任何補償的。

(10)　我們的人一天只有12小時在店內，但我們的貨卻是24小時隨時待命，另外的12小時，萬一小老鼠出來管線咬一咬，什麼時候電線走火，就會釀成大災！

(11)　台灣80%的火災是人為疏失造成的，而其中又有80%是在夜間發生，都是我們個人無法有效控制的狀況。

(12)　「騎樓」屬商家管理，但人來人往，風險有三：1.地面高低不平，容易跌倒。2.下雨天，騎樓地磚走路容易打滑。3.橫招（商家與商家騎樓間的招牌）不穩，掉落砸人的風險。

(13)「人往高處爬，水往低處流！」樓上失火，樓下遭殃，救火車一來，水來了，賣場內的貨也完了！

(14)「天有不測風雲，貨有旦夕禍福！」

(15)開店做生意，本是看天吃飯，狂風驟雨，地動樓搖，不只人潮銳減，經營風險也悄悄出現（商品陳設的安全性、直/橫

招牌的堅固與否…等)

(16)火災其實比竊盜還重要,竊盜最多損失只是我們的商品,但火災有可能牽涉到對其他商家或住戶的生命財產的賠償。

二、〈公共意外及商業火險〉演練資料

《強調【起】及【承】兩步驟的訴求》

葛:老闆你好!我姓葛,在○○人壽服務,這是我的名片。今天的拜訪與我壽險業務一點關係都沒有,也就是說,要談的與「人」沒有關係,主要是談店內的商品,還沒請教老闆貴姓?

闆:我姓張!你講的我聽不懂?

葛:張老闆很抱歉!剛剛說快了一點,其實風險不只存在於「人」的身上,也存在於「物體」上,也就是一般人所說的產物險,而開店做生意,產險的規劃額外重要,因為那是我們事業的全部,如果萬一有個風吹草動;一生的心血頓時就泡湯了。也就是說,我們可以透過產險規避我們事業的風險!

闆:你講的我已經有買了,開店時我就有安裝保全系統了,我開「家電行」,被偷可不是好玩的事,我想我不需要了!

葛:除竊盜險很重要外,「商業火險」及「公共意外責任險」我覺得更重要!因為一把火來我們店內的財產就會歸零;此外,消費者在店內的安全可透過「公共意外責任險」降低業主經營的風險。兩者缺一不可,我自己就有許多是 家電行的客戶,張老闆我們這家店有這方面的準備嗎?

闆:有聽過,但我沒買。我這裡是新大樓,店面也很新,火災的機率太低了!

葛:天有不測風雲,「物」也有旦夕禍福,在台灣大部份的商店都是整排相連的,我們這棟建築也是如此,我們自己會注意風險,但別家店就不一定會如此周全。況且,我們人只有12小時在店內,但貨卻是24小時寸步不離,如何能讓我們能安

心回家休息，「商業火險」及「公共意外責任險」覺對有它
的價值在，何況價格只有火險每月費用的1/5，兩個商品各
200萬的保障，每個月只有400～500元！

闆：聽你這樣解釋，那一年費用大概是多少？

葛：我這裡有一張DM，裡面介紹的很清楚！（開始說明DM）

三、「汽機車強制險」演練資料

葛：小姐妳好！我姓葛，在○○人壽服務，這是我的名片，很抱
　　歉！耽誤妳工作時間，不過今天的拜訪跟我壽險業務一點關
　　係都沒有，還沒請教小姐貴姓？

門：我姓蔡！你們保險業務員常來拜訪，我都快煩死了，何況保
　　單我也買了，我真的不需要了。謝謝你了！

葛：好巧！一路拜訪下來，妳可是第三位蔡小姐，妳比較親切，
　　前面兩位蔡小姐都不理我耶！蔡小姐您放心，我們公司有規
　　定，商店裡面要沒客人才能進去，拜訪也不能超過3分鐘。
　　不過今天的拜訪真的不一樣，蔡小姐您開車或騎車上下班？

門：我都騎機車！

葛：那妳一定有買機車的強制險？

門：政府規定要買的！

葛：那妳有專門強制險或車險的服務人員嗎？

門：每兩年都是透過我壽險的經紀人幫我處理車險卡！

葛：有處理過事故嗎？

門：沒有！他說卡上有080的服務電話。

葛：我業務之一就是專門服務一般店家的產險，除一般的「商
　　業火險」及「公共意外險」外，也包括車險、強制險。要知
　　道，店家打烊的時間都很晚，店員下班騎車的速度都比較
　　快，而且上一整天的班，精神體力都不好，雖然路況很熟，
　　萬一自己白天騎的路是平的，晚上就可能有路段會有窟窿，
　　許多機車族意外狀況發生的原因也在於此。我的產險服務就
　　是「一卡加一人」的服務，24小時隨傳隨到，不只車禍現場

的處理，也包括後續的交涉及理賠事宜，透過多年的經驗，希望我辦事、妳放心！所有說，我今天只賣「服務」，就是讓妳的車險有卡外，外加人的專業服務，一樣的價格，我想「有卡有人」 比「有卡沒人」理想多了！此外，我這有一份最新的強制險資料你可參考！蔡小姐，我以上的說明，妳還清楚嗎？

門：聽你這樣說好像還不錯！我下個月初2年期強制險會要到期，你可過來幫我處理一下！

葛：OK沒問題，我方便討教一張妳的名片或留下聯絡電話即可！

第六篇

再鼓舞

(1)在心靈深處看見我們

　　我常問夥伴說：「為什麼保險業務員的收入要比許多行業豐富許多？」有的夥伴說：「那是當然！因為我們夠努力、夠打拼。」我說：「難道其他行業的夥伴就不努力了？我所知道，許多科學園區的夥伴就很辛苦，工作超時且用腦過度，過勞狀況時有所聞。」又有夥伴說：「我們專業掛帥，證照一堆，服務又一級棒，加商品琳瑯滿目，收入當然不錯囉！」我說：「有許多行業也強調服務與專業，商品更是目不暇給，但收入始終在22K打轉，譬如一般店面門市。」

　　「老師，那我們不同在那裡？」我說：「我們不同在於，別人用腦過度，我們用盡心思；別人口頭服務，我們服務內心世界；別人外表專業，我們專心經營。其實，我們的工作不需要一天從早忙到晚，以長時間去換取報酬！但我們一定要是探知人心靈世界的高手，IQ可以不高，但EQ要超標。只要是『人』就會受到感情的影響，如能在客戶感情的高點及低處，出見我們的身影，以安慰的口吻、同理的感受，與客戶的心綁在一起！也就是說，把自己的情緒貼近客戶情緒的高低處。在他喜悅時，願意一通電話與我們分享幸福快樂；在他心情悲傷失落時，希望我們能陪他走一段路，聽他內心的吶喊！如此常陪側客戶『心』的左右，喜能同歡，悲能同愁，苦能同處，樂能同慶，如此心境相戚，客戶焉不動容！也就是說，保險夥伴只要做到更貼近客戶的悲喜苦樂頂點，指數愈高，成就愈大！在心靈深處看見我們，這就是我們不同之處！」

　　我常開玩笑地說，別人的工作搞硬的，我們專門搞軟的；別人的工作面對是死的沒生命的東西，我們經營的是活的內心世界！領域不同，層次有別，待遇當然天差地別！

(2)有土斯有財？

　　人打拼一輩子，為的可能只是能擁有一個屬於自己的窩！去年過年前終於將20年貸款的房貸繳清了，當下心情輕鬆不少，能

擁有一棟真正屬於自己的房子，可是開心愉悅之事；但在興奮之餘，時光飛逝，歲月如梭，我也已到半百中、壯之年，再過不了幾年，退休階段可會接踵而至，如何有效規劃，真要細細思量？

近幾年來，自己周遭的長輩親人們，也都慢慢邁進退休養老的階段！靠著年輕時的努力打拼省吃儉用，他們也都有了屬於自己的房子，而且房價不斷增值，過年到長輩家拜年，就有一位親人就跟我說：「京寧，35年前我用80萬買了這棟房子，你知道嗎？雖然是30坪老公寓，現在最起碼要1,500萬！」但我看看他房子四周陳設都已老舊，傢俱也應有20年以上的的歷史，雖說孩子很孝順，每月都有供奉，夫妻倆手邊也有一些積蓄，日子可是無憂無慮，但此番景象，老實講，我內心卻是五味雜陳！心想：「我可不希望退休後，守著一個老宅，三餐溫飽，但生活品質只是一般！」

我一直覺得我們國人太重視「房產」的效應，但房子卻是固定資產，要變現可不是馬上就能辦到！但在「有土斯有財」的觀念下，我們總希望能留到長長久久！然而大家都知道，房地產卻又佔我們個人全部資產很高的比例。如果退休時總計有3,000萬元的資產，其中房產1,500萬元，剩下的1,500萬元再扣掉其它的資產500萬元，戶頭內有1,000萬元的錢放銀行定存，一年的利息只有11萬元，一個月不到一萬元加上勞保退休幾付，每月能享受的錢也只有約3萬元左右，何況「勞保給付」還不一定是百分之百！

如果我們能在退休時改變一個想法，將1,500萬的房子變成1,500萬的現金，台灣現在有許多規劃不錯的養生村，1500萬÷30年（退休時間）＝50萬/年，將每年50萬用在養生村，去享受五星級的生活品質，手邊尚有1,000萬的現金，如此一來，生活應是多采多姿，心情好，身體自然健康！我一直覺得與其給孩子一棟房子，不若我們自己健康無病，每天都能活蹦亂跳，讓孩子能夠無後顧地去衝刺自己的人生！

年輕打拼一定要有殼，退休無殼有錢最輕鬆！

(3)有「債務」更要有「資產」

　　多年前曾在天母東路拜訪一位年輕的門市小姐，接觸中對我所提的儲蓄方案讚不絕口，但卻再最後階段對我說：「葛大哥，很抱歉！我實在沒錢買，目前身上卡債要還，還有租金要付，每個月的錢都卡的很緊耶！」我說：「沒關係！等妳加薪的時候再買。」「葛大哥，我加薪時一定會先還卡債的！」「卡債有高利息，當然要先還卡債。但我們為生活打拼的過程中，如果都是在補金錢的缺口，日子似乎少了許多樂趣！如果卡債能透過協商按時按預算繳交，再能幫自己增加一個財富帳戶，不是兩全其美！如此我們工作時才會更賣勁，感覺更有未來！」「但是如此一來，可能我的債就會晚一些時日繳清，而且數字上是划不來的！」「數字也許划不來，只要不影響生活步調，我們工作的心情的指數會提升，工作效率提高，薪水就提高了。因為我們開始成為有財富的人，光這點就很划得來！」

　　經過如此的說明，這位門市小姐已是我多年的客戶了，現在的她不只卡債早就還完，透過幾年來增加的工作獎金，連我的儲蓄險都要滿期了，而且已經是一個孩子的媽，生活很是愜意。想想當初的決定，真是一舉數得！

(4)自己、天地、眾生

　　梁朝偉演的「一代宗師」頗有深度，戲中有提到，習武之人有三個境界：「自己、天地、眾生」，戲中的解釋頗見哲理，認為習武之人最先是在乎自身功夫的精進；其次，重於視野的開拓，走蕩南北，培養天地間恢宏的氣度；然而習武之人，決不獨善其身，更應將武學發揚光大，利益眾生，回饋社會！

　　商場如武場！DS的夥伴也應培養此三階段的過程，才算是「陌開」最理想的境界！首要是訓練自身扎實的基本功，透過市場的歷練讓自己的學能底子更厚實；過程中透過拜訪區域的多元化，強化自己的心理素質，培養大氣大家的風範；最終能透過傳承所學，讓更多的夥伴受惠！

（5）「但願人長久！」但此事古難全

　　人生大戲何其多！但最苦最酸莫若生離死別，尤其是白髮人送黑髮人，真叫喊天不應，喊地不靈，就算向老天乞憐中也喚不回往日的快樂時光。

　　她是我多年的保險夥伴，彼此交情不錯，後因家中狀況，離開了保險業，而她及家人的保單都由我接手服務，有一天突然她打電話來，邊哭邊跟我說：「葛經理，我大兒子沒有了！」話筒中又是一陣悲戚的哭泣聲！「妳先不要難過，到底怎麼一回事？」「我大兒子跟朋友到海邊戲水，為了救溺水的朋友，反倒自己游不回來，他就這樣沒一句話就走了！我是他媽媽，他怎麼會丟下我，嗚…」「現在的狀況如何？」「我們看過孩子了，後面的事都是我先生在處理！」「妳先寬心，明天一早我會過來，妳會在家嗎？」「你能中午以後再來嗎？保險的事，萬事拜託了！」「妳不用操心，我會處理！妳們夫妻要保重，有事交辦不要客氣。」

　　隔天下午我跟太太到了她桃園的家，一見面就抱著我太太嚎啕大哭：「我大兒子才退役回來，利用空檔跟朋友去海邊戲水，卻從此天人永隔，二十二年的親情、感情一夕之間全都變了色，是上天在跟我開玩笑嗎？我兒子可是在救別人的兒子耶！難到好心沒有好報嗎？葛經理你知道嗎？別人的兒子一輩子也不會喊我『媽媽』，別人兒子的兒子也不會叫我『阿嬤』，這太不公平了！」我沉默無言，心想，天下事又豈能「公平」兩字解釋，有人快意一生，有人愁苦一輩子；這些事實我們都得接受，事情來了，只能面對處理，畢竟家中還有更多的親人愛我們，也更需要我們的愛。回頭一想，還有事未對她說：「妳先寬下心，理賠的資料我查過，妳已經幫孩子都做了萬全且高額的規劃，你們夫妻只管處理後事即可！」

　　這事一晃六、七年過去了，最近她打了一通電話給我：「葛經理，當初孩子的理賠真要謝謝你的幫忙！」「妳已經說了好幾次了，不用再謝了！保單也是妳自己買的，妳要再說謝，大家就

不是朋友了！」「葛經理，你知道嗎？這事我今天才敢跟你說，我大兒子出事的時候，正是我家經濟最艱困的時候，光是外債就有800多萬，我們夫妻每天都在為籌錢苦，日子真有過不下去的感覺！所以我大兒子可是用生命在保護這個家，知道爸爸媽媽缺錢用，用生命還了我們夫妻的債，你說他偉不偉大！嗚…」「事情都過這麼久了，妳還想這麼多幹嗎！他在天上看見妳們夫妻及弟弟現在生活的很好，我想他也會很高興！」「哦！忘了，這通電話是要告訴你，我們家弟弟要結婚了，你們全家都要來。還有，我先生特別交待，如果你帶禮金來，你就不用來桃園了！」「遵命！」

(6)你的努力，別人看在眼裡！

有一回帶夥伴在東區地下街進行第一天的實作，我們拜訪第一家店的門市小姐一看我們進來就一直咯咯地笑，感覺好像是老朋友見面似的。當下反倒是我有點不好意思了！當我把開場接觸的話講完之後，她突然一句話：「葛先生，我們半年前見過面，上回我在對面的店，你同一位小姐來，跟我提到存錢的一個方案，你還說你的夥伴會再帶一份資料來，可能是因為我調店，她找不到我，今天好巧，又碰到你們出來拜訪。其實上回的方案我有研究過，還不錯，事隔半年，手頭也寬了一些，你可以再幫我準備一份資料嗎？葛先生，其實我朋友做保險的不少，他們也常推薦一些不錯的商品，但我都沒有行動，但我看見你們還不斷在市場上跑，我的錢交給你們我會比較安心！」我說：「謝謝妳的支持！見到妳是我們今天拜訪最美好的感覺。妳放心！最好的服務保證就是我們的持續不斷的拜訪。妳要的資料，我身旁的夥伴明天就會帶過來請你過目。」

「行動力」就是我們自己的「活動招牌」，走到那裡，潛在的準客戶也都一直在觀察你，如果自己的招牌在市場上常見光，自然就會有生意上門！

(7)我們的事業，禁得起時間的考驗！

大學時期隔壁班有一位女同學，在班上很活潑，人也很亮麗，她的身影常是吸引著一些男同學的目光。學校畢業後，她繼續出國深造，回國後沒多久就在電視台任「主播」，工作令人稱羨，應是我們企管系兩班表現突出的同學之一！

有一回傍晚時分在信義路的人行道上碰見她，老同學見面分外親切，彼此寒暄一下後，她突然一句話說：「葛京寧，聽說你現在在做保險，如果接下來你要賣我保險，就當我們今天沒有見過面了！」聽到此話，我的心都涼了一半；心想，難道賣個保險連同窗五年的交情都沒了！看著她亮麗的臉龐，客套了一、兩句話，我快速的移開了我的腳步，心中有如寒風刺骨，著實不是滋味！

此事至今已有十年多光影，她也早就走下了主播台，前些時候同學聚餐時告訴我說，曾在購物台看見她正在代言保險商品，我聽完後哈哈一笑，聚餐吃的特別愉快！心想：「保險的魅力真的太大了！」

(8)我們很早就是CEO

算算大學畢業至今已有25年了，所讀「企管系」為一經理人才培訓的科系，但因涉獵商學領域極廣，頗有樣樣懂，又每每不通的狀態！雖然畢業後在管理顧問公司服務了一年多，但因資歷不深，工作一直以專案企劃的幕僚作業為主，離管理職階尚有一段落差。

不久之後進入保險業，在半年的業務基礎歷練後，在未升級單位主管前，很幸運已有夥伴加入自己小小的團隊。從那時起，發覺自己已非「自然人」而是「法人」的型態，無形中已經開始經營團隊的工作，雖然帶領的過程中，因經驗不足，錯誤百出；有時狀況一來，只有直轄主管出面才能解決危機。但隨著時間及經驗，Team的運作慢慢上了軌道，組織仍不斷壯大，夥伴對團隊的向心力也愈來愈強，最讓人欣慰的是，看到轄下夥伴的升級，也已成為一位稱職的管理者。

　　誰說管理工作一定要到某一個工作階段才能開始，在從事保險事業的第一天開始，我們就是自己事業的老闆，當然也是管理自己事業的CEO，舉凡招募、訓練、輔導、經營、管理，我們忙的不亦樂乎，也陶醉其中，為打造優質團隊不斷奮鬥，真正成為成千上百企業的CEO。

(9)迎接風霜雨雪的洗禮

　　貝多芬在兩耳失聰，生活最悲苦的時候，寫出了他最偉大的樂曲。正如他在給一位公爵的信中所說：「公爵你之所以成為公爵，只是由於偶然的出身，而我成為貝多芬，則是靠我自己。」

　　面對挫折和失敗，唯有樂觀積極的心態，才是正確的選擇。

1. 做到堅忍不拔，不因挫折而放棄追求。
2. 注意調整、降低原先脫離實際的「目標」，即時改變策略。
3. 用「局部成功」來刺激自己。
4. 採用自我心理調適法，提高心理承受能力。

　　萬物相生相剋，無下則無上，無低則無高，無苦則無甜；唯累過，方得閒；唯苦過，方知甜。趁著年輕，大膽地走出去，去迎接風霜雨雪的洗禮，練就一顆忍耐、豁達、睿智的心，幸福才會來！

(10)基層的工作，確能實踐提早退休的夢！

　　基隆有一位在「中船」工作的客戶，民國87年就跟我買了一張15年期儲蓄還本的商品，剛好兩年前滿期了。除了有一筆滿期金可領回外；此外，每年都有12萬的還本金可拿。電話中他對我說：「葛先生，明年我就準備退休了，算算在中船也服務了25年，也夠辛苦的了，每天上工焊接，風吹日曬雨淋的，日子一久，全身筋骨都不對勁，再如此下去，全身骨頭都會解體！保單我算過，爾後每月有1萬，再加上中船的退休金及再過幾年的勞保給付，雖然不是很充裕，日子倒是OK！何況我現在半百不到，體力還好，我還有一些事想嘗試看看。就算沒事幹，半年出國玩一趟也不錯，揪團時你可要參加！」「一定！一定！」

他的案例給我很大的感觸，工作不分貴賤，只要我們認真打拼，努力存錢，當下雖有犧牲，但「時間」總是站在我們這一邊，否極會泰來，日子有如倒吃甘蔗，人生的美也在退休後更燦爛更有意義！

（11）人無千日好，但「存錢」可保百年身！

有回「市場實作」曾拜訪一家蔘藥行，但裡頭顧店的卻是一位三十左右的年輕人，探詢後方知是第二代在經營，接觸時年輕的老闆倒是親切，但觸及商品說明時卻一本正經的跟我說：「葛先生，你推銷的商品我根本不需要，因為父母親早就幫我準備好了！我們在這開店已經40年了，生意一直不錯，也不愁錢，應該沒有透過保險存錢的必要！」

「真要恭禧你了！有不錯的事業機基礎，相信這店在你手中會更興旺！其實我們的商品最適合生意好的商家做規劃！」

「葛先生你這句話我不懂？我現在不會缺錢，而且未來還會有不錯的進帳，這家『店』就是最好的保險商品，怎麼會需要你的商品？」

「你講的沒錯！的確，老店老招牌也有老主顧，這都是你目前所擁有的優勢，加上父、母親在後面的指導，眼前的經營絕對沒問題，但市場可是瞬息萬變，去年的食安問題，就讓一些企業栽了跟斗，風吹草動一來，人仰馬翻風雲變色；所以父母親創業蓽路藍縷著實不易，我們如何守成發揚，確要步步為營，經營過程中的挑戰會更多，但如能關關難過關關過，我覺得對店的貢獻才是最大，這家店才是真正你的店。我自己掃街十幾年了，許多商圈都拜訪過好幾回了！老實說，有些地段的店招都經常在換，也看到原來生意不錯的商家，居然這回來不見了！只能說市場的變化太大了！」「葛先生，我們這行業變化不會太大，但你說的我倒是能體會！」「所以說；如果能趁生意還不錯，將手邊可運用的錢放到以後是重要的！多一條後路就多一個機會，就算狀況來了，我們都能東山再起！」「葛先生，你的意思就是要有備無

患！」「標準答案！眼前的財富不是財富；留到以後的財富才是真財富！因為沒有人希望現在有錢，以後沒錢！」

(12)他鄉變故鄉，落「業」生根！

　　去年在高雄「新掘江商圈」市場實作，因早到一些時間，便到附近麥當勞二樓休息，剛坐下來，便聽到後排兩位大陸口音的小姐（約30來歲）在對話，仔細一聽，還是道地的四川鄉音。因小時候鄰居就有四川籍的長輩，所以很容易聽出來，但她們年紀不很大，應是大陸籍的新住民。兩人談天有說有笑，也都道道彼此目前生活的現況，約莫十分鐘後，其中一位穿著較正式的小姐從包中拿出一份資料擺在桌上，以很標準的國語開始開始解釋資料內容，我乍聽之下，竟是我們保險商品的建議書內容，原來說話的這位是我們保險的夥伴，由於說的不錯，我聽的津津有味，一份建議書的重點，描述的很動人，頗能引人入勝，顯然事前自己下過一番功夫研究，而對坐的小姐也不時點頭示好，一張年繳1.8萬元的保單自然簽了下來了！

　　台灣目前有幾十萬的新住民，她們離開自己從小長大的故鄉，來到不熟悉的國度，卻能在此組織家庭相夫教子，又能想盡辦法增加家庭的收入，不論是開小吃店、一般店面門市或是業務的工作，她們竭盡所能，賣力演出，展現人性中最強任韌的生命力，別人落葉歸根，妳們落「業」生根，真要為妳們的努力說聲：「讚！」

(13)「生其有幸」靠儲蓄、「死亦無憾」是保障

　　前些日在路上碰到一為多年不見的保險前輩，我們過去都是在同棟大樓服務，他長我幾歲，但人親切也風趣，更喜歡將自己對保險經營看法毫不保留的分享給夥伴們，是我很尊敬的從業人員。

　　此時碰面，驚訝中有喜悅，他忙著拉我到樹蔭下上氣不接下氣的說：「老葛，我已經退休三年了，五年前身體出了變化，還不只一處，三天兩頭要跑醫院看不同的科，已經是一個藥罐子

了。以前是一天到晚到客戶家報到，現在是一天到晚到醫院報到，命運弄人！不提了，我聽說你出來上課了。」「已經上課八年了！」「怎樣？」「還不錯！」但我觀其神情，講話的氣力，真的大不如前，體型也消瘦些，不若多年前的生龍活虎般。

　　他接著說：「老葛，你不知道，現在多虧十六年前硬是幫自己在保險上做了重大的投資，買了那張很流行的儲蓄險，每年硬要自己存70幾萬下來，10年700多萬元，換成現在每年領50萬元，一個月能有4萬多元；如果當初買個小公寓，租金也頂多一半而已！老葛，你不知道，當初有同事說我買太多了，10年後的50萬元一年又值多少？還好我保險觀念硬，現在享受好處了，要不然我怎能提早退休養身體！對了，你當初買了沒有？」「有，但我存的只有你的十分之一，　不過我後來還是有幫孩子買一些！」「　有買就好！你提到孩子，你知道我有一位唐氏症的小孩，我們父母親已經照顧他二十幾年了，真是我一生中甜蜜的負擔，但每每想到他未來的生活，這個負擔可沉重了。如今我身體不好，老婆也因為照顧小孩沒在賺錢，如果自己那天爆掉，50萬的那張還有1,500萬元的保障留給他，也夠他長期照顧的費用了！感謝老天有安排，何其有幸！何其有幸！」「李經理，你要感謝的是你自己，你現在只要把病養好就好，想這麼多幹嘛！」「老葛，你不懂！你的孩子健康、活潑，平常不過給你一些小狀況，三不五時再頂你一、兩句，　你擔心的是他們的升學、交友、就業，是否有一個美好的未來！但我的孩子都不用耽心這些，未來對他只是一場夢，但絕對不是美夢！他有的只有我們父母的關懷，除了我及老婆外，誰會來疼？誰會來愛？老實講，都不會有，頂多社會志工會來看看他罷了！我如果在天上怎會安心，但有那1,500萬元多少會補補我內心深處的缺角！」「李經理，你真了不起！你當『爸爸』比我辛苦多了！人生多變化，保險真安其心！」

　　「老葛！我們都有20年以上的保險年資了！『保險』兩字，生其有幸，死亦無憾！

(14)「保單」居然有這等好處！

三年前某星期日傍晚突然接到一位的DS客戶的電話，這位客戶在87年（政府86年開放14歲前可單獨出單）替自己剛上國中的女兒買了一張15年期預定利率6%的還本商品，101年收到最後一期的繳費通知，這期繳完後，102年就可以開始每年還本了！

她在電話中很高興的對我說：「葛經理，花錢容易存錢難，但這張我終於要繳完了，明年開始我的女兒每年都有5萬可以領，剛好明年3月她要嫁人，這應是我給她最好的嫁妝，別人嫁妝一牛車，我給的嫁妝年年一卡車，她們小夫妻每年都可以利用這筆錢出國玩一趟，再加上100多萬的生活基金（解約金），真是一舉兩得！」「真要先恭禧妳了，嫁女兒就是多一個兒子，「女」加「子」就是一個「好」字，真替妳高興！」「葛經理，講到兒子，這張保單還有一個好處，每年她們在用這筆錢的時候，一定會想到我，我未來的女婿更能體會丈母娘對他們夫妻的照顧。如此一來，我女兒的婚姻會更美滿！葛經理，你知道我是單親家庭，我希望我女兒不要步我後塵，她的幸福是我唯一在意的事，賺錢、存錢雖然辛苦，但只要她快樂就值得了！人家說：『丈母娘看女婿，愈看愈有趣！』我未來的女婿一定看丈母娘應是愈看愈得意，我當阿嬤時，我孫子保單一定給你簽。」

(15)與客戶一起成長！

我自己許多很年輕的店家客戶，他們都是從小單子開始存錢的，一個月2,000元或3,000元，預算不多，存的不亦樂乎！而且剛開始多半是月扣或季繳件，大概是彼此認識的時間很短，也擔心錢太多出去會有狀況，但整個來看，他們繼續率都很高，不論6年、10年、20年期，到目前解約的屈指可數，只有兩、三件辦過保單貸款。

早期在天母東路一家家飾精品店的蘇小姐，跟我買了一張6年期預定利率8%，也是快停賣的儲蓄險，每月約2,500元，六年後很順利領回了滿期金，這位蘇小姐也是張太太突然對我說：

「葛先生，你們還有一樣的商品嗎？」「8%的沒有了，目前是6%，但繳完後每年領回一筆錢！」「好！我買這個，每月幫我女兒存5,000元！」

　　時間過的真快，一晃又過了六年，第二張單子也滿期了，雖然沒有滿期金，卻可開始領還本金，這位已經獨當一面的老闆娘打一通電話對我說：「葛先生你都不來我的店哦！每次都是你太太來，我跟你太太的交情都要比你好，你跟倩萍講，這兩天有空來我店裡一趟！」果然，老闆娘又跟我太太又買了一張6年期4%增值的商品，保費再加碼，一個月變一萬，信用卡刷了12萬多。去年底前，老闆娘在第三張保單還差一年滿期前，經我太太再三的曉以大義，毅然幫自己及先生買了兩張10年期的「長期照顧險」，一口氣繳了24萬保費！

　　這位當年只有23歲的蘇小姐，彼此都認識18年了，如今可是高檔進口傢俱店的負責人，每兩個月都要飛丹麥及義大利一趟，上個月見面時，頗有女強人的駕勢，看到她事業的成功，心中真是喜悅無限，能陪客戶一起成長的感覺真好！

（16）能「學」真是老天的恩賜！

　　雖然我的孩子已經國小畢業六、七年了，但每當我驅車經過他們以前就讀的小學時，總會勾起一段永難忘懷的畫面及記憶！

　　這是一所有「特教班」的小學，特教班的孩子每天早上都有箱型車接送上學，而老師們總會在大門口幫忙孩子們接下車，推回教室。有一段時間開車送小孩上學，因時間上的巧合，多次碰見箱型車開到學校門口，後面總有一部白車會尾隨而至，一位爸爸匆匆下車，迅速地將行里箱中的輪椅撐開，在箱型車中抱起自己的孩子，放在輪椅上推到老師的跟前。此時，這位爸爸總會低著頭彎下腰，在孩子的額頭上親一下，然後笑著對孩子說：「今天要好好學習噢！加油！」而他的孩子總是斜著頸，以天真的笑容猛點頭，揮著自己的小手進學校了。

　　場景拉到自己大兒子國中的畢業典禮，其中一個節目是特教

班畢業生的表演，而此時那位前段文中特教班的同學又出現在我眼前，正與其他同學表演著一段舞蹈，一樣天真的笑容，正跳著整齊有節奏的舞步，他們的表演瞬間吸引了全體的目光，大家配合著他們的音樂，揮起雙手，口中唱著他們的歌曲。我也被他們的表演感染，投入那歡樂的氣氛中。就在此時，不遠的舞台前，一位爸爸更是熱情有勁，口中不斷對台的那位孩子喊著：「小乖，加油！看著爸爸，跟著爸爸一起動，你學的很好！很棒！」此時，只見孩子更是賣力演出，笑的更燦爛！那位爸爸在表演完後，抱著自己的孩子，又親又吻！後面的我目睹這一幕，真是心酸眼紅百感交急！

　　幾年不見那位爸爸了！在他略顯滄桑的臉龐，依舊有著信心的笑容，也永遠讓我們看見一位父親對自己孩子一顆關懷的心及永不放棄的愛。能「學」真是老天的恩賜！我們看見許多人雖身有殘疾，「好命」不會站在他們這一邊，「歹運」卻從不缺席，但他們不向命運低頭，透過學習，讓他們跟我們正常人一樣，昂首在人生大道上！

(17)選我！選我！

　　兩年前在嘉義同一業務單位上過兩次課，一次「陌開」，一次「陌增」。課程中夥伴都很活潑熱情，尤其下半場的「角色扮演」更是使出渾身解數，體會身歷其境的學習樂趣。

　　當進行第二段的「台前展現」時，夥伴更是不落人後，其中一位黃主任只要是有機會上台，她總是一馬當先，高舉雙手大喊：「選我！選我！」而我也一定會讓她上台展現所學，雖然她的表現並不是所有上台夥伴中最優的，中間腦袋會放空，也不時詞窮，但只要她在台前，現場氣氛就覺得很High，歡樂聲不少，可看度破表，我來評她的表現應是一級棒，「棒」非她展現的說話內容，因為演練腳本她講的七零八落，但「棒」是因為她積極爭取上台的機會。要知道，我們業務員本是主動出擊，平常的訓練中就應培養自己上台的習慣，如果我們能主動展現給夥伴

欣賞，我們就能輕易地在陌生市場中展現給商家看。其次，她能把最自然的自己表現出來，在很短的時間內讓賣場情境變得輕鬆，驅使對方一展笑顏，如要再進行業務溝通應不是難事。

賣場本是對方的主場，要能把對方的主場變為我們的主場，唯一的方法就是軟化對方的心情，而輕鬆、自然、順暢是不二法門。我們都知道，賣場中兩個緊張的人絕對成交不了一張保單，只有在笑聲中，一切的 「不可能」 才會變成 「可能」！

(18)錯誤示範、自省勿犯

賣場「以合為貴」，這是我們店訪的第一守則，也是夥伴銘記在心的教條。課程中，我會再三跟夥伴強調：「賣場能忍一時氣，掃街能保百年身！」如果真是有氣難嚥，走為上策，在人行道上任你如何罵都行！

但這家珠寶店的拜訪，卻在實作時，讓我又踏了紅線！而且夥伴在旁，身為教練，真是無地自容，有損身份，也做了錯誤的示範。

剛進門拜訪只見老闆與年輕的門市小姐在溝通，遞了名片給老闆，老闆隨手將名片丟在櫃檯上，以不屑的神情與手勢說：「我們不接受拜訪，請你們現在就出去！」「老闆，我們這裡是不是常有業務員來拜訪。」「你不要多說，你們可以離開了！」此時，只見他又繼續在跟門市說事情，無視我們的存在，而自己心中無明火卻驟然上昇，一句話衝了出去：「老闆，我今天穿西裝打領帶是業務員，過兩天假日我穿休閒服帶老婆來看珠寶，不知道你的態度會不會不同？」當下老闆任愣了一下，回頭對我說：「那是自然不同！」我馬上接話說：「但我是同一個人耶！你卻用兩種不同的態度對我。老闆，你們開門做生意，都是如此對待消費者的嗎？」此話一出，知道事情大條，只見不到三秒鐘，老闆脹紅了臉，高分貝的對我說：「我不管你姓什麼，你的話過頭了喔！我要怎樣面對我的客戶是我的事情，與你無關，你們現在就出去！」我及夥伴在無奈中出店了！

　　當我與夥伴在珠寶店旁的騎樓下跟夥伴解釋這店的狀況時，珠寶店的老闆居然衝了出來，手指著我說：「你說你跟你老婆會來，我等你們，而且你們來一定要買我的珠寶。」「好啊！好啊！我們夫妻會看你的態度如何？如果是高規格的招待，幾萬元我們還出的起，要是跟今天一樣，一塊錢我都丟不出來！」此時，一個轉身，我及夥伴繼續下面的拜訪，只聽見後面老闆的罵聲不斷！

　　事後想想，真的不應如此氣急，想想自己在賣場中說的那段話，不僅讓老闆在員工面前失去做老闆的尊嚴，我們也影響了對方店務的管理，我如此一攪，當然老闆心中是愈想愈氣，氣到跑出來理論。兩軍對峙，如果硬碰硬，一定兩敗俱傷，他失尊嚴，我失去老闆級的準客戶，真是一場錯誤的示範！

(19)「禮物」隨時都有！

　　三年前帶夥伴在高雄「三多商圈」新光三越百貨旁一條精品街實作，第一個時段(PM1:30～PM3:00)由我示範，其中一家服飾店只有一位年輕的門市小姐在顧店，當下就帶著夥伴進門了。接觸後才了解，原來這位七年中班的王小姐可是這店的老闆之一，而且與另一位股東在此開店已有三年的時間，算是經營的不錯！對我們的造訪態度很親切，訴求的商品也頗能認同，只是類似的商品才買了沒多久，當然也沒允諾我們複訪的要求，但提及另一股東可能會有興趣，答應我們會將DM拿給另一位股東看，如果有需要會跟我們聯絡。.

　　其實自己掃街也有一段不算短的時間了，對於商家客套的說詞，已經很能釋懷，DS本是無中生有，不買、不接受我們都是正常的狀況，我們不過是在「大數」中找到志同道合的準客戶；也在拜訪的當下，透過我們的展現，博得對方的信任，創造出對方的需求，當然此店不行，Next就對了！所以對王小姐的說詞也沒有太在意，寒暄一下，我們就離開了。

　　等到實作的第二時段(PM3:30～PM5:00)，還是由我示範帶第

二位夥伴拜訪，接續同一條街，但我對高雄的街、道、商圈並不熟悉，我繞了一圈又進去剛才王小姐的店拜訪，剛踏進門就覺得環境很熟悉，只不過此時裡面多了另一位小姐，心想這位應是另一位股東了。王小姐看見我就說：「說曹操，曹操就到！你剛才的DM我已經給我旁邊的許小姐了！」「謝謝！那這位應是許老闆娘了！這是我的名片，請多多指教！」「你的DM我看過，覺得不錯，不過預算高了一些，能每個月存5,000元嗎？」「當然可以，這張DM單薄寒酸了一點，我有課明天無法過來，我旁邊這位夥伴可是三多商圈的『管區』，一切服務皆由她負責，我會請她明天下午4:00先帶一份的建議書給妳過目，妳看可以嗎？」「可以，不過4:30之後我才會在！」「沒問題！我的夥伴5:00以前會過來，真的謝謝妳！」

　　這可是天上掉下來的禮物，但天下也沒有白吃的午餐，如果你不進門，怎麼會有禮物等著我們！

(20)「穩定」掌握在自己手中

　　七月底帶夥伴在基隆實作，二天的課程基隆倒是晴空萬里，我與夥伴正進行第二天的單飛訓練，夥伴表現不錯，已能進入狀況，接下來是單飛的最後一家店，在夥伴進店後，我在外頭騎樓一眼瞄到我的十幾年前DS的客戶「佳瑩」，她在騎樓設攤賣衣，她看到我很高興，問我：「葛大哥，你怎會來基隆？」我說：「今天帶夥伴實作，也就是訓練業務員陌生開發。」「葛大哥，哪天你也教教我好嗎？我今天在騎樓下賣衣服已經4個小時，只有3個人來看衣服，也只賣了一件，而且外頭天氣又熱，身體快吃不消，不像你們可以進商店吹冷氣，最重要的是你們絕不會只拜訪三家店。」「的確，我們要主動多了！像我們一路走來一個多小時，已經拜訪十二家店了，記得十幾年前我就叫妳跟我做保險，妳說拉保險不穩定，賣衣服行情不錯。妳看事到如今，服飾受景氣的影響很大，但我們倒是隨心所欲，要拜訪多少家就有多少家店，穩定掌握在自己手中，一點也不看老天及環境

吃飯。佳瑩，不好意思！我實作的夥伴已經出店來了，無法多聊，我會打電話給妳。」

看著她落沒的神情，我走向實作的夥伴，繼續我們未走完的行程。

(21)「觀察」是拜訪的利器

在板橋文化路上有一家專賣大尺寸的服飾店，裡面的門市小姐看起來也是福福泰泰的，見我進門介紹後，態度蠻親切的，只是會跟我說：「葛先生，我們這裡常有業務員來拜訪，雖然你今天是第一位，但這星期來你算第三位了，哈哈！不過無所謂，你們的工作性質就是如此！」當我正準備回應的時候，眼前一瞄，櫃台上一個小水族箱很亮眼，裡面的魚五彩繽紛，煞是好看，但仔細一瞧，還有許多小黑點穿梭其間，看得很有趣味，不禁問門市小姐：「這些小黑點是小魚耶！」「葛先生！那些是大魚的寶貝，昨天才生的，今天還沒隔離，這些小不點的魚是要跟爸媽分開的，要不然生命堪虞！我後面還有一缸子小不點。」她說著就反身到後面將一缸小魚搬出來，果然密密麻麻，少說也有百條以上。「葛先生！這些是孔雀魚，尾巴很漂亮，也很好養，每天餵少許飼料，也不用常換水，而且很會生，養這種魚最有成就感了！」我說：「這也要看誰養，像我就沒這個耐性，如果像妳這樣能細心照顧，小魚兒是幸福的！而且放在賣場中很有生氣，相信來店客戶也會覺得眼睛一亮，買衣服的意願一定增加不少！」「葛先生！你猜的好準，這一缸魚真的幫我做了不少生意。」

其實，我也因為這缸魚將我與她的距離拉近了，接下來的業務訴求就能達到事半功倍的效果。所以在賣場中，舉凡我們眼睛所及的人、事、物都是我們很好借題發揮的話題，譬如賣場中的寵物、四周牆上旋掛的飾物或照片、桌上的書籍、賣場中的小孩，都會是我們創造話題的標的，因為這些都是他在意的，也是他們樂於與我們溝通的橋樑。

(22)他的學習心更勝「吳寶春」

「他」是我市場實作教學中身份很特殊的一位保險夥伴，雖然當時只有三十歲出頭，卻已是美國知名大學的博士，也曾在國內兩所大學任教。對於一位許多大學生口中的教授而言，能夠放下高學歷身段，拋開傳統知識份子對業務工作的刻板印象，投身其中，實屬不易；更難能可貴的是，願意走進陌生市場，接觸最貼身也最貼人性互動的挑戰，他的見識與勇氣是讓人欽佩的！

回憶三年前兩天下午「實作」的相處，雖然他非常謙虛，人也很親切；但他的身份，卻是我第一次在「實作」時感到一種莫名的壓力，心總有一點七上八下的緊張，但箭在弦上，當下只能以淡定安慰自己，所幸拜訪過程中，他對我教學上的高度尊重，也不時肯定「實作」對他的幫助，著實讓我寬心不少！

拜訪過程中，有兩家店我記憶深刻。有一家在民生社區的動物醫院，我陪同他進去拜訪，醫生剛好在店內，說明來意，博士遞完名片後，只見醫生將名片正、反瞧了瞧然後對他說：「○博士！我待會有約診的客戶會來，你明天早上10:30如果有空，我有一些保單的問題想請教你。」此話一出，把站在後面的我也嚇了一跳，心想這拜訪的力量太強了！另一家是一間知名品牌的鞋店，裡面只有一位年輕的門市小姐，見我們進來，笑容可掬的看著我們，但見了博士名片後，臉上的笑容瞬間不見了，針對我們的詢問，回答起來結結巴巴的，看得出來她心情起伏很大，有點不知所措的感覺，到最後只小聲說回應了一句：「你是博士在掃街喔！」博士則回答她說：「對啊！這是書上學不到的，我覺得很受用！」門市小姐說：「但你是博士耶！」「博士有什麼大不了，博士也要接受市場的歷練才行！」此時，只見門市小姐又展露出了笑容，頻頻點頭示好。

的確，高學歷也要接受市場的歷練才能將所學發揮到淋漓盡致！

(23)叫我如何不想「她」

她應該是我「實作」夥伴中年紀最大的「阿嬤」了，雖然臉

上經過適當的妝扮，仍掩不住歲月的痕跡，身為三個孫子的祖母，卻藏著一顆求知求學的心，每次想到與她「實作」的那段往事，總是讓我精神一振！

參加「實作」是她事業學習過程中的一部份，從沒掃過街的她，認為這是很好玩的挑戰。「實作」前兩天她打電話跟我說：「葛老師，我學歷不高，所知有限，但進入保險業以來，我就當在學校修學分。我中年進來做保險到如今15年了，當初下過決心，一定要不斷的充實自己，把失去在學校當學生的時間補回來，所以只要是辦公室的晨會及公司的訓練，我每會必到，外面的課程只要時間可以，我都會參加，經過這些年，我已經保險大學畢業了！但坦白說，你的課程比較難修，還要走到外面實際作業；但我覺得新鮮，就算多花一些時間，我都很願意！其實我認為：『人應該是學到老，才能活到老！』葛老師你認為對不對！」「太對了！要活就要學，頭腦靈活了，許多老年病就免疫了！」

實作的那兩天，我帶她到博愛特區內衡陽路、沅陵街一帶拜訪，這是台北市有歷史的商圈，別看她60幾歲，走起路來不落人後，在賣場中的表現可也不生嫩，有時我示範說明商品時，她還會幫我補上兩句：「張小姐，我們葛經理說的不錯吧！而且我們最低每月3,000元就可存了，這一點很重要！」當下我只能馬上補話：「張小姐，我夥伴說的沒錯，妳聽清楚了嗎？」「葛先生，你們兩位可能是我這裡碰過的業務員中最老的了，你們這樣的搭配很奇怪，我說不出口！你們公司都是如此安排的嗎？」我還沒回答，我旁邊那位倒是說話了：「張小姐，我們公司有「分類」（老實說，我是第一次感覺自己像『垃圾』），我跟葛經理的合作就是要配合博愛特區，公司將很專業的葛經理加上很親切的我組合在一起，是很用心的！如果妳跟我們買保險，我的服務口碑加上葛經理的專業，這張保單的身價就高了，妳說對不對？」「喔！原來是這樣的！」在旁的我也不用示範了，只要聽我夥伴講就好了！

　　那兩天的「實作」我很愉快，不是因為教學上很輕鬆，只覺跟她在一起我心情很好。重點是，她的年齡我看不出會是她陌生拜上很大的障礙！

(24)只要走出去，就能「看見未來」

　　「未來」對生涯太重要了，它代表一項願景、一個夢想，更是一種喜悅，想像未來的美景，就像在芭里島做SPA、北海道洗溫泉般，可是一種高級享受。

　　而身為業務員的我們，更是「有夢最美」的實踐者，每到歲末年終，許多夥伴都會參與通訊單位的「策劃會報」，檢討過去，開啟未來，尤其在規劃來年的目標時，看見許多夥伴歡天喜地的勾勒一年的目標，有的興高采烈，有的誓言旦旦，有的胸有成竹，如論是業績的成長、人力的倍增，還是升級的達成，每一張都是深深期許的臉，每一位夥伴都有著雀躍的心！

　　所以身為保險業務員的我們是幸福的，因為我們能「看見未來」！文武百業中，並非每種工作都能照自己的規劃去走，因為他們受制於本身的工作性質或是大環境的改變，甚至有些公司都不知道能不能走完春、夏到秋、冬；去年就有一些公司遇到亂流，風吹草動一來，情況丕變，朝不保夕，員工可都是最大的受害者。我們吃尾牙載歌載舞，變裝加摸彩，好不熱鬧！有些行業員工吃尾牙可真害怕雞頭朝己，根本不用去想像未來的發展，做一天算一天，有做就好，彼此的心情真可說是天差地別！

　　我們能「看見未來」是因為我們能主導事業發展的節奏，大小快慢一切在己，這是最珍貴的人生選項，只要我們走出去，主動出擊，一切就能操之在我，當然一切成真，未來絕對就是一幅繽紛燦爛的美景。

(25)我們不簡單！
1.許多工作只要交差了事，我們一定要成交才能了事！
2.許多工作只在室內完成，我們一定是風吹日曬加雨淋！
3.許多工作只要睜一隻眼，我們一定要專注才夠專業！

4.許多工作不要一張證照，我們一定要八九不離十張！

5.許多工作不上一分鐘課，我們一定要天天是學習天！

6.許多工作銷售看得到的，我們一定要在無形中突破！

7.許多工作面對單一硬體，我們一定要探索對方心靈深處！

8.許多工作固定週休二日，我們一定要二十四時隨時備戰！

9.許多工作賣眼前的事物，我們一定懂得描繪未來的美夢！

10.許多工作只要群帶關係，我們一定靠自己勇於面對挑戰！十
　　個不簡單，才能成就一位真不簡單的保險夥伴！

(26)初衷

　　有一對兄弟，有一天出去爬山回家，他們的家住在八十層樓，他們一人揹著一大包的行李回到家，卻發現大樓停電了，於是哥哥就對弟弟說：「我們一起爬樓梯上去吧！」於是他們就一起爬樓梯上樓，到了二十樓的時候，哥哥又告訴弟弟：「包包太重了！我們把它放在二十樓，我們先爬上去，明天再下來拿。」弟弟說：「好！」於是他們就把他們的包包放在二十樓，繼續往上爬。爬到了四十樓，弟弟開始抱怨，於是就跟哥哥吵起來了！他們邊吵邊爬，爬到了六十樓，哥哥就對弟弟說：「只剩二十層樓了，我們不要吵了，默默的爬完它吧！」於是他們就各走各的，終於到了家門口，哥哥就擺出了很帥的姿勢說：「弟弟開門！」弟弟就對哥哥說：「別鬧了！鑰匙不是在你那兒。」原來他們把鑰匙留在二十樓的包包裡了！

　　這個故事其實在反映我們的人生！有很多人在二十歲以前是活在家人的期望和老師的期許之下，背負著很多的壓力（揹著一大包的行李）。在二十歲之後離開了眾人的壓力，開始滿腔的熱血，開始有很多的夢想要完成，可是工作了二十年後，開始發覺工作不如意，於是就開始抱怨老闆、抱怨公司、抱怨社會、抱怨政府。就在這抱怨中又渡過了二十年。於是告訴自己，六十歲了沒什麼好抱怨的了，就默默的走完自己的餘年吧！到了八十歲快要死掉的前才想起自己好像有什麼事還沒完成！

原來～他二十歲的夢想還沒有完成。

(27)「保障」就是「寶藏」！

　　十多年前有一對住在基隆和平島的一對雙生姐妹各跟我買了一張小額的保單，而後幾年也陸續透過保險存了一點錢。期間雙包胎姐姐到日本工作兩年，可能是長期工作過度操勞，回國後不久，赫然發現胸部有硬塊，在台安醫院進行切片後，證實是惡性腫瘤，但因是早期發現，只進行門診手術後，當天就回家休養了！而保險公司也給付六十多萬的理賠金，讓她在家中好好休養身體。事故發生至今雙包胎姐姐的身體狀況都很好，應是完全康復了。

　　但期間（民國94年）卻發生一件大事，她們雙包胎姐妹還有一位大姐，長得跟她們也很像，大姐的先生在基隆市開了一間小的「租車公司」，生意不錯，最多的時候有十多台車，但他生性好賭，有天一夜竟輸了八百多萬，她們的大姐在別無它法下，冒用她們雙包胎姐妹的簽名及照片，申請了十多家銀行的「現金卡」去償還賭債。但債務頗大，在後有追兵走投無路下，無聲無息沒有一句話，全家跑路去了大陸。但銀行的卡債卻莫名其妙地落在雙生姐妹的身上，她們無論如何申訴與協商，都無法得到理想的回應，且可能會吃上官司。當然她們也無心在原本的工作上，兩人也都陸續離職了，所幸儲蓄保險的「貸款功能」有了及時的效果，幾十萬的現金解了燃眉之急，也不再早晚操心害怕，讓她們姐妹的生活回到了正軌！雙包胎妹妹在辦貸款時就對我說：「葛大哥！有了保險，身上的寶藏也多了！」

(28)隔行如隔山！？

　　他是我「市場實作」的一位夥伴，年齡只比我小四歲，但先前在房仲業已經有近20年的資歷，近期轉戰保險業，想要了解保險與房仲「陌開」不同之處，上完A餐課程後就主動報名要上「市場實作」的課。

　　實作第一天，我們見面後先聊了一下，其談吐中自有一份老

業務的練達，看得出對「實作」也是信心滿滿。第一天的示範，雖然他只是旁觀者，但在好幾家店內，他總會出其不意幫我搭個腔，敲敲邊鼓，我倆就像是演雙簧般，這雖然不符合課程上的規範，但見他頗為融入，也樂在其中，我也就沒那麼堅持了！

　　本以為第二天的單飛，他應是很快就會進入狀況，且會有一定的展現。豈知一見面他就對我說：「葛老師，奇怪了！昨天我覺得很輕鬆也很有自信，畢竟在業務這塊也快20年了，『陌開』我在房仲幾乎每天都在做，雖然對象跟『跑店』不同，但原則都應差不多，但為什麼今天要我主講的時候，全身上下就緊張起來，內心就像吊著15個水桶七上八下？」我說：「這很正常！如果你今天不緊張，我就會很緊張！不同的業務領域都有不同的技巧面，雖說業務的原則都是大同小異，大方向也差不多，但關鍵就在『小異』上，只要我們能掌握小地方的『眉角』，關鍵之鑰找到了，大門就開了！此外，我希望你能先放空自己的心情，讓複雜的情緒沉澱下來。我倆年齡相若，年資差不多，但千萬不要與我產生比較的心態，也不要覺得萬一自己表現不好會不好意思，你先將過去的狀況放在腦後，勿讓過去種種成為你拜訪上沉重的包袱，以你的條件一定會頗有斬獲！」「喔！你這樣說我輕鬆不少。老師，我們就來闖一闖！」

　　果然前面幾家店的拜訪，看得出他很緊張，額頭上的汗水真是一滴一滴的往下流，但出店後我提醒他一些該注意的細節與動作，他吸收也快，一點就通，等後5家店自己單飛的時候，已如一隻脫韁快馬，暢行無阻！

　　　　業務領域隔行不見得隔山。只要我們心中沒有太多存貨，腦中沒有太多舊貨，面對新局，補些新貨，舊瓶新開，上架問市，絕對是高檔貨！

(29)天長地久有時盡，此(愛)綿綿無絕期！

　　前年某週五開車去接小兒子補習下課，路經北平東路舊華山車站附近，右前方的舊公寓大樓，不禁令讓我想起多年前曾經拜

訪的一個特殊的地方，那裡頭的景況頓時又栩栩如生出現在眼前，尤其一位爸爸吃便當的畫面強烈的印入腦海中，我不自主的地停下了車，拔下了眼鏡，揉揉已濕潤的眼眶！

　　應是在2001年，單位安排到創世基金會「華山中心」參訪。雖然去之前心中早有準備，但進入大病房面對一床一床面無表情的病患時，壓抑的心情再度起伏不定，當下的病房是無聲的可怕，氣氛冷得像四周白色的牆壁，在護士長輕聲細語的說明之下，一床一床不幸的故事被揭開，也不斷牽動許多夥伴的淚腺，許多女夥伴更是不忍目睹的往廁所跑，在場每位夥伴都是紅腫的雙眼，有的低頭沉思，有的抬頭凝望，但肯定的是每位夥伴的內心都是悲鳴的！這應是單位活動中最讓人哀愁的一次。

　　當我們團體經過大病房的一個轉角，眼前的床上卻躺著一位十歲大的小朋友，護士長跟我們說，他是院內年紀最小的一位，剛進來時只有五歲，如今已躺在這裡五年了，原來在南投有一個非常美滿的家庭，在四歲時因為臥房窗簾拉繩繞頸缺氧，意外突然的發生，遂造成一生的不幸！護士長還說，他的昏迷指數並非最低，眼睛有時還會動一動，我們每個護士都很喜歡他，也是我們這裡的人氣寶寶，但他的家庭卻像受到詛咒般，悲劇不斷！先是親姐姐在二年後的一場火災中喪生，最愛他的媽媽在921大地震中離開了他們，一個完整的家庭短短幾年內支離破碎。護士長又告訴我們，現在是下午4點，再過2.5小時準6:30分，小朋友的爸爸就會來看自己的兒子，剛開始他會在床邊跟孩子講講話，約7:00左右就會拿出買好的便當，默默低頭面對著牆壁吃晚餐，許多許多次值班的護士都會聽到那床傳來啜泣的聲音，而爸爸在7:30分左右會離開病房，日復一日，年復一年，爸爸從來沒有缺席一天，其他床的家屬都已不多見時，他卻始終如一，無怨無悔，絕不讓自己的兒子孤獨無伴，有一回值班護士勸爸爸說：「陳先生，你真的不需要每天都來，我們會幫你看好孩子！」「謝謝妳們的幫忙，但我的孩子還在長大，他需要我，我也離不開他，我已經失去妻子女兒，我不願再失去我的兒子，我

每天來看他，並不是期待奇蹟會發生，我只是要我的兒子知道，他是我永遠的『愛』，我永遠會在他身邊！」

　　人生許多時候就是不公平，社會角落的悲歌也從來沒斷過，但我們深知有一股無形力量不斷地在照亮這些角落，你、我就是這些光明因子，尤其是保險的夥伴們，我們責無旁貸，事業的使命更驅使我們義不容辭，成為社會穩定、公平、互助的力量！

(30)不一樣就是不一樣！

1.別人的商品錦上添花；我們的商品雪中送炭！

2.別人的服務點到為止；我們的服務日久彌新！

3.別人的銷售銀貨兩訖；我們的銷售關注信任！

4.別人的有形有料有價碼；我們的無形無味卻有無限價值！

5.別人賣視、聽、嗅覺；我們賣「感覺」，一種憾動人心靈深處的知覺與情感！

6.別人賣食、衣、住、行、育、樂的生活層面；我們賣真、善、美的生命價值！

7.別人賣如何致富的當下；我們賣永不退色的未來！

8.別人的商品讓人目眩神迷，聲光耀眼；我們的商品表面冰冰冷冷，卻永遠是溫暖人心的精神支柱！

(31)我靠保險可以退休了！

　　本月中旬在捷運徐匯中學站實作，兩年沒來這裡了，蘆洲真的變化很大，街景繁榮多了，路上車水馬龍，新的商店如雨後春筍般矗立街頭。但那天我與夥伴拜訪了一家不起眼老店，且是一家賣了30年樂器的老店，迎面是一位面帶微笑的老闆娘，知道我們的來意後，居然有別於前面商家的冷漠，很親切的與我們互動，當我們談及保單狀況時，老闆娘喜上眉梢地說：「葛先生，保險我買了一大堆，目前已經有幾張保單滿期了，也開始領錢了。我仔細算過，我49年次，再過兩年56歲我靠保險就可以退休了！葛先生你知道嗎？我們夫妻當初在這裡開樂器行，其實風險很大，開店前幾年生意並不好，每當要繳保費時，真要東拼西

湊，絞盡腦汁咬緊牙關才硬給繳完！說真的，存錢真的不容易，但如今回頭想想，很值得！很值得。所以，我能體會出一個道理，人在年輕一定要強迫自己存到錢，不管當時的環境如何，有小收入就存小錢，有更多收入時就會「習慣」存大錢，因為環境及自己的條件都在改變，只要我們工作能守本份夠努力，帳戶的錢絕對愈來愈飽滿。而不是自己錢多時再考慮存錢，因為錢多時選擇的管道也多了，錢就不一定能存下來！」

「哇！老闆娘我看妳的店絕對能開30年的好幾倍，妳的觀點太精闢了，妳幫我上了一課，今天不虛此行！」「葛先生，你知道嗎？我退休每個月的拿的錢比軍公教的月退俸還多，而且我還有這家店在經營。對了，我有3個孩子，老大老二都已經出社會自己賺錢了，老三還在讀大學，你們現在有什麼樣的商品適合年輕人的？」

「我這有一張DM，可以給妳參考，很適合年輕人的方案，妳看這裡（開始說明商品），………」

(32) 看見我們，看見希望！

張小姐是一家牛仔服飾店的店長。初次拜訪時，剛開始態度很冷，神情中有點落寞寡歡的感覺，見如此狀況，當下我話頭一轉：「張小姐，這裡是不是常有業務員來拜訪？」「沒有，你是第一位，但保險對我已經不需要了！」「我知道！妳一定買了許多，買在我們公司還是在其他保險公司？」「我一張也沒有，我才得乳癌二個月，來不及了！我頭上戴的是假髮，你要我摘下來給你看嗎？」突如其來的回答，真讓我這在賣場中暢行無阻的老將不知所措，急忙回應說：「不！不！張小姐妳誤會了，我沒這個意思。」此刻，相對兩無言了五秒，但我發覺她的雙眼中泛著淡淡的淚光，見如此情境，我居然不知好歹地說：「妳乳癌是幾期的？」她瞄了我一眼說：「一期的，真不知道將來會怎樣！」「絕對不會怎樣！癌症絕非絕症，尤其是前期發現的乳癌，不論五年存活率或十年存活率都很高。統計的資料我們先不提，我自

己的客戶中就有兩位小姐得乳癌。其中一位是中年的家庭主婦，十年前發現，已經三期，但手術後至今都一切安好，她當初最擔憂子女的成長問題，但如今她的孩子都大學畢業了，而她醫院也不用再去了！而另一位小姐跟妳一樣在服飾店工作，在27歲那年就得了第二期的乳癌，到目前18年了，健康的很，最近我太太跟她聚餐，說她胖了不少。所以安啦！我所有的客戶中有得癌症的，但沒有因癌症而怎麼樣的！癌症在過去也許讓人心驚膽寒，但今天的醫療技術已經證明它並非不治之症，而未來透過疫苗或其他技術的突破，我相信它會跟我們得傷風感冒般，只不過是一般的疾病，定能100%治癒！」「葛先生，你的鼓勵比我最近看「向生命挑戰」一類的書還有效，我的心中有塊石頭可先輕輕的放下！」「張小姐，得癌症並非不能買保險，但基於預防醫學及核保相關規定，公司會先觀察幾年後，再針對當時的身體狀況處理，只要妳自己的身體保養得不錯，且心情能保持愉悅，買保險不是緣木求魚，畢竟我們生命中還有其他的風險要透過保險來規避！」「真的謝謝你了！我會笑口常開的。」此時，賣場後面另一位門市小姐突然走出來說：「這位先生，你今天有帶癌症險的資料來嗎？」「今天本來是來談儲蓄的，我明天下午我會再帶癌症險的建議書給妳過目！」「那明天這個時間你兩份資料都帶給我看看！」

　　其實，我們保險業務員的工作使命不僅是幫助許多人及家庭獲得應有的保障及養老規劃；更深一層來看，我們要能讓更多的人在我們身上找到光和熱，生出面對生命困境的的一股力量；看見我們就像看見燈塔般，在黑暗的深處，永遠有一個亮點引爆正面的能量！

(33)一年之計在於「春」，富貴之計在於「存」！

　　大家都知道王永慶先生講過：「你賺得一塊錢不是一塊錢，你存下來的一塊錢才是一塊錢！」簡單的一句話，卻道出了「存錢」的重要性，高齡化社會的未來，是養不起的未來，更是自求

多福的未來，透過提早規劃退休後的生活，已是全民的共識，而「共識就是市場」，也代表保險夥伴們長期可努力的業務方向！

　　年初開春時，接到一位讀者(非保險夥伴)的來電，提到保險業的概況，他說：「葛先生，我認為投保率高了，該買的保險都買了，如今的保險夥伴將如何面對市場的白熱化？」我說：「保險業幾十年來都是競爭的環境，從以前到未來也都不會變，但每個時期都有空間被業務夥伴開發及創造出來。以前投保率不高是事實，但我們卻在與客戶進行「觀念」的拔河，其實也拔的很辛苦！現在觀念通了，保障大家都有了，但社會的型態卻快速的改變中，馬斯洛「需求理論」第二層中的安全需求，不再單純是生活及心靈上的安全滿足，而應包括對『長期未來』的安全需求，而穩定有效地的存錢是良策，銀行的錢穩定但不一定有效(隨時可取)，只有存在保險的錢才穩定有效，這個市場空間不就大很多很多！」

(34)現在就是「早知道」

　　今年初與去大陸廣州工作有二十年的朋友見了一面，平常分隔兩地，除通訊外，我與他也有近十年沒見面了。老友見相份外親切，往事點點滴滴都成為我們敘舊的話題，彼此把「茶」言歡，老友不失豪情本色，口沫橫飛，將在大陸趣事全吐為快，聽他說話可比我上課精彩多了！兩個加起來年齡剛好一百的叔叔伯伯，此時此刻是多了一點生活的體會，也多一份對生命的認知，心頭契合真是快意之事！老友突然問我：「老葛，還是你好，在台灣上上課，日子充實又溫馨。去大陸二十年，雖然實踐了年輕時的夢想，走過大江南北，看過無數山川美景，但一晃年已半百，想來想去還是台灣好！」又說：「你不要誤會，我可不是倦鳥歸巢，我還是像老鷹一樣勇猛，只是有點想回巢的老鷹了。在內地我經歷了一些事；外面世界好人很多，壞人也不少，賺很多也賠很大，事到如今，好似一場遊戲一場夢！到如今還是孤家寡人一個。」「自己一個人也不錯，自由自在海闊天空，你的個性

還是一個人比較好！」「講到這，想起當初到大陸前你幫我規劃的儲蓄險，買的時候真不知道味道，只知道每年繳錢，當日子慢慢回歸平淡的時候，它卻開始展現無可取代的價值，我看過資料，一個月2萬的進帳，領一輩子，這種事聞起來可真芬芳。老葛！還好有這個！」

(35)「天龍八部」之「美好的一仗」！

武俠小說「天龍八部」中的喬峰是金庸筆下的悲劇英雄，其結局是跳崖自盡，以一死救千萬生靈，但卻成就千古俠名。他是一位值得尊敬的真英雄，但我看喬峰的偉大，不僅在大義的氣節上，更呈現在兒女私情的終身承諾上，為了承諾阿朱死前的託付，以負責到底的態度照顧了阿朱的妹子(阿紫)，無怨無悔至死方休，真性情讓人動容。我想喬峰在武林中身經百戰，攻無不克戰無不勝，站穩他在江湖中至高無上的地位，這僅是外在力量的展現，而心智的堅定與高貴的責任感所流露出的情感，又多麼扣人心弦！又多麼令人感念傷懷！喬峰為自己人生打了一場美好的戰爭。

「美好」並非是最好，它是一種自我感受，感受過程中自己辛苦的付出，終於獲得耕耘後的甜美果實，一種沒有浪費光陰或虛擲歲月的怠惰，也沒有不求甚解得過且過的學習態度。

「美好」代表一種對自己負責的積極態度，要知道「態度」能改變一切，威廉・詹姆士說：「這個世界最偉大的發明，就是人類能夠藉由改變他們的心態而改變他們的人生。」真的，態度能化腐朽為神奇，它能讓我們完成不可能的任務，把跳動變穩定，讓我們心平氣和的接受人生一次又一次的挑戰，所以「美好的一仗」不是贏得結果，而是贏得過程；不是一種緊張心虛的面對挑戰，而是信心十足的迎接挑戰。而結局一點也不重要，就像喬峰的死不是重點，喬峰的武藝能砍死多少敵人也不是我們要在乎的，精神在於行俠仗義重然諾的英雄本色。所以我們業務員一定要有堅持到底的精神，展現應有的堅持與效率，做最好的自

己，好讓職涯留下一段「美好」的回憶。

（36）「逆境」是他們的機會

1. 孫武「登高去梯」，成就千古兵書！
2. 項羽「破釜沈舟」，成蓋世英雄！
3. 韓信「背水一戰」，退無死所，成一代霸業！
4. 關羽「單刀赴會」，一夫當關萬夫莫敵！
5. 岳飛「直搗黃龍」，憾山易，憾岳家軍難！

　　五位英雄人物誓死如歸的作戰精神，往往是當我放慢腳步後瞬間加速的指標。夥伴們，中外歷史中成功的人物不少，我發現他們只會向前看，把握每一次前進的機會，沒有退路，置於死地而後生的力量就會出現！

（37）退休後的養老金的多寡，會是身心健康的重要指標！

　　許多夥伴會問我：「葛老師！在你的PO文當中，你很強調「養老」的重要性，難道年紀大時，多一點錢跟少一點錢，對生活真有天差地別嗎？何況錢並不一定能買到一切？」我說：「沒錯，錢真的無法滿足一切，無論是精神還是物質上的需求！但人生漫漫，過程中的酸甜苦辣，真是如人飲水，冷暖自知；每個人及每個家庭都有許多的故事，烙印在人生的每一個階段，我們因歡聚而喜樂，也因別離而心悲，人的親情、愛情、友情總是交織於生命的樂章中！但世間事十有八、九不如人意，當我們處於青、壯的階段，總總的不順遂會是我們成長的動力，也當做人生的挑戰與焠煉，甘之如飴也欣然接受，因為我們的體能及抗壓力都在高峰，兵來將擋水來土掩，沒有在怕的！情緒就算失控，第二天依舊是好漢一條。但當我們來到養老的黃金歲月，體能在下降，心理素質不高了，感情變得脆弱，但周遭人、事、物的糾結卻沒少過，擔的心也不會比欣慰的事少，情緒的起伏永遠在不為人知的心靈深處激盪著，但當下的我們已無手腕可以處理及掌控周遭的一切，但『心情的好壞』卻是這個階段我們身心健康的重要影響因子。」

我見過一些長者，在退休後的日子並不是很稱心，心頭的事好像很多卻又苦訴無門，但能讓他們心安的是，身邊自己有一些錢，日子較無後顧之憂，其中一位對我說：「認真過也是過，糊塗過也是過，人生要難得糊塗，反正我又不靠他們，操心、煩心不若有個好心情！」真的，退休後「心情」的保養很重要，但我相信錢愈多保養的會愈好！

(38) 業務！
儘管外面有風有雨，我們依舊風雨無阻。
儘管外面酷熱難擋，我們依舊揮汗前進。
儘管他們拒人千里，我們依舊邁開步伐。
儘管他們不理不睬，我們依舊發揮鬥志。
儘管有人不抱厚望，我們依舊堅定信念。
儘管有人中途退場，我們依舊堅持到底。

(39) 多一點點！
因為人的成就高低，其實和本身的才能高低有時真的沒什麼關係，差異在於「一點點」。一點點堅持，一點點勇氣，一點點嘗試，一點點好習慣，一點點貴人運，一點點好人緣，一點點的願意吃虧，而這一些一點點造成了人與人之間的不同，有人說：「機會像小偷，它偷偷的來，偷偷的走，我們絲毫沒有發覺，但它讓我們損失慘重，如果我們的人生大部份很定型，那你要做的就是，看清楚機會，然後把握它。」
現在願意多一點點人，未來得到的絕對多很多！

(40) 猴年看「齊天大聖」之業務精神
1. 行者是團隊的靈魂人物，飛天下海，西遊記少了他，失色黯淡。
2. 行者能解決難題，替三藏、師弟們排憂解難，他是團隊中的救命仙丹。
3. 行者樂觀無懼，上鬧天庭，下打地府，一夫當關。

4. 行者多謀善法，72變招招出神入化。

5. 行者善用資源，觀世音菩薩、天庭四大天王、太上老君、土地、山神皆能借其力。

6. 行者善用武器，一棒在手，千變萬化，棒棒虎虎生風。

　　綜合而言，行者敢衝能衝，不安現狀，能解決團隊問題，技法超群，無人能敵。

（41）從8度到28度

　　某日下午2點在民生東路西華飯店後巷、弄實作，可能是外頭天冷，馬路上冷清許多，經過一家珠寶行，往裡一看，老闆娘在店內，遂攜夥伴進門拜訪。說明來意後，老闆娘倒是很親切，說自己的店開了30多年，頭一回有業務員來拜訪。

　　也可能是碰到我們很新鮮，她的話比我們還多好幾倍，從對社會現象的觀點到購買保單的過程點點滴滴侃侃而談，談到高興處，還端了兩杯熱茶給我們，當下是一股暖流上心頭，彼此之間是相談甚歡，對我們介紹的商品也頗能認同，算是不錯的準客戶。

　　外頭很冷，但商家有溫情，她們也會雪中送炭，幫我們加油打氣。

（42）寒風凜冽，店內有溫情！

　　「葛先生，外面寒流來，你們也要出來跑啊！」

　　「要啊！就當活動筋骨也不錯。」

　　「那你們不一樣，我在這店服務兩年了，平均每星期總有一、兩位業務員來拜訪，但通常是天氣不錯時他們來的頻率高，像今天這種天氣，消費者來我店的都不多，業務員更不多見。這樣，外頭冷，喝杯熱水吧！」

　　「謝謝了！我們規定在賣場不能用水或坐下，進來拜訪已經影響工作了，真不好意思！」

　　「就一杯水而已，沒什麼大不了！」

　　「要不，方便的話，留下我一張DM，是不錯的存錢又還本的

方案，下回有機會再來，我帶兩杯熱茶來，彼此聊一聊！」

「哈哈！葛先生，你三句不離本行，不用等下回，你現在就說吧！反正我客人也不多。等我一下，我幫你弄杯茶，這樣你說話會更清楚些。」

以上這位是十多年前在信義路四段近安和路口拜訪的服飾店老闆娘，人很熱情，在第二次見面時就簽約了。所以，外頭天氣不好，絕對是業務員的最佳拜訪時機。

(43)「長期照顧」非老年人的專利

年前的一個晚上，當我們正興高采烈準備迎接新的一年到來，突然老友大姊一通電話，像是雷擊閃電般讓人心神不寧，驚訝不已！

電話中提及老友因腦幹阻塞，已「中風」住在醫院，目前雖已離開加護病房，搬至一般病房，人有意識，但口語及行動都有問題，需要長期的復健。

老友與我有20年的交情，當初也是因購買保單而結識，又因相知投緣，互動頻緊，不定時總會約會聊聊。然而現今一切丕變，著實讓人覺得世事無常，無法預料，感嘆之餘，真心期待好友早日康復。

身體保養很重要，但保養再加上保險才能保全。深刻體會保險是買在健康的時候，用在不健康的時候。

(44)一股「氣」！

掃街跑店最要克服的就是心中的障礙，面對商家大門，心有所想，但愈想愈苦，愈苦愈跨不出那一步。此時開始徘徊踱步也裹足不前，額頭上的汗水一滴一滴地流下來，然而心中的大石頭，壓著自己喘不過氣來。

其實DS會緊張、焦慮、不安都是正常的狀態，但一股不服輸的「氣」，卻是我們提振再上的力量，所以許多夥伴問我：「你的力量來源是甚麼？」我說：「一股『氣』！那『氣』是一腔熱

血，是一股熱情，是一種執著，是一廂情願，是別人行我就更行的霸氣，當霸氣出現，氣勢已成，緊張、焦慮、不安都是小兒科的毛病，不值一提也不堪一擊，開大門走大路，走出自己的康莊大道」

　　夥伴們：站在最痛苦的地方，痛快卻只有一步之遙！推一推門，裡頭其實很舒服的！

(45)業務員的服務品質就是口碑，也代表公司的商譽。

　　某日下午在捷運古亭站實作，拜訪一家服飾店的老闆娘，一見我的名片，有點不耐煩的說：「保險我不會再買了，我全家跟某一個業務員買了四張保單，但三年前買的最後一張保單內容，後來我發覺「年期」跟當初說的不太一樣。我打電話去三次，業務員都沒來，實在沒意思！」因有這段回話，已不能營造氣氛，閒聊二、三分鐘就離開了。

　　其實，保險的服務不完全是在成交後開始，在我們承攬契約的過程中就開始服務了，而業務訴求的正確性與真實性最為重要不過，有關額度、年期、金額應是一字不差，一字不錯，才算是服務到位。就算對方有誤解，也應在第一時間處理及說明，善盡業務員的本職，找出解決之道。

(46)犒賞自己

　　每當我下午進行三個小時的拜訪，除了設定好拜訪的目標家數外，一定要養足精神心無旁鶩地整裝出發，到了拜訪的商圈，清清腦海中的頭緒，深深吸一口氣，開始千里單騎過五關斬六將。但過程中能幫我一路披荊斬棘放開腳步，衝殺到最後一家店的原因，除了淡定的心理建設外，心中小小的「慾望滿足」可有不錯的效果。

　　人有七情六慾，如果無約束的放縱自己將會是人生的大災難，但如能管理慾望，運用在不同的時機與地點，我們就能真正享受慾望帶給我們生命中的助益，也會是我們面對困難挑戰時的有效藥方。如同「嗎啡」一般，吸嗎啡是嚴重毒害，但醫藥中的

嗎啡卻能減輕人病痛的苦楚。

滿足小小的慾望就像等待一場約會般，是讓人興奮的，會使人產生持續的量能，所以我總會在每次的拜訪後給自己小小的犒賞，也許是一罐可樂、一根煙、一份讓人流口水的鹽酥雞或是香氣十足的拿鐵咖啡；如果今天掃街有Case成交，期盼已久的武俠及歷史小說終於會成為我書櫃的一部份。

但拜訪絕對是先苦後甘，流下汗水後，我們才能歡喜收割，享受辛苦過後的滿足感！

(47)什麼是DS的訓練？

面對「市場」就是DS最好的訓練。上週有夥伴傳訊給我說：「老師，我快跑不下去了，每次出去拜訪，總是斷羽而歸，沒有成績就罷了，連成就感都找不到，對方不是怒目相待，就是不屑一顧，摸頭、洗臉、打槍、吐嘈，尊嚴早就打倒在地，這樣掃街意義何在？」

「如果妳有這樣的感受與無耐是最正常不過。老實講，許多DS的夥伴都會有如此的市場經驗，但卻在這當口，開始分道揚鑣；有些夥伴開始退場，但有些夥伴卻當訓練，修正再修正，精進再精進，吃苦當吃補，灰頭土臉卻鬥志不減，在最覺不堪及全身難受的時候，市場的回饋卻適時出現，而成交的經驗卻快速強化成功經驗值，市場開始由負轉正，終能匹極泰來，漸入佳境！」

所以，市場是除教室外最佳的訓練場所，

因為它無情無義；

因為它現實冷酷；

因為它不假慈色；

因為它沒血沒淚；

因為它不留情面；

但它卻是我們業務員最佳的老師，因為它能讓我們脫胎換骨，讓你不再是以前你，而是迎接不斷強大的你。

(48)DS只有D活的，沒有D死的。因為：

DS能讓我們的行程活化，沒有空檔；

DS能讓我們的名單活化，量大人瀟灑；

DS能讓我們的膽識活化，心理素質超標；

DS能讓業務邊際效益活化，進可攻，退可守；

DS能讓事業的期望值活化，相信明天會更好；

DS能讓單位組織活化，革命情感，水乳交融；

DS能讓業務體質活化，成為打不死的蟑螂。

真的，體會活化的好處，DS絕不會D死自己。

(49)上帝遠在天邊，保險卻近在眼前！

　　最近接觸一位神職人員，他說他把過去買的保險都退了，相信只要堅信神的力量，生命中一切的際遇，上帝都會眷顧，也會榮耀他的家庭。

　　我想，信仰是重要的，但應屬心靈的智慧，也是人精神的寄託，此種信念能讓我們面對人生挑戰與困頓，走過高山低谷，迎向未來！

　　但生命與生活不同，生活面對的是周遭的人、事、物，有現實面的狀況；順遂時，生命有光彩，生活有步調。但在逆境中，生命因有信仰可艱忍不移，但回歸朝夕的生活面卻可能力有未逮。所以，能在精神需求與物質需求中取得平衡是重要的。

(50)退佣就是「退有用之人」

　　退佣是業務過程中常會碰到的狀況，只要此話題一開就帶點傷感，但無論如何此關卡千萬要守住，我們決不退佣，若此例一開，以後轉介紹都比照辦理，我們會得不償失！

　　我們可回應說：「其實，在保單簽約繳費後就退佣了，有一個『佣金帳戶』由我保管，凡爾後長期保單的服務成本，皆由此帳戶支出，舉凡保單變更、出險、保單整理、保險專業的咨詢、稅務的協助、不幸狀況的現場處理、住院的安排…等成本一概免費，就算可能不夠，都不用再加碼入戶，萬一有剩，就當我走路

工的報酬了。」相信客戶聽完，定會體會與體諒。

「佣」為有用之人，退掉有用之人，我們還有什麼價值，業務工作還存什麼意義?!

(51)做保險業務其實很「爽」

1.別行所得可是固定，我們彈性有加，超乎想像！
2.別行上班時間固定，我們彈性有加，加減班自如！
3.別行上班難得出差，我們彈性有加，全台跑透透！
4.別行上班無法翹班，我們彈性有加，賺錢兼喝下午茶！
5.別行上班時間難調，我們彈性有加，隨時背包自由行！
6.別行上班福利不多，我們彈性有加，年年獎勵出國！
7.別行上班無法抽空，我們彈性有加，要辦什麼辦什麼！
8.別行上班是個單體，我們彈性可加，形成團隊共同打拼！
9.別行上班責任制，我們彈性有加，是自我加薪制，花時間就有回饋！

(52)保險很樂

別人不理不睬，我們自得其樂；
別人摸頭洗臉，我們苦中作樂；
別人肯定接受，我們快快樂樂；
別人態度傲慢，我們當作享樂；
別人爽約失踪，我們好比娛樂；
別人禮遇尊重，我們心頭安樂；
別人白眼臭臉，我們不改其樂；
別人負言負語，我們即時行樂；
別人冷漠以對，我們助人為樂；

保險業務有喜、有怒、有哀、有樂，但最終樂此不疲、樂不可支！

(53)保險很美

一年時時準備、

三年天天業務、
五年週週增員、
七年一定成處、
十年代代相連、
十五生生不息、
二十歲歲傳承、
生活五彩繽紛、
生命精采絕倫

(54) 說好話

　　許多夥伴會問我：「老師，為什麼在賣場中的讚美之詞要誇張一點，難道不能自然一點嗎？」「其實，依我的個性，我也希望適宜自然一點；但面對陌生人，我們全然不知對方的人格特質，又希望能在短時間內能營造氣氛，強化對方對我們的印象，所以在『說好話』的運用上，會以膚面表象的方式處理，期能博得大多數商家對我們的好感，如能在對話中加點「蔥花」，效果會更理想一點。」

　　去年全家到花蓮一遊，住在濱海的民宿，民宿主人很親切，虛寒問暖，招待熱情，全家人都感窩心。但晚間洗澡，淋浴的門玻璃順手一拉，瞬間轟一聲玻璃碎片稀哩嘩啦從身旁滑落，不到三秒鐘手上身上有多處出血，當下著實不安，馬上叫老婆通知民宿主人，主人一到現場也嚇了一跳，頻頻道歉賠不是，主人的家人們全部出動，清傷口的清傷口，消毒擦藥毫不馬虎，在綁砂布時，民宿主人講了一句話：「葛先生，你不簡單，如此的意外，我看你很淡定，不慌不張，顯然你見過不少世面，要是別人早就臉色發白，狂叫不已！」聽完這句話，心想算了吧！皮膚傷過幾天就好了。後面也就不提賠償了。

　　這個例子，只說明民宿主人給我們的第一印象是好的，再加上事件發生後的危處理時的溢美之詞，有對到心坎，當然大事會化小，小事變沒事。

　　所以，我們在初訪的讚美是全面的，包括人、事、物的表象處理，但複訪作業的讚美可是個別的、專屬的、內心的細膩運作，如此必然有意想不到的效果！

(55)為「陌生」乾杯！

　　其實掃街時，有些商家就是因為我們是陌生人而跟我們買了一張保單。原因無它，只因為對方不想讓自己的資產狀況讓熟人明暸，擔心不勝其擾。

　　我自己有一位DS的客戶，怕親朋好友三不五時伸手借錢，就把多餘的錢透過不同來店拜訪的業務員購買儲蓄或年金商品，幾年下來財產都分散在五、六家保險公司，他說這樣錢安全，不擔心節外生枝。果真一樣米養百樣人，陌生的業務身份也有意想不到的好處！

(56)如此這般，如何是好！？

　　在賣場中拜訪，多多少少會碰到一些想像不到的尷尬事。土城捷運永寧站出口附近(拜訪當時還沒捷運)，多年前有一家情趣商店，外招很顯眼，與一般的情趣店不同，瞧了瞧，當下我就進門拜訪了。接觸後了解，門市黃小姐只有21歲，是一位單親媽媽；　聊了一會兒，聽見後頭房間有小朋友的哭聲，黃小姐跟我說，這家店後頭有一間小房，老闆允諾她可以帶孩子來上班，但要招呼好客人！而黃小姐想幫小朋友買一張保單，遂請我到小房中去談，也方便照顧小孩。

　　進到後頭，果見小房中，小孩正坐在嬰兒車中，見了媽媽進來就不哭了！我遂拿出包中示範的建議書說明，黃小姐很仔細聽，特別會提及保費及繳法的狀況；心想，算是不錯的準客戶。就在我口沫橫飛之際，前面大門有鈴響(許多情趣商店進門都會有鈴聲，表示有客人進門，算是此種店的特定之一！)黃小姐對我說：「葛先生你在這裡等我，我出去招呼一下客人！」於是我坐在小房中，看著已經睡著的小朋友，只覺今天運氣不錯，有可能現場成交！

　　而此時外頭賣場卻嘻嘻嚷嚷，好像不只一人，只聽其中一位女士說：「林課長，我們現在來保証不會碰見熟人，下午這種店沒客人，不要不好意思！只管挑妳喜歡的款式，我是這家店的老主顧了！黃小姐，妳們現在有新進的貨嗎？「張小姐，這裏有一支新的，月初才來，最大的特色是可以四段變速，我自己也有一支，好好用，包妳滿意！妳看，只要後蓋打開換上電池，這裏是開關及變速鈕，操作上對女孩子很方便，日本進口貨，兩千多元一支並不貴，而且還有一年保固，目前買兩支有特價，妳們每人都可以買一支用用！此時外頭突然沒了人聲，只聽見「商品」操作之聲，聲聲灌進我耳，兩、三分鐘後，突然賣場中出現一個新的聲音：「小姐我們買三支怎麼算？」「我看一下價表，會算最便宜的價格給妳們！」

　　十分鐘後，黃小姐帶著愉悅的神情回到小房，笑著對我說：「葛先生，那支真的不錯用，你應該結婚了，可以買一支送給妳太太，我算更便宜價格給你！」「不好意思！我太太應該暫時還不需要，謝謝了！」「這樣喔！沒關係！我們剛談到那裏？」「有關小朋友醫療的部份。」「那我們繼續。」

　　我並沒有現場成交這筆Case，是與黃小姐見了三次面才成交的。但那次拜訪的際遇，也算是DS的新鮮事了！

(57)美麗的街景是「她們」

　　下午一點多在捷運南京松江站等夥伴實作，見到一位眼盲的小姐在等朋友，她看起來弱不禁風，佇立在出口的人行道上，手上握著手機靜靜低頭站著，聞風不動，遠看頗像是一尊雕像。不久，站口出現兩位一樣眼盲的小姐，路口又有兩位迎面而來，五位小姐見到面好不高興，大家抱來抱去，七嘴八舌，妳一言我一句，好像說要一塊去喝咖啡。突然間，其中一位站在最前頭，而後面四位依序双手塔在前一位的雙肩上，一位接一位，很快地就向前邁進了，雖然她們離我愈來愈遠，但我依稀能聽到她們交談的笑聲，好不快樂，好一幅城市街景。

她們眼不見繽紛世界，已是人生憾事，但卻能尋求更有價值的朋友情誼，分享快樂且樂在其中，真所謂眼盲心不盲，情感的相知相惜勝過千山萬水；恬靜平淡中享受人生真味道。

(58)那隻兔子

講到寵物，有一回在永康商圈拜訪，剛進商家大門就看見一隻大兔子，趴在地上睡覺；牠的耳朵大概有三十公分長，真不知道是哪一個國家的種？店內是一位年輕的門市小姐，說明來意後，見小姐略有不適，話也不多，此時我話鋒一轉，馬上提及門口那隻就說：「張小姐，門口那隻兔子好大好漂亮，毛色也美，尤其兩個大耳朵白裡透紅，真是美呆了，不知道這是那一國的兔子？」張小姐一聽我提到那隻兔子，馬上就回應說：「討厭死了！這隻兔子是老闆娘養的，她出國玩就把牠丟給我養，牠的吃、喝、拉、撒都要我處理。我來這裡是要工作賺錢的耶！那隻死兔子一天到晚擋在大門口邊睡覺，有些年輕的女孩子都不敢進來看衣服，還好這廝只剩兩天好過，回家後就沒冷氣吹了，不過回去前真想踹她一腳！」

當下聽完，我也只能見風轉舵因應：「張小姐，我一進門就覺得這知死兔子礙眼，兔子能吃這麼肥，我還是頭一遭見過，簡直兔子不像兔子，唯一的好處就是做了『三杯兔』下酒還不錯！」「葛先生，牠是我們老闆娘的寶貝，吃了牠我這裡也不用來了！」「開玩笑的！那你自己有養過寵物嗎？」「現在沒有，以前養過熱帶魚，因為寒流來，一不注意全都死了！」「很可惜，動物跟人一樣都是有生命體，一個風吹草動，就可能影響自己的生命安全，只是動物命微，不值一提！但人命關天，可要小心應付，所以只要我們能透過適當的風險管理就能讓生命更有價值！」「葛先生！你真是三句不離本行！」「那張小姐妳的保單買在我們公司嗎？」

(59)有一種事業叫「保險」！

Cost不高；

CP值很大；
IQ會加分；
EQ變很好；
Serive一馬當先；
Help義不容辭；
Action勇往直前；
CEO會在眼前！。

(60)耳畔嗡嗡，行腳再起！
佛且燒一炷清香，人活爭一口志氣！
千錘百鍊出深山，烈火焚燒莫等閒！
關關難過關關過，寸步難行還要行！
要在人前顯尊貴，必在人後能受罪！
乘長風破萬里浪，千山萬水我獨行！
行到窮巷惡弄處，坐看清風白雲來！
環境沒有不景氣，只有自己不爭氣！
汗流浹背是常態，冷房拜訪是享受！
吃苦當作是吃補，流汗總比流淚好！
服輸認輸鐵定輸，要贏想贏一定贏！
掃街好比逍遙遊，踏破鐵鞋開口笑！
一夫闖關破門入，看見門市喜相逢！
相逢何必曾相識，初來乍到結緣人！
掃街跑店雖辛苦，街頭巷尾顯溫情！
此地此店不留爺，自有賣場留爺處！

(61)只有「保險」會拉我們一把！
　　店訪時遇到許多輕人跟我說：「葛先生，你將保險講得太遙遠了，什麼八、九十歲後的照顧或是養老金，我根本不想活到那時候，你想想看，人老態龍鐘，被人嫌，不如早早歸去來得瀟灑！」
　　「其實早30年前，我的想法與妳一樣，人到老沒味了，還要

眷念什麼呢？但歲月卻不斷改變我的想法，結了婚組織家庭就不再是自然人，生命中有了另一伴的身影，希望能為她健健康康，攜手到老。後來新生命來到，更要懂得保護自己，所有刺激暴衝的活動，總會三思而行；而家中長輩的雙腿不硬朗了，更需要我們有力的扶持。」

生命歷程中，我們蘊藏了太多家人的情感，生命不能再專斷獨行，我們沒有權利喊卡，因為大家是生命共同體，在人生的道路上攜手共建未來。但人會老，能讓自己無後顧，也讓家庭持續運轉的，除了保養自己身體外，就只有保險能幫助自己也幫助家人；畢竟，人老身體愈不好，但身體已經內流著親情的血液，肌肉中有著親人的養份，生命可貴，但在走下坡，只有「保險」能拉我們一把。

(62)心境的轉機定會創造無窮的生機

自己累計一算20年來拜訪的商家超過50,000家店（含市場實作的12,000家店），許多上課的夥伴都認為不可思議，我則回應說：「沒有想像中困難，其實主要自我鞭策的是前500家店，因為那是摸索的階段，如小孩學走路般，會跌跌撞撞，但一旦能上路，就能完全自主了，往後的拜訪就像下午出來兜風般，雖非完全輕鬆，但一切瞭如指掌。」掃街初期有辛苦的一面，尤其前三個月，就算被市場打得頭破血流，呼天喊地都要咬牙撐下去，因為這段期間是心理強度的考驗，當考驗一通過，路就走出來了，而其後「習慣」亦伴之而來，未來上萬家店的拜訪就水到渠成（約3,000家即可），而1～3年的基本功訓練亦已完成，而後就只需「緣故化作業」即可。

(63)不只要準備，而且要提早準備！

市場實作時，有一位鞋店的門市小姐對我們說：「葛先生，過去許多保險業務來拜訪，他們要跟我講存錢，我都不太理。但這兩天我心神不寧，憂心忡忡，報上說我們的四大基金最遲到2028（民國117年）全要破產，其他的我不管，但勞保退休金也會

破產，那我退休之後怎麼辦？難道要我喝西北風，我可是孤家寡人一個，沒人會養我，如果政府養不起我，我會變女流浪漢，遊走街頭，想到就有點怕怕！」

「其實妳的憂心也是我的憂心，我今年53歲，2028剛好是我退休的年紀，我也是用勞保，如果拿不到月退，也是很大的損失，但我還好的一點是，過去幾年存了一些錢在保險公司，有些都快滿期了，想想心就寬一些。最近有聽中央銀行說，今年我們的銀行利率會因經濟的因素會再下降0.5～1碼，果真朝「零」邁進中，而且美國升息的動作可能會暫緩。如果以上兩項政策都成為事實，那我手中的儲蓄險就真值得妳參考一下！」

(64)電腦無法取代的事業～業務員

前兩天看朋友FB上的一則訊息，說電腦已經能幫人洗頭了，PO文中還附了一張照片，有圖為証，果是科技驚人。

還好業務員尚無法為機器人取代，尤其是保險業務員，我們面對的是「人」的工作，情感的交流是重點，博得信任靠理性與感性的交互融和，就算是服務的機動性，我們跑得也比機器人快多了。也就是說，保險業務員人味十足，因為我們就賣「人情味」，這萬萬機器取代不了。

(65)業務的「七勤」「六遇」！

「七勤」
(1)一「勤」天下無難事
(2)「勤」能補拙
(3)天道酬「勤」
(4)業精於「勤」
(5)「勤」學苦思
(6)大獻殷「勤」
　(7)見人就是腳「勤」

「六遇」

(1)掃街拜訪，打拼在外，常常要「外遇」；
(2)碰到同業，見面相識，不時有「巧遇」；
(3)破門而入，相談甚歡，高興碰「禮遇」；
(4)拒人千里，愛理不理，我們當「奇遇」；
(5)碰見貴人，終能成交，感恩有「知遇」；
(6)完成目標，順利升級，享受好「待遇」。

　　相知相惜因相遇，有勤人終會眷顧！

(65)人愈老，錢愈大！

　　通常我在上完課後，總會先早一家餐廳安慰一下五臟廟，而自助餐廳是我最常用餐的所在，但同樣的五個菜，三、四年前100元還有找，而現在120元可能不夠，果真錢愈變愈小。

　　但每次用餐總會發覺有一、兩位老人家在用餐，但菜少的可憐，而且還看不到肉，整盤湯湯水水，可能連40元都有找，倒是免費的湯，一碗接一碗，喝得津津有味。我總是想，他們真的這麼窮嗎？退休後的生活不是應該多善待自己一點嗎？難道一般的自助餐吃好一點不行嗎？

　　當然這背後有許多個人或家庭的因素，無法憑我亂揣測。但我直覺地認為，有部份原因是他們在退休後金錢無法完全自主；也就是說，每日、每月的生活都必須精打細算，生活開銷沒問題，但生活品質卻無法兼顧，加上已無賺錢的能力，對每一分錢都很看重，能省則省，當花卻並不一定花，加上高齡化的趨勢，錢在這個階段可是有10元就當100元在用，表面上錢是在不斷變小貶值，但對他們來說，心中「錢」價值卻很高，因為進來的鈔票少又慢，但流出去的卻一去不復返！李白說：「人生得意須盡歡，莫使金樽空對月，千金散盡還復來！」果是浪漫詩人，豪邁讓人激賞。但人生少、青、中、壯、老每個階段都有，也都有日子要過，如能少多學、青夠拚、中再升、壯能守，相信老來一定能浪漫過日子，因為千金散盡還復來！

(66)我們就只是賣保險嗎？

一張保單一世情，保單牽起共知相惜的友情；
一張保單一份愛，保單傳達親人關懷的真愛；
一張保單一顆心，保單串起患難與共的愛心；
一張保單很給力，保單發揮互助合作的大力；
一張保單一個數，保單是雪中送碳的新台幣；
一張保單一契約，保單是以小搏大的爽快約；
一張保單一帳戶，保單隨時隨地能解急救難；
一張保單一座山，保單積財又可靠穩健如山；
一張保單一個夢，保單開創未來的人生美夢。

　　我們不賣保單；我們談情說愛、真心給力，透過約定彼此履踐，實踐夢想，在生命中築起一座寶山！

(67)什麼叫「服務業」？

客戶通知，我們隨傳隨到；
客戶傳訊，我們馬上處理；
客戶需要，我們滿足所需；
客戶不解，我們提供專業；
客戶不滿，我們虛心改進；
客戶不買，我們設身體諒；
客戶有事，我們排憂解難；
客戶心困，我們噓寒問暖；
客戶權益，我們詳實說明；
客戶理賠，我們據理力爭；
客戶保單，我們善勿曲解；
客戶有喜，我們送上祝福；
客戶愁臉，我們雪中送炭。

　　保險業務員不簡單，客戶真心以對，我們真情相待，因為客戶的事就是我們的事！

(68)險種

有一種保險叫終身，就是終其一身有保障；

有一種保險叫定期，就是期間安定沒煩惱；

有一種保險叫醫療，就是身體維修品質高；

有一種保險叫養老，就是老來有靠精神好；

有一種保險叫長照，就是自己不便他人顧；

有一種保險叫防癌，就是防範癌症能安養；

有一種保險叫重疾（重大疾病），就是嚴重身狀先給付；

有一種保險叫意外，就是突然天災人禍不用怕，

有一種保險叫年金，就是年年有金領到老。

(69) 高手

高手代表技藝超羣，雙拳打遍天下，所向皆捷！然而在業務單位要成為高手卻非一天兩天的速成，而是需要時間的淬煉，不斷內化自我，在與人性的對抗中，展顯不屈不撓的精神。

記得大學時代，認識一位別系的舍友，因為都是讀夜間部，我白天在飯店當行李員，而他白天在幫出版社賣百科全書，每次見到他，總是手上一本小冊子，口中振振有詞，他說老闆交代要能將百科全書的每一冊書名能全背下來，還要背完公司所提供每一冊內容的摘要。如此就算客戶詢及某一主題或是自己找話題溝通都很容易。果然我這位舍友，背到滾瓜爛熟，脫口而出，百科全書賣得嚇嚇叫，居然每月獎金就有五萬多元，羨煞我等。有一回冬夜細雨的晚上，上完課回到宿舍，碰到他正在穿雨衣，拎了一大袋書準備要出門，他說客戶在宜蘭等他買書，希望他能現在就過去。於是他老兄騎着野狼125狂奔宜蘭，直到第二天早上才回到淡水，果然業務精神令人欽佩。

我這位舍友如今已是一間出版社的老闆，夫妻一起經營童書的出版，有聲有色，是我敬佩的業務高手。

(70) 保險不只能養老，還能白頭偕老！

進入保險業屈指一算，今年已經進入第24年，算不上保險業的老兵，但也將自己最黃金的人生歲月投身其中。結婚前自己規劃的保單大都已經到期，婚後太座幫自己及家人規劃的養老險也

陸續將滿期，不論是滿期金或還本金都有不錯的報酬，內心真的慶幸有一位賢內助能幫自己打理保單，省吃儉用幫自己存了一些錢，更要感謝老婆大人沒將薪水拿去亂投資，雖沒金山銀山，但有座小山成為未來生活的倚靠！

年後有一天與太座吃小火鍋，席間聊到如果小孩大學畢業後要繼續深造，可透過保單的還本金支應，此時太座一本正經的對我說：「葛先生，那有甚麼問題，你說了算！只不過每張保單都要經過我同意，而且錢都會匯進我的帳戶，而不是你的帳戶」

我笑著對她說：「妳的帳戶跟我的帳戶還不都一樣？」她也笑著對我說：「這不一樣，錢進我的帳戶，我愛怎麼用就怎麼用。兩個孩子將來對我好，我就多給一點；對我不好，我就少給一點，而你呢？如果在外面搞七捻三，差槍走火，有甚麼丟人現臉的事情發生，你自己處裡，保單一毛錢都拿不到！」「不對呀！保費都是我每個月薪水中扣的，怎麼我不能用！」「葛先生，忘記告訴你，我們自從結婚後所買的保險，你只是被保險人，而要保人都是我，連『身故受益人』『滿期受益人』及『生存還本受益人』不是我就是我父、母或是孩子的名字，而且結婚前的單子我也都變更了要保人及受益人！」「更不對了！保費可是我薪水扣的？」「沒錯！保費是你薪水中扣的。但是葛先生，跟你結婚後，我也得考慮我的下半輩子的生活，靠你對我一輩子承諾的『愛』，太沒安全感了！我左思右想，一定要在當初結婚你還愛我的時候，就要幫自己開始張羅贍養費；要知道，男人之後如果愛情變調，在外頭有了小三，打離婚官司時，鐵定一毛贍養費都拿不出來，因為錢都花在小三身上了。所以，透過保單適當的處理，你已經付了20年的贍養費。不過你的表現還不錯，要繼續保持下去！」「老婆！我沒找小三，但妳也應該留一座小山給我吧！」「我就是你的小山，已經幫你留了20年。我算過，再過幾年我就是一座大山了，而且是你一輩子的靠山，耶！」

火鍋下的火很大，我內心的火更大！

(71)業務的耶誕老公公

夫子有教無類，因才施教，是我們的至聖先師，兩千五百年來，不知教化多少莘莘學子，孔子學說對我們的家庭、社會、國家都有著極深極遠的影響！

所以夫子是偉大的教育家，也是一流思想家，但更令我欽佩的是，夫子是一位說到做到的實踐家。夫子周遊列國，我們業務一步一腳印，夫子一國一腳印，為了能實踐儒家思想，一展人生抱負，在最不得志，最窮困潦倒的人生階段，領著一群弟子兵，馬不停蹄地奔走在大國小國中間，一心一意為理想付出心力。但分裂的中土是現實的，人君只顧名利兼得，國國交相攻，輔臣縱橫捭闔以壯大自我，仁道已在腦後，和平遙遙無期，戰國時代開啟，百姓了無寧日！

但我認為，夫子卻是我們保險夥伴的先知先覺，論語為政篇--子貢問君子，子曰：「先行其言，而後從之。」已經清楚道出，要別人追隨我們，我們要能實踐我們說的話。的確，夫子在列國周遊，沒錢沒權，卻有這麼多的弟子追隨聽道，常相左右，思想正引導信仰，帶出無窮組織的能量，夫子72位大弟子，孔門3,000學生。

我常開玩笑說，如果夫子活在現代，如果也是一位業務員，他早是72個通訊處的大Leader，3,000位業務夥伴的CEO。

(72)緣！

某日在桃園及台北兩地的實作，都遇到早先數月前拜訪過的門市小姐。桃園是同店同一位小姐，而台北卻是不同店不同地方的同一位小姐。重要的是，對方都很快就認得出自己，且態度上都很和善親切，不會因再次的造訪而覺得尷尬或不悅，彼此相談甚歡，尤其桃園的門市小姐，對我們所提的方案會提出問題，只是不巧有客人上門，又因賣場太小，我們不得不暫時離開，但應是值得經營的準客戶。

其實，出門拜訪就是有機會多結緣，且能續緣，有朝一日終

能緣定彼此，相知共惜成為一生的好友。

(73)「上台」就對了！

　　剛進入保險業的時候，不論是單位的晨會或是研習會，新人常有上台分享的機會，當時我的直轄主管總是坐在我的後面，用他那隻大大的右腳踢我的椅子說：「Ｅｒｉｃ快舉手！」

　　我說：「史大哥，要幹嘛？」

　　「上台分享啊！」

　　「我還沒準備好！」

　　「這不用準備，上台就對了！」

　　前座的我則低下了頭，而他的腳則不停地在敲我的椅子，當我內心的不安與憤怒快到達臨界點的時候，主持人則大聲喊出：「我們現在歡迎單位的東方不敗史經理來為大家分享！」一陣歡呼後，只聽到後座爽朗的笑聲，大腳快步趨前，右手大力握著麥克風，用他磁性的聲音說：「各位，平常我說多了，今天不多說了，但我的小老弟京寧兄，許多夥伴對他還不熟，我請他上來跟大家認識認識！」又是一陣歡呼聲，台下的我，可是臉紅脖子粗趕鴨子硬上架的上台了。

　　我的表現並不好，且心中有一肚子氣，心想：「再這樣搞一次，我不做保險了！」會後史經理居然跟我說：「Ｅｒｉｃ太棒了！剛才有兩位區經理跟我說你的表現一級棒，要我好好的照顧你，他們都很看好你！」聽這麼一說，憋了一肚子的氣，再也發不出了。在爾後的單位活動中，只要史經理坐我後頭，我一定是第一個上台分享的，直到三個月後他增員到另一位新人為止。這三個月算是新人台前的震撼教育，他至始至終沒跟我講為什麼要有這樣的安排，但這三個月卻對我日後跑DS有很大的幫助！尤其讓我面對陌生人的時候，能保持輕鬆自若，從容不迫的心境！

　　每個人的內心世界總有一個叫「膽怯」的小魔鬼，但身為業務員，我們的工作要不斷地面對人，透過溝通達成情感的交流，進而展現自我，博得對方對我們的信任，最終完成我們的業務目

的。而「上台」就是去除這小魔鬼的最佳場所，因為：

（1）上台能激發潛能，突破心理障礙，掌控氣氛。

（2）上台能發揮智能，聯結水平思維，腦力激盪。

（3）上台能熟能生巧，建構邏輯系統，整合流程。

（4）上台能不斷修正，反覆對照比較，精益求精。

（5）上台能強化表達，訓練說話藝術，展現魅力。

　　夥伴們，上台是免費的訓練，「上台」就對了！

（73）人生自古誰無死，留下「保險」照家人！

　　保險有「以小博大」的性質，能發揮一般小百老姓的安家功能，生活不怕一萬就怕萬一，風吹草動風雲變色，上天沒眼家人傻眼，家庭頓時無所適從。何況自古沒人能躲過「死」這關，有錢人家還有遺產可遺愛後代子孫，尋常家庭就只能自求多福；但保險發明後就不同了，有錢人能透過保險做資產配置，而普羅大眾也能透過保障放大的功能，規避生命及生活風險，尤其是終身壽險，當契約生效時，就有一張保險公司永遠省不掉的支票。

　　我有一位早期DS的客戶，當初買保險時總是猶豫不決，推遲這推遲那，最後心不甘情不願地買了一張保障型的商品，年繳一萬多元，卻有滿期400多萬的終身壽險，但他卻能年年續繳，前兩年都繳滿期了。最近幾年年紀大了，體會保險的重要性，也陸續幫自己及家人增加一些保險，言談中自己也慢慢體會出保險的重要性。

　　但前幾個月，他太太打了一通電話給我太太，說丈夫體檢時發現肝已硬化，全家如晴天霹靂。他太太說，在醫院夫妻思緒如麻，她先生叫她打的第一通電話，就是先跟我們聯絡，電話中客戶妻子淚如雨下，不能自已，在情緒稍平復後，提及先生的保障，經說明後，稍覺寬慰。但真心希望，我客戶能平安度過難關！

　　其實，保險之所以重要，在於人生命過程中，會不斷增加與自己水乳交融的親人，我們個人的軀體早就滲入眾多人的情感，

自己的悲、歡、苦、樂都與他們息息相關，但軀體有限，然而親情綿長，能讓軀體已滅，代代相守平安喜樂的，「保險」當之無愧！

(74)「賺」必然，「花」必須，「存」必要！

　　大多數的人都希望能提早退休，享受健康又有體力的退休生活。張雨生唱「我的未來不是夢！」人人都希望年輕辛苦一點，實踐退休後的閒情逸致。

　　假設一個人25歲投入職場，計畫55歲退休，工作30年。但高齡化的未來，退休的生活不再是20年，而是加倍到40年(屆時的平均餘命會到95歲)，比我們工作時間都要長10年，也就說我們純消費花錢的時間比賺錢的時間多了十年，何況賺錢的30年中還有金額不小的生活開銷，剩下來的金錢要能因應40年的退休兼養老，可說是難度高的挑戰。

　　雖說有勞保退休給付，但未來狀況頗多，能落實會是個問號，何況給付金額也非讓我們完全閒雲野鶴。股票、基金有風險，賭在未來的生活，個人並不是很贊成；房地產增值空間一直有一隻無形的手在干預，擔心害怕「錢」成為真的不動產；創業是條不錯的路，也有機會能短期致富，但要能長期堅持把錢留到退休階段。

　　所以，不論是創業還是上班族，要能把錢留到退休階段，其實「存」是不二法門，雖不是新手法，卻是好辦法，也是經得起長時間考驗的法寶，不論是銀行存或保險儲蓄都不錯，小錢變大錢，積沙能成塔，現在的辛苦努力都能滴水不漏毫無保留地留到退休。

　　但說真格的，論退休金的硬度及甜度，保險絕對又略勝一籌！

(75)我們賺到一天了嗎？是虛度，還是更多！

　　有天中午在咖啡Shop備課，隔壁桌有兩位上班族小姐在聊天，聽到其中一位說：「哈哈！昨天無風也無雨，賺到一天颱

風假，以後這種假要多多益善。你看再過三天又要休假了，多爽！」而另一位接著說：「但我認為這種假不放也罷，在家沒事幹浪費時間，餐廳吃飯時還停水，出去逛街又要花錢，仔細算算還虧本，不如不要！」

但說真格的，我自己很喜歡風雨不大的颱風假（非無風無雨的颱風假），因為客戶大都會在家，只要路上夠安全，到客戶家陪暖陪暖，是非常好談保險的時機。因為外有惡劣天氣的因素，內有客戶心中的溫暖的感受，所以我們做業務常說：「下雨天是留客天！」其實我認為：「颱風天不僅是留客天，更是成交天！」如果沒地方去，就到近一點的商圈拜訪，意外的驚喜也特別多！

(76) 窗、撞（也可念ㄔㄨㄤˊ音）、闖、創！

有回在捷運西湖站市場實作，其中在巷弄有兩家飲料專賣店，櫃檯的店員都很年輕，相問之下，其中一家女孩是81年次，另一家店的男孩82年次，算算都只有22、23歲，本不足為奇，因為一般飲料專賣的門市都很年輕，甚至許多都是工讀生，還不到20歲。但對話的過程中，才知道他們都是這家的老闆，店面是自己開的，學校畢業後就開始創業了，果真英雄（雌）出少年，江山代才人出，各領風騷數百年！

而當天跟我實作的一位男孩，也是我帶過最年輕的保險夥伴，84年次，20歲多2兩個月，剛見面時跟我說：「葛老師，我很緊張耶！」看得出他不安的心情，但隨著拜訪家數的增加，在賣場中倒是能幫幫腔，慢慢地陶醉在賣場的情境中，甚至有家店我倆一搭一唱，像是一場老少配的對口相聲，效果十足！

我常說跟夥伴說：「年輕雖然經驗不足，但活力十足，彈性奇佳，善用自己本身現有的優勢，一樣會有輝煌的戰果。葛老師的體力可能一天只能拜訪2小時，但年輕的你們卻能有3小時的戰力，數大便是美，量大人瀟灑！上帝若關上一道門，鐵定留有一扇窗，走進窗口雖然跌跌撞撞，也要過關斬將闖出一片天，開創

屬於自己的美麗人生！」

很高興今天下午遇到的一切。我們為年輕喝采！

(77) 一只棗紅色皮箱！

平日上課都是拖黑色的皮箱走透透，但陸陸續續幾個皮箱都壽終正寢了，家中只剩一只棗紅色的皮箱閒著，為不浪費資源，半年前開始拖著它南北奔波。老實講，這皮箱色彩艷麗，拖在路上已經很醒目，要是年輕的女孩倒還不錯，偏偏是已壯年穿西裝的阿伯，這畫面反差很大，我自己前兩次也不太習慣，總覺得略上有不少路人看著自己，到單位上課也有不少夥伴會好奇的問這皮箱的顏色。

但拖了幾次之後，雖然路上還是有人會看著自己，但我反倒習慣了，也無視別人的目光。這讓我體會一件事，我們業務員在訴求業務或是開口賣商品時，有些人總有說不出口的窘境，因為太在乎別人的感覺，也深怕影響交情或彼此爾後的互動，最後總是無疾而終。

我想，我們並沒有養成脫口而出的習慣，其實只要自己習慣，週遭的眼光及對待雖然依舊，但我們自己的心態及心境早就視而不見習以為常了。

業務員就像拖著棗紅色箱的男子，瀟灑走過市場，別人側目，我心坦然！

(78) 逆風

有天下午在基隆市「市場實作」，因早到40分鐘，我到港務局旁的碼頭去吹吹海風，雖是熱風拂面，但依然可感受海風的舒暢感，跟在台北的風就是不一樣。仰頭而望，此時想像中，天空上大約有20隻的老鷹盤旋，有的高有的低，有的振翅疾飛，快的像飛彈劃過天際；有的展翅臨風，像直升機般空中佇足，真可謂動如脫兔、靜如處子，一副傲視群倫的英姿，又有君臨天下的氣概。

這是我第一次同時看到這麼多的老鷹，也第一次觀察老鷹這

麼久，老鷹是一種獵食性的動物，且是獵食高手，盤旋天際應有尋找海中食物的目的。我發覺幾隻老鷹低空在尋找海中獵物時，都是逆風展翅，好讓自己能停止於低空，方便自己能看清楚海中的生物；另一方面，也透過逆風的浮力，讓自己更輕鬆不費力的獵食。果是聰明的鳥類，除了自己有利的雙爪外，善用環境的優勢，立於不敗之地。

業務工作其實也有相同的道理，我們有雙腿，走到哪裡拜訪到哪裡，但外在環境變化更重要。一般業務員總是希望能在順境中發展，期能事半功倍，但我見的狀況往適得其反，許多業務員順路走多了，逆境來時卻一蹶不起；而每每在逆境中打拼的業務員，卻能如老鷹般逆風展翅，逆勢找到生存之道，造就一身打不死的硬功夫。

夥伴們！你目前正在處逆風嗎？

你不用憂愁，也不用苦惱，因為你的機會來了！

(79)何謂保險！

「保險」拆字為：三人除三口，也就是3人／3口＝合，也就是透過眾人的互助合作達到社會救助的功能，也因齊心合力而讓百姓生活更安定。所以，保險乃「合」也！

(80)DS就是：

相逢何必曾相識；

一面之緣許多情；

相知相惜常相隨；

關係交情濃於血！

後　語

人生只有一回，一定要賭它一把！

許多年輕朋友總是希望能在就業市場找到一份穩定又有發展的工作，讓自己的生涯規劃一次到位，生活無後顧之憂。但「穩定」與「有發展」在現實的環境中並不是相容的，且過程中卻有一定的衝突性，往往我看的狀況是「穩定」有餘，但「發展」不足，因為「穩定」代表的是少有變化的工作型態，只要付出時間，即有一定的回饋，在能預知未來收益的情況下，我們的心會變小，時間一久，習慣成自然，加上歲月的流逝，想要振翅高飛，真會難上加難！

但業務不同，我們不斷要接受市場的挑戰，要能克服環境的改變，要不時調整自己心態；當面對挫折時能反敗為勝，在不景氣中能異軍突起，我們的承擔不輕，現實壓力也不小，往往走過高高低低、跌跌撞撞後，才能找到事業的出口。但雨過天晴後，我們的心志特強，魅力不同凡響，我們開始不斷有Case成交，也愈來愈多人圍繞在自己的身邊，事業的規模開始出現，此時收益早是穩定工作的數十倍，而事業的成就感及加諸在自己身上的榮譽感卻與日俱增，生命長河有著耀眼奪目的光彩。

魯迅曾說過：「地球還年輕，希望正在於將來。人類今天又站在了新的起點上，期盼著一個和平、環保、發展、文明的新世紀的來臨。」

我們的事業可以這樣解釋：「保險業還在起步階段，希望正在於將來，從業人員今天又站在了新的起點上，期盼著一個成長、永續、活潑、蛻變的新市場來臨。」

DS也可以這樣解釋：「陌生拜訪才開始，希望正在於將來，夥伴永遠站在新的起點上，期盼著一個苦中有樂、淚中帶笑、倒

吃甘蔗的一片藍海來臨。」

許多夥伴會在FB或是LINE問我：「葛老師你從事保險事業有20多年了，保險事業對你而言又有的意義？」

我說：

1. 『想賺錢』是原始的動機
2. 『工作成就』是後來的體會
3. 『助人』是走下去的動力
4. 『緣、圓、援』是最大的收獲（與人結緣，凡事圓滿，相互支援）」

我還在業務單位時，名片上有三個字(Logo)：緣、援、圓。這是我的處經理傳達的事業理念，代表經營保險事業應與人結緣，夥伴間彼此支援，應對處事要圓滿。所以在保險的經營過程中，我始終把這三個字當作我的工作準則。

多年的DS經驗，讓我在賣場中累積了一些經驗，但我並非是許多夥伴心中那位能言善道的葛老師。相反地，許多可行的做法是經過許多多次的失敗，才找到可行方案，中間也走過不少冤枉路，也曾呆若木雞不知所措，左思右想不得其解，但有一段話卻永遠是我療傷止痛的良方：

「如果你非絕頂聰明，頸部以下，雙手叫萬能，雙腳叫全能；善用你的雙手與雙腳，你將無所不能！

如果你非絕頂聰明，頸部以下，同喜有心，同悲有情！體恤客戶的心與情，萬事皆行！

如果你非絕頂聰明，頸部以下，肩能扛，腰能彎！挺起你的胸膛，你叫Top Sales！」

我堅信這段話，而這段話也一直烙印在我的心靈深處。回首24年前，我誤打誤撞進入保險業，一路走來，雖然挫折不斷，打擊隨時都有，沮喪的人與事更是不曾少過，但我無怨無悔！只因保險業務充滿挑戰，充滿不可思議，處處呈現生命中的驚奇！在驚滔駭浪中，我看見美麗的浪花；在不知所措的處境中，保險業務帶給我絕處逢生的機會；而DS更是讓我領會廟堂之美的捷

徑,雖然～

掃街走透透,腳不停歇,汗不停留!

跑店看透透,被人嫌惡,淚想狂流!

拜訪冷透透,不理不睬,血在心流!

DS剛起步時,我們是三流(全身流汗、眼睛流淚、內心流血)業務員,但只要假以時日,汗照流,淚已乾,滿腔熱血,千錘百鍊,脫胎換骨,我們絕對是一流的業務員!

其實掃街跑店就如同征戰一般,每一個商圈就像是一個大小不同的戰場,午後立馬出擊,日落塵戰方歇!大街小巷橫衝直撞,每家店直來直往,遇到門市短兵相接,我們蓄勢待發,對方嚴整以待;我們從門外殺到門內,對方從面無表情到笑口常開。我精疲力盡,但敵人開始舉手投降,雖然還沒簽字投保,但勝利在望!我終於露出得意的笑,因為我征服了這個商圈!

凱撒(Caesar)說:

「我看見了,我來了,我征服了!

I see, I come, I conquer.」

夥伴們!我們不一定能有凱薩的豐功偉業,但一定要有凱薩一樣的雄心萬丈,因為:

大街我看見了,

商店我來了,

門市我征服了!

人生很短,短到只能讓我們的職涯賭一、兩次;人生也只有一回,但一定要賭它一把!輸了,我也甘心;贏了,為生命喝采!

葛老師永遠與夥伴們在DS大道上,一起打拼,齊心奮戰!

····· **NOTE** ·····

國家圖書館出版品預行編目資料

再鼓舞 / 葛京寧作. -- 初版. -- 新北市：華志文化, 2016.07　面；　公分. -- (商業經營；1)

ISBN 978-986-5636-57-9(平裝)

1.保險行銷 2.行銷心理學

563.7　　　　　　105009243

日 K

書系
名列／／

華志文化事業有限公司

商業經營 1

再鼓舞（用腳走出來的保險陌生開發術）

作　　者　葛京寧
執　行　編　輯　楊雅婷
美　術　編　輯　簡煜哲
封　面　設　計　王志強
文　字　校　對　陳麗鳳
企　劃　執　行　黃志中
總　　編　　輯　康敏才
社　　　長　楊凱翔
出　版　者　華志文化事業有限公司
電　子　信　箱　huachihbook@yahoo.com.tw
地　　　址　116台北市文山區興隆路四段九十六巷三弄六號四樓
電　　　話　02-22341779
印　製　排　版　辰皓國際出版製作有限公司

總　經　銷　商　旭昇圖書有限公司
地　　　址　235新北市中和區中山路二段三五二號二樓
電　　　話　02-22451480
傳　　　真　02-22451479
郵　政　劃　撥　戶名：旭昇圖書有限公司（帳號：12935041）
書　號　G201

出　版　日　期　西元二〇一六年七月初版第一刷
售　　　價　三二〇元

版權所有　禁止翻印

Printed In Taiwan

華志文化

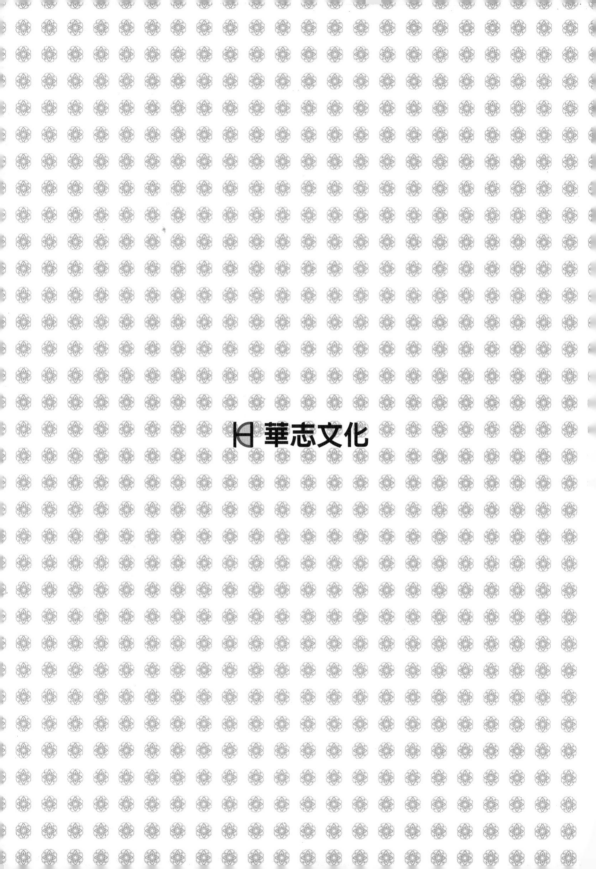
華志文化